KB174296

중국을 이기는
비즈니스
게 임

중국을 이기는 비즈니스 게임

ⓒ 최승훈 2021

초판 1쇄   2021년 8월 23일

지은이   최승훈

출판책임	박성규	펴낸이	이정원
편집주간	선우미정	펴낸곳	도서출판 들녘
디자인진행	한채린	등록일자	1987년 12월 12일
편집	이동하·이수연·김혜민	등록번호	10-156
디자인	김정호	주소	경기도 파주시 회동길 198
마케팅	전병우	전화	031-955-7374 (대표)
경영지원	김은주·나수정		031-955-7376 (편집)
제작관리	구법모	팩스	031-955-7393
물류관리	엄철용	이메일	dulnyouk@dulnyouk.co.kr
		홈페이지	www.dulnyouk.co.kr

ISBN   979-11-5925-655-4 (03320)

리치스가이드는 도서출판 들녘의 경제경영 브랜드입니다.
값은 뒤표지에 있습니다. 잘못된 책은 구입하신 곳에서 바꿔드립니다.

중국을 이기는 비즈니스 게임

최승훈 지음

리치스가이드

적과의 동침

이 시대의 한국은 중국을 지치지 않고 혐오한다. 6·25 때 우리를 남쪽 끝 궁지로 몰고 간 적국이었고, 열강의 농간에 빚어진 분단국으로서 주적의 대표 우방이 바로 이 중국이다. 그리고 그 시대를 살아온 어르신들보다 한참 뒤 태어난 요즘 세대들이 더욱 중국을 혐오한다. 현시대의 젊은이인 20~30대의 혐중은 역사 속 추억 때문이 아닌, 보다 구체적이고 일상적인 이유에 기인한다. 그리고 반평생 이상 중국에서 살아온 나도 그 마음과 이유에 공감한다.

눈 뜨기 힘든 미세먼지의 유발자이고, 세계를 도탄에 빠뜨린 코로나19의 시발점이지만 미안해하기는커녕 오히려 큰소리치며 그들을 원망하는 국가들을 대상으로 겁박을 가한다. 어렵게 입학한 대학에서 마주한 중국 유학생은 부모 힘으로 손쉽게 입학해 좋은 차를 굴리고 조별 과제 때마다 "한국어를 잘 못해

서…"라며 다른 조원들에게 얹혀 가기 일쑤다. 우리가 가진 역사로 홍콩 사태나 미얀마 민주화운동을 모른 척하기 어려운 젊은 이들이 작게나마 무언가를 이야기하려 하면 그 앞을 가로막고 서 '대한민국의 민주주의'를 잘도 활용하여 맞서 발언하고 당당하게 자국과 공산당을 변론하는 그들을 보며 황당함과 뻔뻔함을 느낀다.

그렇다고 우리가 늘 중국을 싫어한 것은 아니다. 2006년까지만 해도 중국은 미국과 동일할 정도로 한국인들이 호감을 느끼는 국가였다. 20세기 말, 중국은 우리에게 아주 친절하고 풍족하며 만만한 시장이었다. 중국인은 우리의 일상생활을 선망하고 대중문화에 열광하던 두껍고 너그러운 지갑의 소유자였다. 하지만 외교적, 정치적 이유로 선택한 그들의 한한령을 시작으로 우리는 여러 면에서 한파를 맞아야 했다. 그리고 시작된 그 겨울로, 따스했던 봄날이 만들어놓은 아름다운 관계는 차갑고 단단하게 얼어붙으며 우리는 그들의 민낯에 분노하기 시작했다.

하지만 이러한 우리의 혐오, 분노와 상관없이 우리가 벗어날 수 없는 현실은 분명히 존재하고 앞으로도 계속 존재할 것이다. 바로 중국을 벗어날 수 없는 우리의 삶 말이다. 그들의 국민성, 문화 수준 그리고 우리의 바람들과는 전혀 상관없이 중국의 초강대국을 향한 행보는 멈춤이 없을 것이다. 미국과 같은 강대국의 견제와 주변국의 반기를 그들은 오히려 촉진제 삼아 내부적 결속과 자급형 경제구조 강화의 계기로 삼을 것이고 10억 헥타르의 땅, 15억 인구의 거대한 규모를 바탕으로 미국을 넘는 세계 1위 절대 강자라는 목표를 현실화할 것이다.

밉다고, 싫다고, 등 돌려 모른 척하기에는 불 옆의 짚단처럼 우리의 삶은 위태롭고 불안하기만 하다. 여기서 우리는 선택을 해야 한다. 수단과 방법을 가리지 않고 살아남을 것인가, 아니면 죽기를 각오하고 싸울 것인가. 그리고 그 선택에는 이 둘만이 있는 것은 아니다. 살아남고 또 싸워서 이길 수 있는 선택도 있다. 하지만 그 선택을 하는 데서 우리를 막아서고 있는 민족 특성이 있다.

바로 정의감이다. 한국인은 면면이 불타오르는 정의감의 화신들이다. 불의에 대항하고 정의를 수호한다. 하다못해 상식 밖, 이해 불가한 이야기들도 불의와 정의를 대입하는 순간 그럴싸한 가짜 뉴스가 되어 SNS를 타고 사람들의 관심사로 들어선다. 그리고 중국과의 관계에서 살아남고 언젠가 싸워서 이길 만한 방법들은 한국인에게 그다지 정의롭지 못하다.

중국은 음모, 협작, 기망 등이 지저분하게 판치는 곳이다. 수천, 수만 년을 쌓아올려온 이에 대한 노하우는 심지어 연구와 정립을 거쳐 나름의 학문으로까지 자리잡았으니 우리가 이를 반칙이라 생각하여 페어플레이를 고수한다면 우리는 파트너도

적수도 될 수 없는 노릇이다. 옹졸하고 비겁하며 영악한 강자와의 게임. 그 게임에서 우리는 내내 패배하고 있었다.

끊임없는 패배에 지치고 무례, 민폐, 비상식으로 인식된 그들이 싫어서 이제 우리는 관심사 밖으로 밀어내려 애쓰고 있다. 중국은 축복의 시장에서 떠올리기조차 싫은 개미지옥으로 우리의 인식 속에서 변화했다.

하지만 현실은 냉정하다. 30년간 우리를 규모경제로 이끌고 간 중국 시장을 이제 와 포기하기에는 한국의 경제가, 기업이, 그리고 시장이 너무도 그간의 단맛에 익숙해져버렸고 우리 기업의 체질조차 바꿔버렸다. 우리의 자존심을 벗겨낸 상처들로 벗어날 수 없는 중국 돈, 그 중국 시장이 우리에게서 멀어져가고 있다.

그들과 함께한 30년, 우리가 얻은 물질적 소득과 함께 그들이 누구인지에 대한 이야기들도 세상에 참 많이 나왔다. 하지만 그 이야기들 중 냉철하고 정확하게 사업의 대상으로서 그들을 설명한 것은 너무도 부족했다. 때로는 목표를 함께하는 파트너로, 때로는 생존을 위한 치열한 사투의 적으로, 때로는 보이지 않는 위기의 부비트랩으로 존재하는 그들을 30년이라는 시간이 부끄럽지 않게 풀어내보고 싶었다. 최소한 한 번은 최선을 다해 붙어봐야 하지 않겠느냐는 심정으로….

그래서 이 책은 그간의 중국 관련 서적들이 그러했듯 단순 설명서가 아니다. 40개가 넘는 실제 한중 비즈니스 사례를 해학, 분노, 감동, 충격 등을 통해 쉽게 풀어 썼지만 중국인과 중국 비즈니스의 민낯을 넘어 본질 그 구석구석까지 파헤쳐놓은 한중 비즈니스의 해부학 교재이다.

　매번 지기만 하는 것은 지루하다. 이해하고 노련해져 어느 날 이기기 시작하면 재미라는 것을 느낀다. 이 책을 통해 한중 비즈니스에 새로운 승부가 시작되길 기도한다. 우리에게 가장 위험하고 어려운 상대는 중국이 아니라 어느 순간 우리 마음속에 자리하기 시작한 '포기'라는 놈이기 때문이다.

제1장

커
넥
팅

모인 곳을 타격하라: 췐즈

2017년 겨울, 지극히 평범해 보이는 사진 한 장이 중국 온라인을 뜨겁게 달궜다. 식당 테이블을 가득 메우고 있는 그 사진 속 인물들은 중국인이라면 누구나 알 만한 중국 초대형 IT 기업의 대표들이었다. 미국으로 치자면 빌 게이츠, 마크 주커버그, 일론 머스크, 팀 쿡 등이 밥상머리에 가득 모여 앉아 있는 모습이라 생각하면 될 법하다. 당시 우쩐烏鎮, 저장성의 수향 마을에서 개최된 인터넷 포럼이 끝나고 그들은 그들만의 뒤풀이를 따로 마련한 것이다. 흥분하기 좋아하는 중국인들은 마치 영화 〈어벤저스〉를 처음 본 마블 코믹스의 열성팬처럼 특유의 호들갑을 떨기 시작했다. 모인 대표들의 개인 자산은 얼마인지, 그들의 공식 연봉을 기준으로 식사 자리가 시간당 얼마짜리인지, 좌석 배치에 따른 서로 간의 서열 분석까지 자신들의 인생과는 전혀 상관도 없는 가십들이 터져 나왔다. 하지만 무엇보다 뜨거웠던 이슈는 따로 있었다.

―――― 우쩐 인터넷 포럼에서의 기념사진. 마화텅(马化腾, 텐센트 창업자)을 주빈으로 양옆에 리우창동(刘强东, 징둥닷컴 창업자), 왕싱(王兴, 메이투안 창업자)이 앉아 있고 그들의 주변으로 양웬칭(杨元庆, 레노버 창업자), 레이쥔(雷军, 샤오미 창업자), 디디추싱과 모바이크 등의 대표들이 모여 있다. (source: Baidu)

중국 IT계의 신화이자 상징적 인물, 포럼에는 참석했지만 그 사진 속에서는 찾을 수 없었던 마윈马云이 바로 그 이슈의 핵심이었다. 업계에서 왕따일 리 없고, 왕따일 수도 없는 마윈의 부재에 모든 이의 귀추가 주목됐다. 관심만큼이나 연일 이어지는 기자들의 질문에 지친 마윈은 "걔들은 날 초대하지도 않았고, 초대받았다 한들 내가 걔들과 어울릴 시간이 있겠니!"라는 다분히 공격적인 메시지를 SNS에 올리게 된다.

이쯤 되면 중국의 호사가들은 난리가 난다. 수많은 언론과 논객들이 그 자리의 호스트였던 리우창동刘强东, 징둥닷컴 창업자, 왕싱王兴, 메이투안 창업자 두 명과 주빈인 마화텅马化腾, 텐센트 창업

——— 초대받지 못한 마윈에게 둥싱쥐가 전하는 메시지를 분석하는 논객. (source: Baidu)

자의 쳰즈라는 것을 정의하고 그들의 쳰즈 대 마윈 간의 대립에 포커싱된 분석과 가십성 기사들을 양산하게 된다. 쳰즈를 이해 못 하는 우리의 눈에는 재미 하나 없는 이 일을 중국의 대다수 사람은 '우쩐 사태', '둥싱쥐東興局, 리우창동의 東과 왕싱의 興을 붙여 언론에서 리우창동과 왕싱의 모임을 칭하는 말 게이트' 등으로 부르며 마치 무협소설 이야기하듯 신이 나서 떠들곤 했다.

쳰즈圈子란 '공동체'란 뜻을 지닌 단어이지만 사실상 '이너 서클'의 의미가 더 강하다. 중국 모든 지역과 각계각층에는 이러한 쳰즈가 존재한다. 철저한 이익집단으로서 배타적 실리를 추구하는 이 쳰즈는 각 쳰즈 내부에 대한 정보가 외부에 잘 알려져 있지 않고 새로운 누군가가 그 안에 들어가기도 쉽지 않은 탓에 우리에게는 더욱 낯선 존재이다. 이는 우리나라와 같이 혈

—— 딩레이(丁磊, 넷이즈 창업자)의 췐즈. 바이두의 리옌훙(李彦宏), 소후닷컴의 장차오양(张朝阳) 등이 대표 구성원이다. (source: Baidu)

연, 동향, 동문 등의 우발적 관계들로 형성되는 울타리와는 여러 면에서 큰 차이가 있다. 차라리 음모론자들이 늘 떠드는 '일루미나티'에 가까운 형태로 받아들이는 편이 빠르다.

췐즈는 꽌시로 연결된 개인들이 이기적인 생존과 번영이라는 대명제를 가지고 공통분모를 교집합해 만들어놓은 그들만의 비정규 조직이라고 이해하는 것이 좋다. 물론 생존과 번영이라는 과제를 수행하는 과정에서 당연히 각 췐즈 간의 대립과 갈등 역시 불가피하다. 췐즈 간의 다툼은 성장을 위한 촉진제 역할을 하기도 하지만 이 또한 불필요하다고 판단되거나 비효율적이라는 결론을 내리면 그들은 췐즈 간의 연합이나 흡수도 과감히 실행한다. 중국 내 정계, 재계, 학계 등에서의 연합 활동이 우리나라보다 유연하게, 또 많이 나타나는 이유도 이러한 사회적 성향과 생존에 대한 갈구에 기인한다고 봐야 한다.

과거 중국 스타트업, IT 기업을 이야기하며 한동안 회자가 된 단어가 있다. 'B.A.T.' 바이두, 알리바바, 텐센트의 이니셜을 딴 이 단어는 중국 스타트업, IT 산업의 1세대로 평가받으며 크게 성공한 대표 기업을 칭하는 단어라고 알고 있는 사람이 대부분일 것이다. 하지만 이는 단순하게 세 개의 기업을 지칭하는 것이 아니라 해당 산업 전반에 걸친 생태계를 이 세 개의 기업적 췐즈로 나눈 것임을 이해하는 것이 맞다. 이들 기업은 자신이 주축이 되어 결속한 췐즈를 가지고 있고 철저히 상대 췐즈들에게는 배타적으로 그 생태계를 구축했다. 다시 말해 내편, 상대편으로 나누고 내편끼리 모여 쿵짝이 되어 상대편을 사정없이 두둘겨 패거나 궁지로 모는 것이다. 이를테면 바이두의 검색엔진에서는 알리바바의 타오바오 쇼핑 정보를 검색할 수 없었고 위챗에서는 알리바바 계열의 동영상 플랫폼 유쿠의 영상을 첨부할 수 없었다. 타오바오에서는 텐센트의 위챗페이 결제가 여전히 불가능하고 위챗에서는 타오바오의 쇼핑 페이지로의 링크가 접속되지 않는다. 다소 쪼잔한 이 생태계는 영원한 것이 아니라 시대 변화 속 자신들의 이익에 따라 적과 아군이 매번 바뀌며 이리 붙었다 저리 붙었다 재구성되는 경우가 대부분이다.

중국인의 생활에 깊숙이 파고들어 있는 이 IT 공룡들의 싸움은 사실상 그 공룡 각자의 것이 아니라 첸즈 간의 경합이라고 봐야 한다. 그리고 이를 위한 연합과 분할은 해마다 재편성되어 상위 첸즈의 경합 구도는 A.T.J.알리바바, 텐센트, 징둥, A.T.M.앤트 파이낸셜, 텐센트, 메이투안을 거쳐 T.M.D.토우티아오-바이트댄스, 메이투안, 디디추싱까지 이어졌다.

사실 이러한 첸즈의 세력 과시와 실력 행사는 중국에서 아주 오랜 역사를 가지고 있다. 과거, 황제 통치 하의 각 지방 호족, 군벌들은 지방 내에서 자신들의 첸즈를 형성하여 지배권을 공고히 했다. 또한 지방 간의 연합과 흡수 활동 등을 통해 다른 첸즈 간의 경쟁에서 우위를 선점하려 노력했다. 물론 이렇게 성장한 첸즈가 황제의 절대 권력으로부터 자신들을 방어하거나 역으로 도전한 경우도 역사 속에서 어렵지 않게 찾을 수 있다. 강호가 이러했으니 무림은 이야기할 것도 없거니와, 이러한 스토리들은 논픽션과 픽션의 경계 속에서 '영웅문', '소오강호' 등의 주된 소재가 되어 우리에게도 꽤 친숙하다. 그리고 이러한 이들의 성향은 계속 이어져 중국 근현대 정치사를 이해하는 사람들은 잘 알고 있는 사인방, 태자당, 상하이방上海帮 또한 중국인들의 정치적 첸즈라고 볼 수 있다.

물론 정치와 경제가 첸즈를 형성하는 경우도 있다. 최근 공산당에게 내쳐진 마윈과 알리바바 그룹, 왕젠린王健林과 그의 부동산 재벌 기업 완다가 세계적인 기업으로 성장하는 데는 공산당과의 쳰즈가 결정적인 역할을 했다. 편의와 이익을 위해 불법도 합법으로 바꿀 수 있고 합법도 불법으로 바꿔줄 수 있는 공산당은 중국에서 기업의 성공에 가장 확실한 파트너다. 하지만 머리가 커지고 순간적으로 상하관계를 망각하여 서열을 흩뜨릴 기미만 보여도 공산당은 여지없이 철퇴를 가한다. 따지고 보면 중국 대기업의 성공 신화에 공산당의 비호가 빠진다면 정말 픽션스러운 구석이 전혀 없기 때문에 배은망덕에 대한 공산당의 대응도 일리는 있다. 결국 정부건 기업이건 쳰즈라는 울타리 안에서는 그 나물에 그 밥이고 그놈이 그놈인 것이다.

이렇듯 쳰즈라는 것은 개개인, 혹은 집단이 이익과 생존을 위해 흔하게 결집해 있는 연합의 형태이기에 중국과의 사업에서 사업과 유관한 쳰즈와의 연계가 얼마만큼 중요할지는 쉽게 상상할 수 있을 것이다. "너를 도울 수 있을지는 잘 모르겠지만, 망하게 하려 한다면 그것만큼은 확실하게 해줄 수 있다."라고 공공연히 이야기하는 중국인들의 적과 아군의 경계boundary는 혼자만이 구축 가능한 것이 아니며 동시에 개인이 맞설 수 있는 것이 아니다.

더군다나 쳰즈는 회사나 협회처럼 명확한 조직성을 가지고 있지 않다. 그렇다 보니 각 구성원의 역할이 분명치 않고 얼핏 보기에는 전혀 상관없어 보이는 구성원이 자리하고 있기도 하다. 심지어 사회적으로 그들과 어울려 있는 것이 생뚱맞아 보

모인 곳을 타격하라: 쳰즈

이는 구성원도 다수 존재한다. 중국인들은 누군가를 소개받는 자리에서 상대의 신분과 역할을 정확히 파악하기 전까지 격(格)을 갖추어 대한다. 이는 낯선 이도 예(禮)로 대해야 한다고 설파한 공자의 가르침 때문도 아니고 '모든 인민은 평등하다'라는 사회주의 이념에 충실한 것도 절대 아니다.

상대를 단순한 개인이나 공식적인 사회적 지위로만 보는 것이 아닌, 쉽게 보이지 않는 그 어느 췐즈의 일원일 수도 있다는 경계의 가식으로 보는 것이 맞다. 이 부분에 대한 무지는 한국인들이 중국에 들어와 사업을 하며 흔히 하게 되는 착각과 실수의 원인이기도 하다.

당신이 아는 꽌시와 진짜 꽌시

한국에서 중국어 중 '니하오你好'만큼 유명한 단어는 '꽌시关系'이지 않을까 싶다. 중국에 대한 이해가 부족하고 중국과 관련된 일을 해본 적 없는 사람도 꽌시를 한자로 정확히 어떻게 쓰는지는 모르지만, 일상에서 간간이 들어볼 기회가 있었을 것이다.

상관없는 이야기이기는 하지만, 이러한 단어로 '꽐라'가 있다. 네이버 등을 검색해보면 '꽐라'의 어원은 알코올 성분을 함유한 유칼립투스 잎사귀를 주식으로 하는 코알라가 매일 취해서 살 것이라 하여 코알라를 귀엽게 발음한 단어라 설명한다. 어디도 나와 있지 않은 이야기이기는 하지만 '꽐라'는 분명 중국어의 '꽐라(灌了, 심하게 취하다/ 你醉了吗?, 취했니?/ 我灌了!, 나 만취야!)'에서 왔으리라 필자는 유추한다. 어찌되었건 '코알라→꽐라'보다는 설득력 있지 않은가? 어느 시점에 이 단어가 스멀스멀 유입되어 한국에서 보편화됐는지는 그 누구도 모르지만, 이렇듯 한국에도 어느새 마라탕처럼 탕수육만큼이나 유명해진 새로운 중국 음식이 생겨나고, 이와 함께 새로운 중국발 외래어들도 유입된 것으로 추리된다.

다음 세대가 되어서는 이것이 중국어인지도 모를 만큼 이미 유명세를 치른 단어라면 모두가 알 만한 설명은 넘어가도록 하자. 그보다는 꽌시가 아닌 '메이꽌시沒关系'를 한번 알아보자.

'메이꽌시'는 우리말로 '괜찮습니다' '문제없습니다'로 번역되고 중국교포 사회에서나 북한에서는 이 단어의 직역에 가까운 '관계없습니다'라는 말로 일상에서 사용된다. 비슷한 단어로 '메이쓰沒事'가 있고 이 역시 재중교포끼리나 북한에서는 '일없습니다'로 직역되어 표준어처럼 일상에 사용되고 있다. 말 그대로 영어의 'doesn't matter'인 것이다.

한자 원문대로 풀이를 해보면 '없을 몰沒'이 관계关系 앞에 붙어 '서로 간에 꽌시가 없다'로 해석될 수 있는데, 실상은 이와 달리 독립적 단어로서 '괜찮다' '문제없다'의 의미를 지니고 있다. 일상적으로 쓰이는 이 단어와 달리 정말 꽌시가 없다는 것은 정말 나와 하등 상관없고 어떠한 사건事과 문제問題가 이와 관련하여 발생해도 전혀 개의치 않겠다는 것을 의미한다. 그리고 꽌시가 없는 대상에 대해서는 해외토픽에 연일 나오는 중국인의 타인에 대한 무관심함, 비사회적 성향의 사건들처럼 정말 눈 하나 깜짝하지 않는다. 다시 말해, 메이꽌시에서의 꽌시와 독립적 단어로 쓰이는 꽌시는 엄연히 다른 의미를 지닌 단어인 것이다.

중국인에게 꽌시가 가진 중량감은 절대적이다. 중국인이 이야기하는 꽌시는 공동 운명체나 공동 투자자 정도는 되어야 가능하다. 실제로 꽌시를 구축하기 위해 중국인들은 긴 교류를 거치고 다듬으며 사업과 같은 공동 이익 추구를 통해 완성한다. 이러한 인위적 꽌시를 이기려 한다면 직계 혈연, 부부 관계 정도는 들이밀어야 가능하다. 만약 어느 중국인이 "나와 그 키맨의 꽌시는 말이야~"라며 거들먹거렸음에도 그 중국인의 말대로 일이 성사되지 않았다면 굳이 확인할 필요조차 없다. 그에게 사기를 당한 것이다.

그럼, 이러한 중국인들에게 언젠가 성사가 되면 좋고 딱히 안 되어도 법적 효력이 없는 MOU는 과연 어떤 의미를 지닐까? 중국과 한국에서 진한 악수를 나누며 서로 간 산해진미를 대접하고, 여러 차례 만난 한국인 사장님과 중국인 사장님은 어느 정도의 관계일까?

O사는 중국 진출을 위해 다년간 열심이었다. 독보적인 기술 특허를 기반으로 일본에서도 인정한 에너지 세이빙 설비를 생산하는 O사는 매년 중국의 유관된 전시회 때마다 꼬박꼬박 참가하여 홍보에 힘썼고, 별것 아니어 보이는 작은 기회라도 놓치지 않기 위해 중국 출장에 나섰다. 비록 매번 빈손으로 돌아오기는 했으나 그나마 전담 통역으로 나서준 중국교포 박 선생 덕에 소통의 답답함은 덜했다. 몇 년간의 잦은 출장으로 O사 대표와 해외영업부서 직원들은 박 선생과의 개인적 친분이 쌓였다. 그리고 이제는 박 선생 아들의 한국 유학, O사 대표 친척의 중국 유학까지 서로 챙겨주는 관계로 발전했다.

그러던 어느 날, O사에 박 선생으로부터 출장 제안이 들어왔다. 그리고 그 내용은 믿기지 않는 것이었다. "웨이하이威海, 산둥성의 항구도시 최대 산업단지와 전략적 제휴를 통해 산업단지 내 모든 공장에 O사 에너지 세이빙 설비를 설치할 기회가 있다."

긴가민가하며 머뭇거리는 O사 앞으로 산업단지 총책임자의 서신과 함께 웨이하이시 조달 부서장의 초청장이 배송되어 왔다. 반갑지만 납득이 되지 않는 소식에 박 선생에게 자초지종을 물으니 O사 대표의 도움으로 한국 유학을 무사히 마친 박 선생의 아들이 몇 년 전부터 이 공단에 취업하여 관련 부서에서 일한다는 것이었다. 크게 고개를 끄덕인 O사 대표는 직원들과 함께 웨이하이 출장길에 올랐다.

반갑게 맞아주는 박 선생, 박 선생 자제와 함께 산업단지를 찾은 O사 일행은 산업단지 고위층에게 설비와 서비스를 제안했고 기대 이상의 호응과 환대를 받으며 저녁 식사 자리까지 일사천리 순항했다. 잘 내놓지도 않는다는 시 정부 공무원들의 명함을 받아 챙기고 심지어 위챗 메신저 친구 추가를 제안해 오는 그들의 환대로 O사 일행은 박 선생과 박 선생 아들을 바라보며 새삼 박을 가르는 흥부의 마음을 이해할 것만 같았다. 그리고 그렇게 꿈만 같았던 출장 일정이 순식간에 지나갔다.

어느덧 시간이 흘러 "서둘러 계약하고 진행하자"라는 그들의 말을 듣고 한국으로 돌아온 지 석 달이 지났다. 그들과 확인하여 답을 줄 테니 기다리고 있으라던 박 선생은 매번 연락 때마다 자동응답기 같은 대답을 반복하고 최근 한 달은 O사에게 차분히 기다리지 못하고 왜 이리 조급하냐며 도리어 역정을 낸다.

O사 대표와 임원들은 아무리 논의해보고 곱씹어봤지만 그럴수록 이렇게는 아닌 것 같다는 결론에만 가까워지고 있었다. 애당초 이렇게 규모가 크고 기술적으로 전문적 지식이 필수인 거래를 통역만 계속해온 박 선생이 리드하고 또 중간에서 풀어간다는 것이 말이 안 되는 것이라는 결론에 중지가 모아졌다.

그들 모두의 뇌리 속에서는 영국 유학 출신에 성격도 호방하고 자상하여 출장자들 하나하나와 기념사진을 찍을 정도로 좋은 인상을 남겼던 산업단지 구매부서 처장이 떠올랐다. O사 해외 영업상무는 직접 처장이 남긴 메신저 아이디를 통해 대화를 시작해보기로 했다. 안부를 묻고 일상을 나누는 평범한 대화를 건넨 뒤 조심스레 자신들과의 사업 건에 관한 내부 추진 상황을 물어봤다. 처장은 담담히 박 선생에게 묻고 확인하라 이야기했으나, 해외 영업상무도 빈손으로 대화를 마칠 수 없는 노릇이었다.

"박 선생이 좋은 기회와 인연들을 만들어주셨지만, 이 사업은 공단과 저희 간이 주체가 되어 진행되어야 한다고 생각합니다. 처장님과 직접 소통하며 사업을 만들어가고 싶습니다."

처장은 대답이 없었다. 여러 날에 걸쳐 다시 말을 걸었지만 친절하기만 했던 그는 더 이상 대답이 없었다. 출장에서 만난 다른 이들에게도 말을 걸어보았지만, 마치 서로 간에 합의라도 본 듯 모두 응답이 없었다. 이상한 낌새를 느낀 O사 대표가 결국 박 선생에게 연락했으나 박 선생은 대뜸 원망부터 쏟아냈다.

"대표님 때문에 저와 제 아들도 곤란해졌습니다. 거의 다 성사된 본 사업뿐만이 아니라 공단과 진행 중이던 다른 사업들까지 무산되게 생겼으니 이를 어쩌시렵니까?"

공단 내부 고위층 중 몇몇은 박 선생과 어린 시절부터 웨이

하이에서 오랜 기간을 함께 생활하며 친분을 다져왔고 박 선생의 아들 취업 역시 이 친분을 통해 이루어진 것이었다.

"박 선생이 나서서 페이퍼 컴퍼니를 하나 만들고 한국의 생산 관련 기업과 제품들을 소싱하여 공단 내 기업들에 판매하자. 판매는 우리가 알아서 할 테니 박 선생은 표면에만 나서서 모든 건을 추진하고 믿을 만한 한국의 공급처를 확보해달라."

박 선생이 한국의 몇몇 기업들과 교류가 있음을 알게 된 고위층 친구들의 제안으로 이 모든 일이 진행되기까지 박 선생 자신도 많은 부분에서 자신이 없었다. 하지만 평생 모시고 살기만 했지 그 자리에 앉으리라 생각조차 해본 적 없던 사장님의 자리에 오르는 것이 이생에 어디 다시 찾아올 기회이던가? 비록 바지 사장이지만, 박 선생은 마냥 꿈만 같은 이 기회를 놓일 수 없었다. 일생일대의 큰 결심으로 박 선생은 이 건을 시작한 것이다.

하지만 교류가 있던 한국 기업 중 가장 믿고 있었던 O사의 조바심으로 공단의 친구들이 박 선생과의 사업이 시작되는 바로 이 시점에서 박 선생의 일 처리 능력과 소통 능력에 의구심을 드러내며 모든 것을 원점으로 되돌리려 하는 것이었다. 그럴 만도 한 것이 그들 입장에서는 자칫하여 이야기가 새어나가거나 상대측이 박 선생의 통제를 벗어나 일이 잘못될 경우 자신의 자리를 잃는 것은 말할 것도 없거니와 당적党籍이 말소되거나 법정에 설 수도 있기 때문에 민감할 수밖에 없었다. 곳간에 쥐가 많으면 쥐약이 쌔듯 중국에서의 배임, 횡령죄는 절대 가볍게 처벌하지 않는다.

창사 이후 최대의 중국 사업 기회를 날려 보낸 O사의 패착은 어디에 있는 것일까? 이를 단순한 행위로 분석하기보다는 개념, 관점의 문제로 생각하는 것이 옳다고 봐야 한다. O사는 꽌시라는 개념 자체가 없었고, O사와 공단의 어느 누구 간에도 꽌시 비슷한 관계가 존재한 적조차 없었다. 그럼에도 불구하고 O사는 사무적 관계로 이 건을 밀어붙이려 했고 박 선생과 그들의 꽌시를 철저히 무시했다. 이로 인해 박 선생조차 그 긴 시간을 들여 만들어가던 공단 고위층과의 관계가 완성된 꽌시로서의 일로에서 사라져버릴 위기를 맞은 것이다.

우리는 O사와 공단 사이에 꽌시가 있다면 그건 메이꽌시没关系 속의 꽌시라고 이해해야 한다. 좋은 협의도, 또 좋은 관계도 그저 좋고 괜찮기만 하니 진짜 꽌시는 없다고 봐야 하는 것이다. 중국인의 꽌시는 직관적으로 쌍방의 금전이 섞인다. 공동의 이익을 위해 상호가 모두 치열하고 리스크를 함께 짊어진다. 우리로 치면 '이해관계가 있다' 정도도 아니고 '한배 탔다' 정도가 맞는 표현이다. 상대의 손해가 곧 내 손해로 이어져야 한다. 심적으로 물적으로 상대에게 큰 빚이 있기에 상대의 편의를 봐주지 않으면 안 된다. 꽌시의 상대가 손해를 보면 직접적으로 나의 손해로까지 이어진다. 약점을 잡혀 상대의 무리한 요구를 피할 수 없고 무리를 해서라도 상대를 지켜줘야 한다.

다시 말해 공과 사가 구분되면 꽌시가 없는 것이다. 이 정도는 되어야 꽌시가 있다고 할 수 있다.

꽌시의 생성

중국인들이 꽌시를 만드는 과정은 실로 정교하고 노련하다. 이 작업을 잘 하는 자가 중국의 모든 판에서 우위를 선점하고 성공에 가깝게 도달할 수 있다. 그렇다 보니 중국인에게 꽌시만큼 소중한 것도 없다. 누군가의 꽌시에 쉽게 다가서거나 편승하려는 행위는 제일 큰 무례이고 도발이다.

그렇다면 꽌시를 만들기 위해 무엇을 해야 할까? 수많은 사람의 고민이 이것이다. 중국의 민·관에서 언더테이블 거래의 방법론은 뒷돈을 주고 거래를 성사시키는 것이 아니라, 뒷돈을 건넬 수 있고 주는 뒷돈을 상대가 받게 만드는 것이 주된 핵심 역량이었으며, 그 솔루션을 쥔 자가 거래의 승자였다. 꽌시 역시 인간의 것이기에 우리가 상식적으로 알다시피 '공'을 들이면 만들 수 있다. 하지만 우리가 생각하는 '공=정성'과는 달리 중국인들에게는 '공=시간+금전'의 공식이 해당된다. 하다못해 사랑하는 여자를 얻기 위해서도 위의 공식은 정석에 가까우니 이쯤 되면 의심의 여지가 없다. 물론 여기에 하늘이 도운 우발성이나 천재적인 계획성이 트리거가 된다면 꽌시는 분명 명중한다.

중국 국영기업 S그룹은 베이징의 부동산, 고속도로, 지하철, 정화조 등을 개발하고 운영하는 인프라 사업체다. 때는 꽤 오래전으로 베이징에 지하철 6호선 개발이 한창일 시기였다. 지금이야 21개의 노선이 촘촘하게 들어찬 베이징이지만 당시 개발 중이던 6호선은 몇 개 안되는 노선 중 학교, 관공서, 거주지 밀집 지역인 베이징 서부의 외곽부터 대기업, 신흥 소호들이 들어차기 시작하던 동부 외곽까지를 일직선으로 관통하는 말 그대로 콩나물시루로의 운명이 결정된 통근 수단이었다. 6호선 내 각 지하철 역사는 엄청난 유동 인구를 예상하여 유래에 없던 크기로 기획되었고 그 예산 역시 천문학적이었다.

그러한 개발 사업을 맡아 운영 중이던 S그룹 내 해당 법인은 당연히 대단한 권력과 그에 걸맞은 콧대를 가지고 있었고 해당 법인의 대표는 무소불위의 아우라까지 뿜어내고 있었다. 당시 S그룹에서 유일한 한국인이었던 나는 종종 그 아우라의 주인에게 호출을 받아야 했다. 매일 저녁 큰판의 식사와 술자리에 참석하던 대표는 외부인과의 자리에서 특권층의 과시욕과 같은 묘한 패티시의 일환으로 당시 '특이 품종'이던 나를 불러 앉혀놓고 "직원 중에 한국인도 있으시군요!"라는 감탄사를 즐겼던 것 같다.

다시 생각해봐도 정말이지 절대 가고 싶지 않던 자리들이었다.

다행히 목줄은 없어 그 자리에 처량히 앉아 있다 보면 말수는 줄어들고 눈은 바빠지며 생각은 많아지게 된다. 관찰할 기회가 참 많이 생긴 때였다. 그중 식사 후 술자리에 등장해 매번 나와 같은 눈빛, 표정을 하고 구석에 앉아 있던 사람이 있었다. 중년의 나이에 꽤 호인으로 보이는 인상, 꾸미지는 않았지만 차분한 머리, 평범한 면바지에 소박해 보이는 셔츠, 그리고 무엇보다 옆구리에 꼭 끼고 있는 손가방. 늘 내리깐 눈은 주변에서 말을 걸거나 대표가 부를 때만 앞을 향했다. 그리고 지체 없는 손동작으로 술병을 들고 술을 따르러 다가갔다. 하지만 그때도 그 손가방만은 어김없이 그의 옆구리에 단단히 끼워져 있었다.

그 손가방 안에 무엇이 들었는지는 내 앞에서 단 한 번도 열린 적이 없기에 정확히 알 길이 없었지만, 술자리의 마지막쯤 계산서를 들고 그를 찾는 매니저와 함께 나갔다 들어오는 그의 손가방이 날씬해진 것으로 봐서 주요 내용물은 대략 짐작할 수 있었다. 그리고 그는 다시 조용히 자리에 앉아 술자리가 파하길 기다리다 술집 앞에서 나까지 배웅한 뒤에나 집에 돌아가는 듯했다. 수많은 술자리 중 그의 뒷모습을 본 적이 없으니 술집에 그의 숙소가 있다고 해도 믿었을 지경이었다.

그렇게 그와 눈인사를 건네며 지낸 지 일 년이 좀 넘었다. 내가 등장했을 때 그는 이미 대표의 지인들, 술집의 매니저 모두와 친숙한 듯했으니 아마도 훨씬 전부터 그 루틴을 가지고 있었으리라. 그런 그가 돌발 행동을 했다. 아니, 좀 더 정확한 표현은 움직여야 할 타이밍에 돌연 아무런 행동을 하지 않았다. 당연한 듯 계산서를 들고 그를 찾은 매니저에게 그가 눈길 한 번을 주지 않고 망부석처럼 앉아만 있는 것이었다. 어색한 침묵이 흐르고 대표가 무겁게 입을 열었다.

"자네 왜 그래? 뭐 잘못된 것이 있나?"

또다시 한참 흐르는 어색한 침묵 끝에 그가 대답했다.

"죄송합니다. 제가… 그러니까… 돈이 없습니다."

울먹임과 다름없는 그의 대답에 나조차 자리에서 벌떡 일어날 뻔했다.

"어… 어… 그게 뭔 잘못이라고 사과까지 하고 그러나. 됐어 됐어. 매니저! 계산서 이리 가져오시게!"

물론 계산서는 대표에게 도착하지 못하고 중간에 튀어나온 다른 동석자의 손에 납치되었지만 그날 술자리의 마지막은 그가 뿌린 우울한 기운으로 수습이 되지 않았다.

"다들 먼저들 들어가라고. 나 저 친구랑 딱 한잔만 더하고 가려니까."

어느새 눈물까지 흘리고 있는 손가방 아저씨를 남겨두고 집으로 오는 길, 별별 생각이 다 드는 것을 멈출 수 없었다. 저 사람은 자신에게 단 한 번도 살갑게 대해준 적 없는 사람의 술

값으로 가산을 탕진한 것 아닌가? 도대체 어쩌자고 저랬던 것일까? 무슨 신세를 졌기에, 어떤 죄를 졌기에 가산을 털어 넣으며 그의 유흥을 도맡아 챙겼던 것인가?

밤새워 뒤척이며 아침을 맞고 출근한 나에게 동료가 어제 그 대표의 호출을 알려 왔다. 같은 법인도 아니며, 내 직속상관도 아닌 그가 낮에, 그것도 사무실에서 나를 찾는 일은 없었기에 엄연히 그의 첫 공식 호출이었다.

"자네가 일하는 소싱 법인 쪽 지원이 필요해서 불렀네. 자네 쪽 법인 대표와도 이미 이야기된 건이니 발주 진행하시게."

문서를 그에게 건네받은 내 손에는 지하철 6호선 내 주요 역사에 설치될 시스템 에어컨에 대한 공급 업체 확정 통지서가 들려 있었다.

'베이징 지하철 6호선, 하기 총 12개 역사에 시스템 에어컨 공급자로 베이징 XXX유한공사를 선정함. 공급가 OOO,OOO 위안, 공급일 OO년 OO월 OO일.'

시스템 에어컨의 모델명뿐 아니라 공급가, 공급일까지 명시된 통지서는 사실상 내가 할 일이 거의 없는 것이었다. 하지만 무엇보다 당혹스러운 것은 그 12개 역사가 아직도 땅만 파고 있는 상태라는 것이었다. 내부 설비를 들이기에는 일러도 너무 이른 시기였기에 발주 시기가 일말의 합리성도 없었다.

하지만 어쩌랴. 발주 품의를 올리고 정식 계약을 체결하기 위해 공급업체 대표를 사무실로 불렀다. 잠시 후 내 사무실을 들어선 사람은 다름 아닌 그 손가방 울보 아저씨였다. 그제야 이 모든 게 어떻게 돌아가는지 감이 오기 시작했다. 그때의 울상과는 다르게 환한 혈색의 얼굴로 가볍게 계약서에 법인 도장을 찍고 돌아가는 그를 배웅하려 내려갔다. 어느새 도착해 있던 벤츠에서 기사가 뒷좌석 문을 열고 공손히 그를 모셨다. 처음 보는 그의 뒷모습을 마주하고 멍하니 서 있던 그 순간, 순진한 질문이 계속해서 되뇌어졌다.

'돈 없다며… 거덜났다며….'

중국 사업에 대해 이해하고 있는 사람과 이해하지 못하는 사람의 가장 극명한 차이는 바로 이 꽌시라는 중국인들의 관계에 대해 필요와 상황에 따른 농도를 어디까지 판단해낼 수 있느냐는 것이다. 이는 물리적 기준이 있는 것도 아니기에 중국에서 외국인이라 불리는 사람들은 알 길이 없다. 심지어 중국인들조차도 어려워하는 경우가 많으니 많은 관찰과 고민 그리고 훈련이 필요한 정성적 기술이다. 그리고 그것을 만들어내는 일은 더더욱 힘들다. 하지만 그렇다고 불가능한 것은 절대 아니다.

21세기의 중국은 많이 나아져서 이런 꽌시도, 비정상적인 돈과 기술로 일구는 사업도 이젠 없다고들 한다. 글쎄다. 세상 그렇게 쉽게 바뀌지 않는다.

들이대는 것도 기술이 필요하다: 콜드콜

중국인의 의심은 세계적으로 정평이 나 있다. 본인의 직접 검증을 거쳤거나 혹은 검증된 지인으로부터의 보증이 있는 상대가 아니고서는 절대 믿고 거래하지 않는다. 여러 지역이 합쳐진 큰 땅에서 다양한 민족, 다양한 문화의 사람들이 왕래를 하다 보니 경쟁도 치열하고 생존을 위한 자기중심적 사고가 필연이었으리라.

이러한 중국인의 자기중심적 비즈니스 마인드를 극렬하게 드러내는 부분이 바로 '할인'이다. '30% 세일'과 같이 전 세계가 할인율을 이야기함에도 중국만큼은 유독 '7折7할'이라 표기한다. 이러한 세일 정보는 판매자가 정하고 전달하는 것이기에 판매자가 '물건 값의 70%만 받습니다'라고 능동 주체적 표현을 한 것이다. 소비자 입장에서 표기한 '30% 저렴하게 구매하실 수 있습니다'라는 표현과 생각은 전통적 중국인의 것이 아니다.

E-LAND 할인행사정보. (source: Baidu)

들이대는 것도 기술이 필요하다: 콜드콜

이러한 자기중심적 사고는 자판기에서도 드러난다. 중국에서는 유독 자판기가 인기가 없다. 많은 사람이 중국은 인건비가 싸고 큰 땅덩어리에 매장 차리기가 편해 굳이 자판기를 들일 이유가 없기 때문이라 하지만 이는 좀 더 중국인을 이해한다면 정답이 아니라는 것을 알 수 있다. 자판기의 작동 주체는 구매자다. 구매자가 능동적 조작을 해야 할 뿐만 아니라 제품을 구매하기 위해 먼저 돈을 지불해야 한다. 무슨 물건이 나올 줄 알고, 과연 물건이 나올지도 믿을 수 없는데 중국인에게 돈부터 지불을 하라니. 물건을 받고 확인하기 전에 지불하는 행위가 중국인에게 쉽사리 수긍하기 힘든 관념임을 무엇보다 비즈니스에 적절히 적용하여 성공한 사례가 바로 타오바오다.

타오바오의 결정적 성공 요인은 중국 본토의 다양한 상품군, 사스가 가져다준 비대면 쇼핑의 호황, 그 뒤에 찾아온 전자상거래 시대의 도래 등이 아닌 바로 '알리페이'에 있다. 알리페이는 타오바오와 티몰 등 모든 알리바바 전자상거래 플랫폼에서의 P/G$^{Payment\ Gateway,\ 결제\ 대행사\ 혹은\ 그\ 서비스}$로 적용되며 은행만큼 신뢰도 높은 에스크로결제 대금 예치 서비스를 제공한다. 물건을 받아보기 전 지불된 금액은 알리페이에 예치되고 물건을 수령하고 확인한 뒤 문제가 없을 시 판매자에게 전달된다. 허나, 수령 후 하자가 있으면 반품에 대한 중재를 플랫폼에 요청하여 예치된 물대를 환불받을 수 있다. 판매자 역시 문제가 없는 상

───── 알리페이를 지불 방식으로 적용한 중국의 자판기. (source: Baidu)

품에 대한 수금 리스크를 없애고 판매할 수 있기에 구매자와 판매자 양쪽을 모두 만족시킨 중국 최초의 원거리 지불 방식이라 할 수 있다.

실제로 알리페이는 중국에서 거의 모든 부분의 지불에 사용될 정도로 보편화되었고 이로 인해 중국에서 영원히 인기가 없을 것 같았던 자판기 역시 이를 지불 방식으로 적용, 새로운 판매 플랫폼으로 부상하고 있다. 은행만큼 높은 신뢰도를 주장하던 알리페이는 이제 중국은행 연합의 유니온페이를 넘어서 실제로 은행 본연의 역할까지 하고 있다.

신뢰에 대한 현실이 이렇다 보니 중국에서 가장 어려운 일은 '파트너 될 왕서방 찾기'가 아니라 '찾아낸 왕서방에게 다가

들이대는 것도 기술이 필요하다: 콜드콜

서기'가 된다. 한국과 중국의 왕래가 잦아지고 그간의 거래가 누적되며 어느 정도 네트워크를 형성하여 한중수교 초창기 때보다는 많이 나아졌다 하더라도, 중국인에게 여전히 우리는 검증이 안 된 저 바다 건너 사람들인 것이다.

오가는 길에서 마주친 누구와도 눈인사를 하는 미국인이 아닌 이상, 아시아 사람 누구나 낯선 이를 경계하지 않느냐 할 것이다. "도를 믿으시냐?"라는 질문에는 "안 사요."로 답하고, 모르는 아저씨는 따라가면 안 된다고 배우지 않았느냐 할 것이다. 하지만 우리와 중국인의 낯선 이에 대한 경계는 수위가 다르다.

한국은 자원이 적고 인구도 적으며 삼면이 바다로 단절되어 있다. 이는 우리가 현대 사회로 들어서며 경제적 한계성에 대하여 극단적인 위기의식을 느끼고 글로벌 규모경제라는 물결에 올라탄 이유이기도 하다. 환경이 비슷한 일본은 '상사商社'라는 독특한 기업을 만들었고 20세기의 한국 무역 발전에 크나큰 공헌을 한 기업들도 한국의 상사였다. 돈 될 수 있는 거래가 존재한다면 품목을 가리지 않고 필요로 하는 이를 찾고, 이들이 찾는 물건을 또 전 세계적으로 소싱하여 제공하는 상사라는 중계 무역상은 선천적 위기의식의 돌파구였다.

하지만 중국은 우리와 다르게 내수 경제만으로도 충분히 규모경제가 가능하다. 자국 내 국제 거래의 역사적 아이콘인 실크로드만 해도 왕서방들은 실크와 금덩이를 들고 장안長安, 당나라의 수도로 지금의 시안에서 기다렸고 중동 상인들과 개성상인들이 교역물을 싣고 움직였다. 온갖 사람이 오가는 땅에서 피아 식별을 위한 의심과 경계는 당연한 것이 되었고, 등 뒤에 비수를 꼽고 도망가 숨어도 찾을 길 없는 땅덩어리의 크기는 그들을 더욱 그렇게 만들었다.

이제 피할 수 없는 국제화의 시대에 중국 역시 능동적 무역 거래를 하고 있고 세계 최대의 무역국 중 하나지만, 우리와 그들의 DNA 속 배타적 '낯가림'은 여전히 차이가 크다. 이를 이해하고 극복할 수 없다면 우리는 분명 왕서방을 찾았음에도 함께 비즈니스를 논할 수 없고 목적 달성이 어렵다.

힘들게 찾은 연락처로 격을 갖춰 보낸 장황한 이메일은 스팸메일 취급받기 십상이다. 인사말과 서론이 긴 전화는 상대방이 끝까지 들어주지 않을 가능성이 높다. 운 좋게 찾고 있던 회사와 의사 결정권자를 소개받을 수 있는 인맥이 있다면 많은 노력을 아낄 수 있다. 하지만 이 역시 문턱을 넘은 것이 아닌, 목적지를 향하는 톨게이트 입구를 찾은 것에 불과하다. 실제로 우리가 원하는 것은 문턱을 넘어 그들의 응접실에 앉아 격의 없이 사업을 논의하는 것 아닌가.

삐삐라 불리던 무선 호출기 시대를 리딩하던 통신기기 전문 업체 미래통신은 2004년 유럽 모바일 단말기 표준이던

GSM 휴대폰을 개발했다. 내 첫 직장이기도 했던 미래통신은 그간 무선 호출기, 고주파 무선 전화기^{DECT}의 뒤를 잇는 새로운 상품에 대한 기대로 그 어느 때보다 들떠 있었다. 한국의 CDMA 방식과 확연히 다른 GSM 방식은 우리나라의 일반적 환경에서 테스트할 수 없었기에 GSM 방식을 무선 통신 방식으로 채용한 또 다른 국가인 중국에서 테스트해보기로 했다. 그렇게 신입사원이던 나의 첫 출장이 잡혔다.

"이번에 모시고 가게 되는 연구소장을 비롯해 선임 연구원들은 그간 고생이 아주 많았다네. 자네 입사 훨씬 전부터 이 휴대폰 하나 개발하자고 집에도 거의 못 가고 연구소에서 날밤을 깠으니까 말이야. 그래서 이번 중국 출장은 그나마 좀 편했으면 하는 마음일세. 일본에 가면 여관이 있는데 한 방에 모여 자기는 하지만 넓고 편안한 데다 삼시 세끼 밥도 주고 여러 편의를 제공하니 나도 일본 출장에 자주 이용하고는 했다네. 이번 중국 출장에 그런 여관 하나를 어렌지해보게나."

중국뿐 아니라 중화권 자체를 가본 적이 없던 대표이사가 나에게 지시한 여관은 일본 료칸^{りょかん, 온천이 딸린 일본 전통 가옥을 개조하여 만든 고급 여인숙}을 의미하는 것이었지만 일본 문턱도 못 가본 나로서는 그것이 무엇을 의미하는지 알 턱이 없었고 내 머릿속에 박힌 지시사항은 딱 단어 몇 개뿐이었다. 크기가 큰 방 하나, 삼시 세끼 제공, 그리고 여관.

"그리고 그들을 보필하는 것 외에 자네에게 따로 부여하려는 임무가 하나 있네."

큰 책상 앞에 멀뚱히 서 있는 나를 향해 대표이사가 말을 이었다.

"신문 기사를 보니 이번에 레전드联想集团, 지금의 레노버Lenovo사. 과거 영문 사명은 Legend였다사에서 무선통신 단말기 사업을 시작했다고 하더군. 우리 단말기 사양이 중국에서도 사용 가능한 것이니 우리가 그들과 사업을 같이해볼 수도 있을 것 같은데. 자네가 가서 그쪽 대표와 내가 만나 이야기해볼 기회를 만들 수 있으면 좋을 것 같으니 한번 알아보게나."

연구소장과 두 명의 선임 연구원을 대동하고 도착한 베이징에서 우리가 숙소로 향한 곳은 공항 부근의 한 민박집이었다. 아무리 수소문해도 삼시 세끼를 제공하는 여관은 찾을 길이 없었고 그렇다고 대표이사의 지시를 거스를 상황도 아닌 나에게 재중교포가 운영하는 민박집 하나가 수배된 것이다. "저희가 딱 그렇게 합니다. 큰 방, 단체 숙박, 삼시 세끼!"

들어선 민박집은 아파트 1층에 자리하고 있었고 들어서는 초입부터 허름하기가 을씨년스럽기까지 했다. 때가 잔뜩 낀 문턱을 지나며 이미 눈이 커진 연구소장은 거실보다 큰 방에 포로수용소처럼 줄지어 놓여 있는 간이침대를 보고는 소리를 질렀다. "이게 뭐야? 저 창틀에 박힌 철창은 뭐며? 이 한여름에 에어

컨도 없이 선풍기 바람을 맞으며 일 하라는 건가? 살다 살다 이런 곳은 처음이란 말이야!"

예상 밖의 환경이기는 했지만 내 입장에서는 달리 해결책이 없었다. "대표이사님 지시사항입니다. 대표이사님께 직접 말씀하셔서 새로운 지시사항을 받으시거나 달리 개별 행동하시는 것은 소장님 마음입니다. 여하튼 전 여기에 묵겠습니다."

연구소장 역시 그 자리에서 대표이사에게 전화할 배짱은 없었다. 결국 그곳에 짐을 풀고 때마침 찾아온 점심 식사 시간에 맞춰 식탁에 앉았다. 된장찌개, 된장국, 김치, 그리고 밥 위에 올라간 계란 프라이. 모두 숟가락을 들지 못한 채 넋을 놓고만 있었다. "저녁 식사는 뭔가요?" 잔에 물을 따르던 주인아주머니가 건조한 목소리로 답했다. "똑같아."

민박집 주인장과 이야기하여 인당 하루 50위안당시 한화 5,000원의 숙박비 외에 비용을 더 드리기로 하고 유선 전화기 하나를 넘겨받았다. 하루 30위안으로 시내 통화만 하루 종일 쓰는 조건이었다. 방에서는 볼 가득 멘 소리와 함께 테스트용 단말기와 씨름하는 연구소장과 연구원들이 있었기에 거실 한편에 자리를 잡고 전화기를 들었다.

'114'. 내가 처음 누른 번호였다. "레전드사 전화번호 부탁합니다." 114에서 알려준 번호는 레전드사 고객 서비스센터 연락처였다. 건조한 신호음 뒤로 더욱 건조한 센터 직원의 목소리가 들렸다. "레전드 고객서비스센터입니다. 무엇을 도와드릴까요?"

"전 한국 미래통신이라는 최첨단 모바일 전문 기업에서 출장 온 해외영업팀 직원입니다. 저희 회사에서 이번에 성능과 디자인 모든 것이 우월한 GSM 단말기의 개발에 성공한 터라 중국 출장을 왔습니다. 귀사가 휴대폰 사업에 뛰어들었다는 소식을 접하고 귀사와의 협력을 위해 긴밀히 이야기 나누고 싶습니다. 도와주실 수 있겠습니까?"

한참을 침묵하던 전화기 너머 저쪽에서 대답이 왔다. "여기는 서비스 센터에요. 그런 건은 아마도… 본사하고 이야기하시는 것이 맞을 것 같습니다."

"본사 연락처도, 본사의 누구와 이야기해야 하는지도 모릅니다. 도와드린다면서요. 도와주세요."

"…그럼 제가 본사의 서비스센터 담당자 연락처를 드릴게요. 그쪽으로 한번 연락해보세요. 그게 저희가 아는 유일한 본사 연락처입니다."

몇 번의 시도 끝에 본사 서비스센터 담당자와 통화가 연결되었다. "안녕하세요. 전 한국 미래통신이라는 최첨단 …(중략)… 귀사와의 협력을 위해 긴밀히 이야기 나누고 싶습니다."

본사 서비스센터 담당자는 터지는 웃음을 참지 않으며 영업부와 통화가 가능할 수 있도록 도와주겠다고 했다. 자신의 소

들이대는 것도 기술이 필요하다: 콜드콜

관이 아니라며 전화를 도중에 끊어버린 영업부 직원 탓에 다시 서비스센터 담당자를 찾아 다른 영업부 직원으로 연결하고 또 연결하고. 그렇게 연결된 영업부 직원 중 한 명이 내가 듣고자 하는 대답을 해 왔다.

"말씀하신 건은 대외협력사업부 소관일 거예요. 그쪽 담당자와 제가 아는 사이니 연결해드리도록 할게요. 기다려보세요."

오케이. 됐다! 반가운 마음에 전화기와 함께한 반나절 만에 고개를 드니 규칙적인 박수 소리가 들린다. "짝…! 짝…! 짝…!" 내 성과에 함께 기뻐하는 사람이 있을 리는 없고 주인장에게 물어보니 우리 연구원이 화장실에서 손뼉 치는 소리란다.

"평소에는 한국과 중국을 오가는 보따리 장사꾼들이 많이 묵는데 그 사람들이 낭비가 영 심해요. 한밤중에 화장실 쓰고 불을 안 끄고 나오는 통에 전기세가 너무 많이 나와서 저래놨습니다. 스위치를 없애고 소리로 켜지는 등을 달았는데 그게 30초마다 꺼져서 귀찮더라도 소리를 좀 내줘야 합니다."

대외협력사업부 직원으로부터 걸려온 전화를 받은 것은 다음 날 아침이었다. 반가운 마음을 누르고 차분히 설명을 이어가던 나에게 그가 질문을 시작했다.

"귀사 이름이 뭐라고 했죠? 몇 년도에 설립됐나요? 지금 협력하는 중국 회사는 있고요?"

그의 질문을 기다린 나는 그 기회를 놓치지 않았다.

"만나서 이야기하시죠. 저희가 개발한 단말기도 지금 제 손에 쥐어져 있습니다. 만나서 저희 단말기를 보며 이야기 나눠보죠."

숙소를 기준으로 베이징의 동서쪽 끝인 창핑昌平, 베이징 북동쪽 외곽 지역에 위치한 레전드 본사를 들어서며 '이제 시작이구나'라는 생각에 휴대폰 샘플이 담긴 가방을 쥔 손에서 땀이 배어나왔다.

"반갑습니다. 우선 샘플부터 보시죠."

네 명의 직원이 모여 있는 회의실을 들어서며 휴대폰 샘플을 꺼내기 위해 내 손이 분주해졌다. 손에 쥐어진 두 개의 단말기와 그것들을 바라보는 그들의 눈 역시 몹시 분주했다. 한참을 자신들끼리 토론하며 휴대폰 샘플을 검토하던 그들이 입을 열었다.

"좋은 제품 같습니다. 협력은 저희가 결론 낼 수 있는 사안이 아닌지라 저희도 윗분께 보고해야 해요. 샘플들을 놓고 가주시면…."

"죄송합니다. 저 샘플들은 돈으로 가치를 따질 수 없는 저희 회사의 소중한 미래 자산입니다. 놓고 갈 수는 없습니다. 하지만 부르신다면 제가 언제든 다시 이곳으로 오겠습니다. 연락 주세요."

건물을 나서고 고가도로를 올라타기 무섭게 내 휴대폰이

울렸다.

"지금 돌아와주실 수 있나요? 부서장님께서 외근에서 막 돌아오셨는데 저희 보고를 받으시고는 샘플을 보고 싶다 하시네요."

차를 돌려 돌아간 레전드 본사는 이미 퇴근 시간이 지나 있었다. 기다리고 있던 아까의 직원들과 부서장은 반가운 얼굴로 나를 맞았다.

"일단 제 마음에는 꼭 드는 제품입니다. 저희 무선통신 단말기 사업부가 신설되어 저 역시 곧 그 부서로 전보될 예정이기에 아주 좋은 시기에 찾아오신 것 같네요. 제가 내일 아침 신설 사업부 구성 회의가 있어서 사업부 사장님과 뵐 예정입니다. 만약 이 샘플들을 놓고 가시면…."

"죄송합니다. 아까 직원분들께도 같은 말씀드렸지만 이 샘플들은 저희의 분신과도 같고 저의 생명과도 같아서 놓고 갈 수가 없습니다. 하지만 내일 아침 몇 시더라도 불러만 주신다면 다시 들고 찾아뵙겠습니다."

그리고 다음 날 아침, 꿈에도 그리던 레전드사 무선통신 단말기 사업부 사장 앞에 설 수 있었다. 휴대폰 샘플을 손에 쥐고 꼼꼼히 들여다보며 내 설명과 직원들의 이야기를 듣던 사업부 사장은 엄지를 들어 보이며 이야기했다.

"미래통신이라고 했죠? 아마 저희 회사와 해볼 수 있는 것들이 있을 것 같습니다. 어떤 식으로 협력하면 좋을까요? ODM 방식이 좋을까요? 아니면 새로운 단말기를 공동 개발하고 싶나요?"

"사장님. 말씀 너무 감사합니다. 하지만 전 이 회사의 말단 사원이고 말씀하신 것들을 어떻게 해야 할지 아는 바가 없습니다. 저에게 주어진 지시는 귀사의 대표이사님과 저희 대표이사님의 만남을 주선하라는 것이 전부였습니다. 구체적인 협력 방식은 저희 대표이사님을 만나 뵈면 이야기가 되리라고 생각합니다. 그러니 귀사의 대표이사님께서 저희 대표이사님을 만나주셨으면 좋겠습니다."

회의실에 자리한 전원의 눈이 동그래지는 진풍경 속에 이름이 들려왔다.

"뭐? 양위엔칭杨元庆, 레전드사 창업자, 현 레노버그룹 명예회장을 만나야겠다고?"

"그러니까 미래통신의 대표이사께서 저희 양위엔칭 회장님을 만나야겠다는 거죠? 그게 쉽지가 않을 텐데…."

"제가 받은 지시가 그렇기에 저도 방법이 없습니다. 부디 부탁드리겠습니다."

출장 마지막 날, 공항으로 향하는 내 주머니 속 휴대폰이 울렸다.

"혹시 대표이사님이 골프 치시나요?" 레전드사 직원이었다. "다음 달에 선전深圳의 미션힐스 골프장에서 협력사 골프 대회가 있습니다. 저희 양위엔칭 회장님께서 호스트로 참석하셔서 함께하실 예정이신데 귀사 대표님과 짧게라도 이야기 나누는 것이 가능하다고 하십니다. 어떠시겠어요?"

도착한 김포공항에서 바로 사무실로 향한 나는 늦은 시각까지 대표이사에게 제출할 보고서로 끙끙거렸다. '뜻하신 대로 뜻한 상대를 만나실 수 있음'이라고 짧게 쓰면 될 것을 신입사원에게는 참으로 어렵기만 했다. 부서장 책상 위에 작성된 보고서를 올려놓은 뒤 퇴근한 나는 결국 다음 날 지각 출근을 하게 되었다.

"이제 오시면 어떡해요? 대표님이 아침부터 찾으시며 난리가 났었어요. 또 무슨 사고를 치신 거예요?" 대표이사의 비서가 6층 사무실 입구에서부터 유난이었다. 사무실을 들어서니 가련함과 비웃음 섞인 시선들이 쏟아졌다. 대표이사의 방을 들어서기가 무섭게 불호령이 떨어졌다.

"야, 이 자식아! 너 도대체 뭐 하는 놈이야? 도대체 뭐 하는 놈이길래 우리 연구소장을 쥐 나오는 민박집에 묵게 해?"

"너 언제 애 티를 벗을래? 네가 아직도 학생인 줄 알아? 여기가 무슨 학교인 줄 알아? 정신 똑바로 못 차릴래?"

분명 난 시키는 것을 했을 뿐이지만 욕을 먹고 있었다. 그리고 월급에 욕먹는 비용도 포함되어 있다고 우리 부장님이 말씀하신 바 있다. 그러니 조용히 대표이사의 화가 풀릴 때까지 욕을 먹으면 된다.

"그나저나 레전드 건은 도대체 어떻게 된 거야? 양위엔 칭이 누군데 그 사람을 만나라는 거야? 그 사람이 진짜 회장이야?"

이런 분위기에서는 침묵이 최선의 방어다. 입을 꾹 다물고 있는 나를 향해 대표이사가 말했다.

"가서 만나기는 할 텐데 네가 한 일이라 그런지 도무지 믿음이 가질 않는다. 하여튼 또 엉뚱하게 일 벌이고 이상하게 보고한 것이기만 해봐!"

그리고 6개월 뒤, 미래통신은 레전드사와의 무선통신 단말기 협력에 대한 협약서에 서명을 하고 중국 수출을 시작했다.

이제 우리는 접근 방법을 바꿔야 한다.

중국인과의 사업을 시작하기 위해서 우리는 많은 관문을 거쳐야 한다. 그중 가장 결정적인 부분이 바로 신뢰다. 이 신뢰는 몇 번의 식사와 의미 있는 이벤트로 만들어지지 않는다. 심지어 신뢰가 쌓였다고 확신하고 확인한 순간, 상대와 연관된 첸즈와 꽌시에 의해 비즈니스에 관계된 다른 그룹과 사람들을 접해야 하고 그들과의 신뢰도 구축해야 하는 산 넘어 산 같은 상황들이 발생한다. 한마디로 중국 비즈니스는 장기전이다. 하지만 우리는 그리 여유롭지 못하다.

중국인에게 신뢰만큼 중요한 것이 '재물'이다. 신뢰도 결국 이 재물을 취하기 위해, 지키기 위해 필요한 것이니 신뢰보다 중요하다 볼 수도 있겠다. 그들과 함께한 시간 동안, 그들의 마음 속에 물욕이 피어오른다면 그들은 질문을 시작할 것이고 그들 스스로가 먹을 수 있는 아이템이라 판단된다면 적극적으로 당신과의 신뢰 구축에 나설 것이다. 물론 그들은 그들의 자원을 총동원하여 조용히 그리고 신중하게 당신이 제안한 사업을 뒷조사할 것이다. 하지만 상대로부터 아무런 질문도 받지 못했고 함께하는 시간 내내 휴대전화나 들여다보며 시큰둥하다면? 상대는 당신의 사업에 right person이 아닌 것이다. 그렇다면 우리는 처음으로 돌아가 또다시 찾아야 한다. 중국은 우리의 생각보다 넓고 상상하기 어려울 만큼 많은 사업가가 살고 있다.

그들과 어떻게 비즈니스를 해야 할지, 역할을 어떻게 나눠야 할지도 미리 고민할 필요가 없다. 그들이 관심이 생기는 순간부터 물욕에 들뜬 눈을 반짝이며 그들 스스로가 치열하게 궁리할 것이고 스스로 계속 정리해나갈 것이다. 때가 됐을 때 우리는 철저히 우리의 이익과 필요에 맞춰 조율하면 된다.

중국인은 이익될 것이 없는 상대에게 곁자리를 허락하지 않는다. 역할이 없는 상대는 끼워주지 않고, 역할을 제대로 수행하지 못하거나 역할이 필요 없어지는 순간이 찾아오면 과감히 퇴장시킨다. 한중 간 비즈니스에서 한국인, 한국 기업의 '나 당했소'를 들여다보면 열에 아홉은 이렇듯 한국 측의 역할 분담이 가벼웠고 한국 측의 역할을 통해 얻기를 기대했던 이익이 실제와 달랐기 때문이다.

자신들의 이익이 중요한 만큼 상대의 이익도 신경을 쓴다. 상대에게 아무리 좋은 사업을 설득하고 큰 이익이 될 것이라 확언해도 상대가 내 의도를 이해하기 힘들다면 '그래서 당신이 얻는 것은 뭔데?'라는 질문이 나온다. 다시 말해 내게 이익이 되는 것은 알겠는데 그래서 당신이 얻는 것은 무엇이냐는 것이 동시의 관심사이고 당신의 이익이 명확하지 않다면 당신이 나를 위한 봉사자도 아니고 뭐 하러 이 사업을 하겠느냐는 질문인 것이다. '뒤에 뭔가 딴 꿍꿍이가 있는 것 아니야?'라는 의심이 시작된다. '꿍꿍이'가 있어도 명확한 내 이익을 설계해 요구해야 한다.

중국과의 비즈니스는 규모가 크다. 90년대 이후 뉴스에 연일 보도되었던 많은 기업의 풍선처럼 부풀려진 매출은 중국과의 비즈니스가 없었다면 불가능했다. 거품처럼 가라앉지 않고 바람 불어 무너지지 않을 비즈니스를 만들기 위한 과정은 쉽지 않다. 시작부터 힘을 너무 빼고 하나하나의 상대에게서 파랑새를 찾는다면 최근 연일 보도되는 수많은 모래성 중 하나를 짓게 될 가능성만 높아진다. 차라리 무미하고 건조하게 핵심만을 전

들이대는 것도 기술이 필요하다: 콜드콜

달하며, 내 사업을 탐내고 욕심낼 상대가 있는지 탐색하고 그들이 원하는 이익 추구를 어떤 식으로 설계하는지 지켜보며 올바른 상대를 만날 때까지 머리와 심장을 얼려놓고 다가가자. 얼음처럼 차갑고 어색한 사업 제안의 분위기를 깰 수 있는 것은 우리가 아니라 욕심이 생긴 중국인이다.

파고들어가자: 칭커

칭커請客는 직역의 의미로 '손님을 초대하다'이다. 하지만 우리나라에서 '한번 모시도록 하겠습니다'가 시의에 따라 다양한 의미로 받아들여지듯 이 칭커 역시 무한한 활용성을 가지고 있다. 각각의 시의에 맞춰 잘 짜인 대접은 비즈니스에 날개가 되고 성공적 결과를 약속한다. 역으로 비즈니스와 타이밍이 잘 맞아떨어짐에도 칭커를 제대로 이행하지 못한다면 모든 것이 어그러지고 난관에 빠질 수 있다. 이처럼 칭커는 중국에서 비즈니스를 만들어감에 있어 하나하나 중요한 주체들을 이어주는 연결고리와 같은 것이다.

처음 만나 서로 비즈니스의 간을 보고 이해할 기회를 만드는 시점에는 식사라는 칭커가 존재한다. 21세기가 되었지만 여전히 중국에서는 만찬이 빠진 미팅은 중요한 미팅으로 인정되지 않는다. 첫 식사 자리에서 업무 관련 이야기는 주제가 아니다. 주최자와 주빈 그리고 그들과 동석한 각 구성원 개인에 대한 탐색이 이루어진다. 각 개인의 인성, 관심사, 가족관계뿐만이 아니라 그들이 살아온 삶이 대화의 소재다. 이 부분을 넘어선 정보까지 공유되기에는 첫 자리가 짧고 벅차다. 이러한 분위기 속에서 사업 이야기가 불쑥 튀어나오거나 상대의 사회적 지위와 역할까지 파악하려 다가서면 분위기가 일순 어색해지고 첫 만남에서 스킨십부터 시도하려 한 데이트 상대처럼 뻘쭘해지기 십상이다. 그 자리에 집중하고 화제에 융화되어 그들이 알고 싶어 하는 나의 본연을 가감 없이 열어 보여주고 상대를 파악하는 것에 관점을 맞추는 것이 맞다.

두 번째 식사 자리가 이루어진다면 그 자리에서는 좀 더 나아간 '그들(혹은 회사)과 사회의 관계'가 주제가 된다. 첫 번째 자리의 가감 없고 소탈했던 분위기에 심취하여 그 무드대로 두 번째 식사 자리에 입장한다면 깜짝 놀라 평정심을 잃게 되기 쉽다. 일단 규모가 달라질 것이다. 참석자가 늘어난다. 저번 자리에 함께했던 이들이 호스트가 되어 그들이 선정한 게스트를 초대해놓는다. 보통 비즈니스 파트너, 투자자, 지역 유지, 정재계 관계자, 심지어 우리의 관상이나 사업적 궁합을 볼 무속인까지 대동하는 경우도 있다. 여기서부터는 상당히 난이도가 있는 처신을 요구한다. 호스트와 초대된 게스트 사이의 관계에 따라 호스트의 역할을 게스트에게 양보하기도 하고, 게스트의 분위기를 따라가기도 한다. 이러한 게스트의 초대는 게스트를 통해 호스트 자신들의 사회적 지위와 역할, 더 나아가 회사 내외의 관계를 설명하기 위함이고 때로는 과시를 위해 무리하여 치장하기도 한다.

중요한 것은 이들 하나하나가 나중에 우리를 초대한 비즈니스 파트너에게 자신들의 검증 의견들을 내놓는다는 것이고 때에 따라 의사 결정적 행동까지 할 가능성이 있다는 것이다. 앞서 말한 그들의 췐즈와 꽌시의 무대에 우리가 던져지게 된 것이다. 한 명씩 돌아가며 사자성어 가득 채운 고루한 덕담과 건배사를 던지고 자리를 돌며 한 명 한 명과 인사를 나누기 시작하면 중국어도 어려운 상태에서는 패닉에 빠질 수 있다. 하지만 어려워할 것도, 복잡해할 것도 사실 없다. 어찌되었건 우린 이들에게 외국인이고 그들의 필요에 의해 우린 그 자리에 있는 것이니까. 따뜻한 미소와 존중을 담은 몸짓만으로도 그들에게는 충분한 대답이 될 것이다. 지루한 시간에 우리는 첫 식사에서 친분을 튼 옆자리 상대를 통해 각 게스트가 누구이며 그들과 어떤 관계인지를 확인하는 편이 현명하다. 이 질문의 대답은 그들이 하고 싶은 자랑일 것이니 누구보다 열정적으로 설명하며 게스트들에게 나를 친밀하게 소개하려 할 것이다.

그들과 이러한 자리를 아직 갖지 못했다면 우리는 여전히 그들과의 첫 식사 자리에 머물러 있는 셈이다. 그렇다면 마무리 짓지 못한 첫 식사 자리의 연장전을 준비하거나 상대와의 비즈니스 연을 다시금 고려해야 한다.

중국인만큼 사과와 부탁을 어려워하는 사람도 없다. 잘못을 인정하고 신세를 지게 되면 그만큼 상대방과의 관계에서 하위로 밀려나게 된다는 생각에 중국인의 험악한 생존본능은 우리가 납득 못 할 상황에서조차 최대한 버티고 있는다. 그렇다 보니 상대의 미안한 마음을 상쇄시키는 것도 눈치 게임이다. 먼저 손 벌릴 줄 모르는 상대에게 눈치껏 호의를 베푸는 것도 상당한 정보와 고민을 요구한다.

식사비용을 지불하는 행동은 이를 명확히 보여준다. 관계가 명확하지 않은 상황에서는 식사를 계산하려 서로 나선다. 이는 어떻게든 조금이나마 우위를 선점하려는 노력의 일환이다. 하지만 시간이 흘러 관계가 정리되고 서로 간에 이해관계가 성립되면 계산을 해야 하는 주체가 명확해진다. 함께하는 이해관계 속에서 역할 대비 많은 혜택을 얻었거나 하위 존재로서의 위치가 명확해진 대상이 지불의 주체가 된다. 그들의 관계에 변화가 생기지 않는다면 백 번이고 천 번이고 그 대상이 늘 지불을 해야 하는 것이다. 상대는 고마워하지도, 미안해하지도 않는다. 주체가 되어 더 많은 이익을 취한 사람이 역할이 적은 사람을 챙기는 행위는 우리에게 보편적 미덕이지만 중국인의 비즈니스에서는 턱도 없는 이야기다.

중국인의 이러한 계산적 관념을 잘 보여주는 예를 들어

보자.

한국인 한 씨는 베이징에 살고 있다. 지인 소개로 만난 중국인 A와 다년간 교류하며 이제는 A와 독립적인 관계를 만들었고 A는 그에게 가장 친한 중국인이 되었다. 어느 날 한 씨는 자신이 가진 상품의 재고를 처리해야 하는 상황에서 인맥이 넓은 A가 도움이 되리라 생각하고 도움을 요청했다. 흔쾌히 수락한 A가 재고를 매입할 고객이 있다 하여 반가운 마음에 물품 수령인 연락처를 받으니 오래전 한 씨에게 A를 소개한 중국인 B 아닌가! 어찌되었건 재고를 처리할 길이 열렸으니 A가 시키는 대로 B에게 물품을 보내고 물품 대금은 A로부터 송금 받았다. 하지만 그 뒤에도 B에게 드는 고마운 마음으로 한 씨는 오랜만에 B에게 연락하여 식사를 청했다. 하지만 식사 도중 들은 이야기는 한 씨에게 너무도 충격적이었다. B가 구매한 한 씨의 물품 가격은 한 씨가 A에게 넘긴 가격보다 자그마치 50%가 높았던 것이다. 아무리 봐도 한 씨를 돕겠다고 나선 A가 한 씨와 B 사이의 거래에서 중간 폭리를 취한 것이었다. 한 씨는 A와의 관계에 깊은 의구심이 생겼고 심지어 A의 인성까지 의심하는 지경에 이르렀다.

우린 여기서 A의 행동을 어떻게 받아들여야 할까? 우리의 통념 속에서 A의 행동은 논란의 여지가 많다. 하지만 중국인들에게 A의 행동은 당연한 범주 내의 것이다. 한 씨가 시세보다 많이 싸게 처리한 물품을 50% 더 높게 구매한 B에게는 손해가 아닌 이익이 생겼고, A는 기꺼이 응낙한 이 작은 수고를 통해 큰 이익을 얻었다. A는 한 씨에게 어떠한 신세를 진 적도 없고 A가 꼭 무보수로 이 거래를 중간에서 연결 지어줬어야 할 이유는 없었다. 그렇기에 긴 기간의 교유를 통해 신뢰가 생겼고, 그 신뢰를 바탕으로 삼방이 이익을 취한 행위는 당연한 수순이었다고 중국 사회에서는 받아들여진다.

거꾸로 생각해본다면, 아무리 좋은 관계에 있는 상대여도 적정한 이익이 허락되지 않는 부탁을 한다면 이는 중국인들에게 무례가 될 수 있는 것이다. 하지만 우리가 살다 보면 금전적 이해관계로 상대에게 함께해주기를 요구할 수 있는 상황만 있는 것이 아니다. 돈으로 해결할 수 없고, 이익을 보장할 수 없는 상황에 중국인의 도움이 필요한 상황은 부지기수로 발생한다.

이러한 상황을 대비하여 차곡차곡 저축해두어야 하는 것이 칭커다. 칭커는 단순히 식사만 대접하고 향응을 제공하는 것이 아니라 좀 더 큰 개념에서도 적용할 수 있다. 중국인 자녀의 한국 유학, 가족의 제주도 여행, 구매가 어려운 한국 물품의 수급, 중국 내에서 어려운 질병의 치료, 하다못해 배우자의 성형수술. 모두 잘만 처리한다면 칭커가 될 수 있는 것이다.

중국인이 신뢰, 금전만큼 중요하게 생각하는 다른 하나가 미엔즈面子다. 미엔즈는 얼굴이라는 단어지만 체면이라는 뜻으로 쓰인다. 체면은 중국인에게 사회적 영혼이자 존엄이다. 이 부분에 금이 가고 타격을 입으면 사회에서 '얼굴 없는 사람'이 되어버리는 것이 중국이다. 신세를 지고 베풂을 받으면 빚이 생기고, 그 빚을 갚지 못하면 미엔즈가 상한다. 궁한 상황 속에서 차라리 상대의 것을 갈취하는 한이 있더라도 신세 좀 지자고 아쉬운 소리를 못 하는 이유가 바로 여기에 있는 것이다.

별것 아닌 것으로 보이는 작은 동산 하나를 전투에서는 '고지'라 부르며 수많은 병사의 희생을 대가로 선점하고 탈환하기 위해 애쓴다. 중국인들에게 비즈니스는 경쟁자뿐만 아니라 동업자와도 늘 항상 전투를 벌이고 있는 전장이다. 상대방의 니즈를 잘 찾아 그것을 먼저 대접하고 상대의 미엔즈라는 계좌에 잘 저축해두면 중국 비즈니스에서 꼭 필요한 순간이 다가왔을 때 찬란히 빛을 발할 것이다.

먼저 친구가 되고, 사업을 이야기하다

'先做朋友, 后谈生意^{먼저 친구가 되고, 사업을 이야기하다}'는 중국의 오랜 속담이다. 우리의 '친할수록 동업하지 마라'와 대조되는 이질적 관념이다. 중국인에게 동업을 위한 0순위는 단연코 가족이다. 혈연관계보다 이해의 기간과 절대적 신뢰에서 우선될 상대는 없다. 혈연관계 내에서만 해결되지 않는 사업적 역량은 친구에게서 찾는다. 하지만 혈연도 지연도 넘어서는 전문성 혹은 새로운 기회를 요구하는 경우, 어쩔 수 없이 모르는 이와 협업을 해야만 한다. 낯선 이와의 협업, 동업이 아무리 촌각을 다투는 타이밍 비즈니스여도 중국인들은 시간을 두고 친구가 되는 과정 없이 일을 추진하지 않는다.

중국인에게 친구를 만드는 과정에는 앞서 이야기했듯 꽤 까다로운 절차가 기다리고 있다. 서로 간의 꽌시를 만들기 위한 시간과 이벤트들을 거치며 서로를 테스트하고 합을 맞춘다. 이후 가족, 지인들로 형성된 췐즈로의 입성을 위해 여러 차례의 일상적 행사들로 자신들의 단체와 결속이 가능한지를 검증한다. '신뢰', 그 하나에 마치 모든 것을 거는 이들처럼 중국인들은 이 과정을 사업 그 본연보다 더 중시하며 마치 의식을 치르듯 하나 하나 경건할 정도의 자세로 임한다.

세상 믿을 구석 없는 사람이 중국인이라고들 한다. 위의 이 야기를 듣고 나면 이토록 아이러니한 일도 없다. 하지만 필자 역 시 세상에서 제일 믿기 어려운 사람이 중국인이라는 것에 동의 한다. 우리는 이를 강한 자성을 양극에 가진 자석이라고 이해하 는 편이 빠르다.

예수는 이스라엘 민족이 이방인을 넘어 오랑캐라 여겼던 사마리아인을 '너희와 비교하여 차라리 선하다' 했다. 그만큼 이스라엘 민족은 배타성과 이기적 성향이 강했다. 그런 곳, 그런 사회에서 2천 년의 인류 역사를 지배하다시피 한 예수의 사랑 과 나눔이 생겨난다. 중국 역시 그러한 곳이다. 중국은 다양한 민족으로 구성된 수많은 사람이 넓고 모호한 경계선 속에서 살 아온 땅이다. 어제의 적이 오늘 찾아온 새로운 위기 속에서 생 존하기 위해 나와 결탁하여 아군이 되고 저 건너에서 다가오는 사람이 밝은 표정 뒤 어떠한 무기를 숨겼는지 알 길이 없다. 격格 과 예禮를 논하기에는 여기는 너무 위험하다. 그러다 보니 이들 에게 타인과의 우호적 삶은 너무도 사치였으리라. 만연해 있는 사회 속 건조함과 위기의식으로 인간의 내면 중 가장 기본적인

'안전'에 대한 욕구는 늘 목말라 있었고 이러한 사회적 요구가 탄생시킨 진흙 속의 진주요 자석의 다른 한 극단이 바로 인류의 성인 중 한 사람인 공자인 것이다. 가치 있는 삶에서 가장 중요한 것은 존중하고 존중받는 관계이며, 이 관계를 만들고 지켜나가는 질서를 '예禮'라 설득한 공자의 가르침은 당시 중국인들에게 상당히 센세이셔널했을 것이다. 물론 지금도 말 같지 않게 여기기는 하지만….

나고 자란 고장에서 함께 뛰어놀던 동무들과 부모가 하던 농사를 물려받아 꾸리고 또 자신의 자녀가 본인처럼 그리 살아갈 것이라 확신하던 우리의 조상들은 '터전'이라는 개념이 무엇보다 컸었다. 새로운 사람을 만나고 낯선 곳으로 그 터전을 옮기는 일은 천재지변에 가까운 것이었고 그러한 상황에 놓인 사람들은 화전민이나 산적이 될 법한 위기에 처한 것으로 받아들였을 것이다. 하지만 땅은 넓으나 자원은 특정 지역에 집중되어 있고 지역별 환경 차이가 큰 탓에 지역마다 삶의 질에 큰 차이가 있는 중국 사람들은 그렇지 않았다.

개척 혹은 침략이라 불러야 마땅한 삶이 일상이던 과거 미국인들에게도 오가며 마주치는 낯선 이들에게 하는 눈인사는 '공격 의사가 없음'의 의미다. 식사 때 시종일관 테이블 위로 올려놓아야 하는 손은 '아래로 총을 쥐지 않았음'을 보여주기 위해서다. 험난했던 역사가 만들어놓은 그 사람들의 무의식이 21

세기가 되었음에도 유전적으로 뼛속 깊이 자리잡아 새로운 시대에도 후대로 이어져가고 있는 것이다. 중국인들의 험난한 역사는 미국의 그것보다 훨씬 더 복잡하고 위험했음을 우리는 중국의 역사 속에서 쉽게 알 수 있다.

위기가 일상이던 이들에게 약한 자를 대상으로는 공격이 최선의 방어였을 것이고 강한 이에게는 전략적 동맹과 때로는 비굴한 굴복이 생존을 위한 절대적 수단이었다. 이를 증명이라도 하듯 비굴함과 뻔뻔함 그리고 모략을 학문적으로 정리한 '후흑학厚黑学, 두껍고 검은 얼굴의 학문. 우리들의 낯짝이 두껍다는 의미와 별 차이가 없다'이라는 것조차 있으니 말이다.

삼국지의 조조는 여러 빛나는 영웅들 사이에서 홀로 외로이 중국인 본연의 모습을 대변한다. 자신을 추격해 오는 동탁을 피해 몸을 숨겨야 하는 조조에게 위험을 무릅쓰고 기꺼이 문을 열어준 여백사의 일가족을 조조는 야밤에 무참히 살해한다. 이유는 단지 조조를 대접하기 위해 준비된 돼지 한 마리를 '조용히 묶어서 죽이자'며 뒤편에서 쑥덕대던 가솔들의 이야기가 돼지가 아닌 자신일 것이라 오해한 탓이었다. 밀려날 때로 밀려나 겁에 질린 자신의 오해로 벌어진 이 엄청난 살육의 진상을 확인한 뒤 허둥대며 도망가던 조조는 멀리서 술을 받아 오는 여백사와 마주치게 되고 은인인 여백사마저 베어 죽인다. 여백사가 집으로 돌아가면 일가족의 죽음을 마주할 것이고, 그로 인해 조

조에게 갖게 될 원한과 후환이 두려운 탓이었다. 그리고 조조는 이렇게 말한다.

"내가 남을 버릴지언정, 남이 나를 저버리게 만들지 않겠다寧敎我負天下人, 休敎天下人負我."

자신 스스로를 간사한 영웅, 즉 간웅이 되어도 상관없다 했을 만큼 자신에게 관대했던 인물. 불세출의 무결한 영웅들과의 경합에서 때로는 비열하고 때로는 치졸했지만 그것조차 원동력 삼아 영웅 중 하나가 될 수 있었던 조조. 그가 가지고 있는 바로 이 모습이 중국인들에게는 가장 현실적인 위안이 아니었을까?

사업 파트너를 고민하며 중국인들의 심연에 자리하고 있는 그 불안함은 '이 사람이 적임자인가?'가 아니다. 가장 큰 걱정과 고민은 '사업이 성공해도 이 사람은 날 배신하지 않고 계속 내 편으로 있을까?'인 것이다. 나를 버리지 않을 상대. 중국인들의 포커스는 바로 여기에 맞춰져 있다.

한국인의 중국 사업에 성공은 적고 실패는 많다. 그 실패의 원인 중 가장 많은 부분을 차지하는 것이 '뒤통수'친 중국인 파트너, 중국 회사다. 그러한 원인은 객관화된 제삼자 시점의 복기가 필요하다. 충분히 친구가 되었는가? 친구가 되었다면 계속 친구이기 위해 노력했는가? 오해의 여지는 없었는가? 내가 그를 친구로 믿고 방심하지 않았는가?

가까운 친구 사이일수록 더욱 조심해야 하듯, 순간의 방심과 생각지 못한 실수에서 나는 여백사가 되고 중국인은 조조가 되는 것이다. 역설적으로 중국 비즈니스에 진짜 친구는 단연코 없다.

조선족

중국에는 한국에서 이주해 간 교포 3, 4세들이 살고 있다. 중국에서는 이들을 조선족이라 구분한다. 중국에는 최다 민족인 한족 이외에 총 55개의 소수민족이 살고 있고 그중 우리의 재중교포 3, 4세들은 조선족이라는 소수민족 중 하나로 편입된 이주민의 후손이다. 현재까지 대략 120만 명 이상의 조선족들이 연변 조선족 자치주 이외의 중국 각지와 한국 등 세계로 뻗어나가 생활하고 있다. 울산, 평택 등 도시의 인구수와 맞먹는 중국 조선족들이 중국과 전 세계에 있는 것이다. 그중 한국에만도 30만 명 가까운 중국 조선족들이 생활하고 있으니 우리와도 이미 아주 가까이에서 함께 생활하는 존재가 되었다.

하지만 실상은 그다지 즐겁지 않다. 영화나 드라마에도 자주 묘사되듯 그들은 우리에게 사회 밑바닥의 지저분한 일들을 담당하는 폭력적이고 또 무지한 존재들로 인식되어왔다. 혹은 보이스피싱이나 장기 밀매와 같은 한국인을 대상으로 한 범죄

—— 재중교포의 중국 신분증. 중국 신분증은 민족 정보와 함께 민족별로 해당 민족 언어로 추가 표기가 이루어진다. (source: Baidu)

단체에 연루되어 있는 사회악으로 자리매김하기도 하였다. 아니 땐 굴뚝에 연기 나랴? 물론 이슈로 부각되는 이러한 한국 내 사회 문제에서 그들이 검은 스포트라이트를 받는 자리에 여럿 있었음은 부인할 수 없는 사실이다. 하지만 그들 모두가 그러한 존재인 듯 일반화하고 선입견을 품는 것은 우리에게 막대한 손실이다.

우리는 자랑스럽게 침략 한 번 저지르지 않은 백의민족이고 순혈의 단일민족 국가에서 태어난 선민이라 교과서를 통해 배우고 자랐다. 물론 역사적으로나 생물학적으로 말도 안 되는 이 가르침은 21세기에 어울리지 않는다. 말이 된다 치더라도 매번 다른 나라의 침략에 쥐여터지기만 하고 타국에 끌려가 강제로 침략자들에게 치욕을 겪고 돌아온 여인들을 '화냥년'이라고 부르던 역사가 자랑스러울 것은 없지 않은가? 이러한 가르침 저변에 깔린 선민사상이 만들어놓은 불상사가 우리 내면에 깔린 '배타성'이다. 이러한 배타성으로 인해 우리가 유용하게 사용할 수 있는 자원이 있음에도 그것을 제대로 사용하지 못하고 때로는 분명한 아군을 적군으로 변화시킨다.

우리는 여기서 재중교포의 기원이니 민족적 동포애니 따위의 감성적 관계는 떠올릴 필요조차 없다. 철저히 중국인, 유대인과 같이 경제적, 실리적 논점만 가지고 이 문제를 접근해봐야 한다.

첫 번째, 한중 비즈니스 연결 고리 역할로서의 재중교포다. 중국어와 중국 문화가 익숙하지 않은 우리에게 재중교포는 그간 중국과의 사업에서 꽤나 유용하였고 지금도 여러 분야, 여러 계층에서 이들과 함께한 경제 활동들이 벌어지고 있다. 하지만 그들이 우리의 주도 하에 활용할 수 있는 자원일 수 있는 기간은 얼마 남지 않았다.

중국은 거대한 땅과 자원 그리고 인구를 토대로 경제 대국에서 더 큰 대국으로 최소 한 세대 이상은 나아갈 것이다. 그리고 불행히도 미국과 같은 지위에서 세상을 지휘하려 들 것이다. 미국이 화교 출신 자국민을 중국과의 외교, 무역, 군사 등 모든 방면에 써먹는 것과 같이 중국 역시 한국을 대상으로 자신들의 조선족을 묵혀둘 리 없다. 한국 본토에서 중국의 활동이 커지면 커질수록 자신들의 외교, 경제 활동에 재중교포들을 선두에 두고 활용할 것이다. 따라서 중국과의 교류에서 재중교포는 과거에도 그러했고 미래에도 그렇듯 지속적인 연결 고리 역할을 해나갈 것이다. 물론 과거와는 달리 오성홍기를 차고 나타나 큰 소리로 중국을 대변하겠지만.

두 번째, 남북한 협업과 관련한 선험 학습 과제로서의 재중교포다. 평화적으로든 비평화적으로든 남북한은 언젠가 통일이 될 것이고 지금 같은 분리의 시간이 영원하지는 않을 것이다. 동독과 서독이 그러했듯 갈라진 둘 사이가 모두의 염원으로 재결합되어도 정리는 필요하다. 떨어져 있던 두 그룹 사이에 쌓여온 괴리는 재결합과 동시에 수많은 사회적 모순으로 표출된다. 남북한이 떨어진 시간 속에 쌓여 있던 괴리 역시 우리는 재중교포와 우리의 관계를 통해 충분히 예측 가능하고 해결책 역시 강구될 수 있다. 중국과의 수교 이후 우리가 재중교포들과 함께 겪었던 모든 시행착오는 우리에게 선험적 교훈이 될 것이고 지금 만들어가는 모든 해결책은 이후 북한 사회, 북한 사람들과의 협업에서 발생하는 모든 문제를 해결함에 근간이 될 것이다.

1993년, 난 옌볜으로 향하는 기차에 올라 있었다. 기한 없이 무작정 건너온 베이징에서 자금성의 웅장함과 동물원의 판다도 더 이상 흥미롭지 못해질 즈음 호텔 앞 즐겨 찾던 따오샤오미엔 刀削面, 다진 돼지고기 양념으로 만든 국물에 활 모양의 칼로 베어 만든 면

조선족

을 말아 먹는 중국요리. 말하자면 중국식 칼국수 가게 사장님이 동북의 어느 자치구에 내 동포들이 모여 살고 있다는 동화 같은 이야기를 들려주셨다. 어느새 향한 기차역에서 한참 줄을 서 구할 수 있었던 편도 티켓에 적힌 목적지 옌지延吉, 중국 지린성(吉林省)에 있는 옌벤조선족자치주(延边朝鲜族自治区)의 주도(州都)를 향해 정말 사전 정보 하나 없는 새로운 여행이 시작되었다.

목적지까지 2박 3일이 걸리는 긴 여정임에도 아무 생각 없이 발권 받은 기차의 자리는 침대가 아닌 좌석이었다. 마주 보고 있는 긴 좌석들은 공원 벤치만도 못한 직각의 형태에 마주한 승객의 무릎이 맞닿을 정도로 좁았고 그 사이에는 심적인 안정감과 최소한의 물리적 거리를 보장해줄 무엇 하나 없었다. 당시 중국인들과는 다른 옷차림, 팬시한 짐 꾸러미로 쏟아진 주목에 잠시 부담스러웠으나 그들의 호기심과 유난에 어느새 내 무릎 위는 음식과 음료수로 가득해졌다. 하지만 그들의 따스함도 하루 뒤 찾아온 끊어질 것 같은 내 허리 통증과 쏟아지는 피로를 걷어가지는 못했다. 곧 죽을상이 된 청년의 모습이 안쓰러웠던지 승무원이 나섰다. 나를 이끌고 간 곳은 침대칸의 복도였다. 각 침대칸의 문 앞마다 작게 놓여 있는 좌석과 선반이 최소한 선반 위에 엎어져 잘 수 있는 자세를 만들어주었다.

얼마나 달게 잤을까? 들려오는 긴 한숨 소리에 치켜든 내 시선으로 어두워진 창밖과 함께 수심 가득한 중년 아저씨의 얼굴이 들어왔다. 온 세상 걱정은 다 이 사람 가슴속에 담아놓은 듯한 눈빛과 표정으로 컴컴한 창밖을 응시하며 연신 한숨을 쉬어대고 계셨다. "허어…." 타국에서 듣는 탄식은 고국의 것인지 아닌지를 단숨에 알 수 있게 돼 있다.

"한국 분이신가 봐요?" 예상치 못한 장소에서 예상치 못하게 어린 고국 사람을 만나게 된 아저씨는 놀란 기색이 역력했다. 행선지와 그간의 이야기를 대략 물으신 아저씨는 대뜸 나를 끌고 침대칸 안으로 들어갔다. 그 침대칸에는 내 누이뻘 될 듯한 앳된 여성분이 갓난아기에게 젖을 물리고 있었다. 눈 둘 곳을 몰라 허둥대는 나를 침대 위에 끌어 앉힌 아저씨는 가득 쌓인 찬합들을 열기 시작했다. 장조림, 무말랭이, 깻잎조림, 갓김치…. 고국을 떠난 지 꽤 오랜 시간이 흐른 나에게 이 밑반찬들은 궁중요리 이상의 것이었다. 최대한 찬합의 바닥을 드러내지 않기 위해 노력하며 눈치껏 어느 정도 배를 채우고 나니 아저씨가 나를 다시 복도로 끌고 나왔다.

"자네 술은 좀 하나?"

"맥주 정도는 마실 줄 압니다."

피곤해진 몸과 오랜만에 기분 좋게 부른 배에 맥주 몇 잔은 금방 술기운을 올렸다.

"자네도 연변이 처음이랬지? 그곳에 가면 내가 할 수 있는 일이 있을까?"

이해가 안 가는 질문이었다. 내가 이틀 전까지 있던 베이징은 아직도 도로에서 말이 수레를 끌고 있었고 맥도널드가 중국 1호점을 오픈했다고 난리가 났었다. 중국인들이 일 년을 일해도 한국인 보편적 한 달 월급보다 적다고들 했다. 그리고 지금 가는 옌벤은 시골 중의 시골이라며 기차표를 건네는 역무원의 눈빛은 '가지 마'라고 말하고 있었다. 그런데 그 옌벤에서 할 일을 찾는다? 다시 생각해도 납득이 가지 않는 이야기였다.

그 아저씨의 사정은 이러했다. 지방에서 농사를 짓던 노총각 아저씨는 당시 막 유행하기 시작한 국제결혼 중계소를 통해 지금의 부인을 만났다. 서류로 선택하고 베이징에서 2박 3일의 짧은 데이트를 통해 서로를 알게 된 상대지만 한눈에 자신의 짝임을 확신한 아저씨는 본인과의 혼인을 위해 한국에 입국한 그분과 혼인신고를 마치고 고향으로 내려와 성대한 결혼식을 올린 뒤 침대칸에 잠들어 있는 아이도 낳고 행복하게 지냈다. 하지만 마냥 행복하기만 할 것이라 믿고 있었던 부인은 아저씨와 함께한 생활 속에서 다른 감정을 느끼고 있었다.

아이를 낳고 난 부인은 몹시 우울해하기 시작했다. 단순히 가벼운 산후 우울증 정도로 여겼던 부인의 상태는 심각해져만 갔고 어느 날 진료를 위해 읍내 병원을 다녀오는 차 안에서 아저씨는 그 이유를 듣게 되었다. 시어머니와 늘 해야 하는 집안일, 김장이나 옥수수 말리기처럼 동네 부녀자들과 하는 단체노동에서 아저씨의 부인은 늘 천덕꾸러기 취급을 받았던 것이다. 룽징龙井이라는 옌볜 시골 동네의 가난한 집에서 태어나기는 했으나 딸이라고 차별받지 않고 곤궁하다고 구박받는 일 없이 자란 부인은 시골 일에 익숙하지 않았고 같은 언어, 비슷한 문화의 조선족 자치주에서 자랐다고는 하나 시어머니와 남편의 고향 사람들에게는 그녀의 모습이 그들과 많이 달랐다. 그들은 그런 부인의 다름을 '중국인'이기 때문이라고들 했다. 그리고 아이가 태어났을 때 그 아이의 좋은 면은 '남편'의 유전이고 조금이라도 안 좋은 부분이 보이면 어김없이 비아냥이 섞인 '짱깨', '혼혈아' 같은 단어들이 들려왔다. 이러한 눈칫밥이 견디기 어려웠던 아저씨의 부인은 남편에게 그간의 이야기를 털어놓으며 손주를 보고 싶어 하는 친정 부모님을 위해서라도 잠시 그녀의 고향에 가보자고 한 것이다.

'이 아이를 어떻게 키워야 할 것인가?' 아저씨의 머리와 마음은 온통 그 질문에 사로잡혀 있었다. 자신이 가장 익숙하고 소중하다 믿고 있던 고향은 새로운 가정, 색다른 가정을 꾸린 아저씨에게 더 이상 따뜻하고 정감 넘치는 곳이 아니었다. 아저씨의 수심은 기차에서 내려 룽징으로 가는 차를 타기 위해 버스터미널로 향하던 마지막 날에도 더욱더 깊어만 가고 있었다.

연길에 도착하여 마주한 그곳은 마치 나를 타임머신에 태워 내 부모가 이야기하던 그들의 유년으로 보내놓은 것만 같았다. 돌아다니는 차가 적다 보니 도로에는 차선조차 제대로 그려져 있지 않았고 사람들은 소박하기 그지없었다. 인심은 소설책에서나 읽었던 과거의 우리네 것이어서 한국 돈 500원짜리 소고기국밥을 시키면 주인아주머니의 계속되는 리필로 그릇이 줄지를 않았다. 한국인이라 하면 누구든 반가이 맞아주었고 심지어 밥값을 안 받는 식당도 부지기수였다. 밤이면 한복 저고리를 입고 나와 광장과 곳곳의 공터에서 아리랑과 같은 익숙한 한민족 전통음악에 맞춰 춤을 추고 서시장이라 불리는 시내에는 잘 차려입고 나온 연인들이 촌스러운 데이트를 즐기고 있었다.

그렇게 나와 인연을 맺은 옌볜은 그 뒤에도 여러 차례 방문할 기회가 있었고 세월의 흐름에 따른 그곳의 변화를 목격할 수 있었다. 연도가 바뀔 때마다 옌볜은 마치 사계절을 초고속으로 보여주는 다큐멘터리 화면과도 같이 엄청난 속도로 변화해갔다. 93년도 옌지에 단 한 개였던 노래방은 97년 200개가 넘어섰고, 반가운 동포였던 한국인은 어느새 반가운 척해야 하는 관광객 또는 경계해야 하는 사기꾼으로 인식이 바뀌어 있었다. 한국에서 일하는 친인척이 보내오는 돈으로 옌볜의 도시들은 생산의 도시가 아닌 소비의 도시들로 바뀌었고 일하러 한국에 간 부모님 대신 조부모나 친인척에게 맡겨진 아이들이 몇 년째 부모의 얼굴을 보지 못한 채 옌볜에서 커나가고 있었다. 한국에서 돌아온 재중교포 중에 좋은 기억을 이야기하는 사람은 적었고 오히려 한국과 한국인에게 피해망상에 가까운 앙심을 품은 사람들로 인해서 '좋은 한국인'들조차 재중교포들의 눈치를 보며 생활해야 하는 곳으로 바뀌었다. 물론 그 좋은 한국인들 외에 수많은 '안 좋은 한국인'들이 다녀가며 그들의 꿈과 희망을 짓밟았고 자신은 마치 좋은 한국인인 양 그들을 현혹하고 있었다.

재중교포 사회 전체가 삶의 질은 나아졌으나 가슴속 담긴 미움과 원망으로 병들 듯 신음하던 그때, 난 그 과정을 목격하며 몹시 가슴 아팠다. 그리고 어느 날부터 우리가 저지른 그 몹쓸 짓과 우리의 볼썽사나운 그 거만함을 그들에게 발견하며 다시 더 아팠다. 맞고 자란 아이가 커서 때리는 부모가 된다고 했던가. 그들은 다름 아닌 중국에 들어와 있던 북한 노동자, 탈북자들에게 그들의 아픈 경험을 도돌이표처럼 돌려주고 있었다. 그리고 중국에 부푼 꿈을 안고 찾아온 한국 사업가와 그의 가족들에게 그들이 당한 방식 그대로를 돌려주며 피해자에서 가해자로 위치를 바꾸고 있었다.

물론 심각한 사례들과 함께, 다수의 교포들은 한국인들과 잘 어울리고 함께 사업을 꾸려가며 동업자로서, 직원으로서, 때로는 조력자로서 한국인의 중국 사업에 없어서는 안 될 역할들을 담당했다. 하지만 세상을 떠돌고 사람들 입에 오르내리기 쉬운 자극적이고 부정적인 이야기들로 인해 미담은 숨고 안 좋은

조선족

사례와 기억들로 그들의 이미지는 굳어져갔다.

　중국과의 교류가 30년이 넘은 지금, 재중교포들의 생활 수준과 사업적 성과는 훌륭하다. 베이징, 상하이, 광저우 등 1, 2선 대도시에 자리잡은 교포들은 이미 현지 한국 교민들이나 주재원들보다 훨씬 더 부유한 생활과 높은 사회적 지위를 가지고 있는 경우가 대부분이다. 그들은 더 이상 한국에 대한 피해의식이나 한국인에 대한 원망을 마음속에 담고 있지 않다. 오히려 자신들의 오늘이 있기까지 한중간의 교류와 협력이 결정적 요인이었다 인정하며 그러한 기회가 다시 한 번 올 수 있기를 고대하고 있다.

　우리는 재미교포에게 어느 나라 사람이냐고 묻지 않는다. 오히려 "한국 분이세요?"라는 질문에 "재미교포에요."라고 답하면 그 이상도 그 이하도 없이 '교포'로 받아들인다. 그들은 당연히 미국 국적자이고 의심할 여지없는 미국인이다. 재일교포도 마찬가지고 호주교포도 마찬가지다. 근데 유독 재중교포에게만큼은 우리는 '조선족'이라는 중국인들이 정의해놓은 분류로 이야기한다. 우리에게도 이러한 명칭이 있었다. '조센징'. 조센징은 나쁜 말이 아니다. 조선 사람이라는 일본어일 뿐이다. 하지만 조센징은 나쁜 말이다. 그 사전적 의미 때문이 아닌 단어가 품게 된 역사적, 감정적 뉘앙스 때문이다.

　장사와 사업은 생존의 목적을 넘어서면 한 개인이나 집단의 자아실현 과정일 수도 있고 물욕을 만족시키기 위한 수단일 수도 있다. 어떤 목적이 되었건 그 과정 안에서 이렇듯 편협한 사고와 불필요한 감정으로 인해 역사가 빚어낸 가장 유용하고 실리적인 천혜의 자원을 낭비한다면 이처럼 한심한 일도 없을 것이다. 더군다나 그러한 편견과 우매함으로 이용 가치 높은 그들을 적으로 만든다면 이처럼 사업적으로 위험한 처신 또한 없을 것이다.

It is never too late to give up our prejudices편견을 버리기에 너무 늦은 때는 없다. _Henry David Thoreau

제2장

비
즈
니
스

비즈니스 모델

가장 가까운 이웃 나라 중 하나인 중국은 우리의 근친이 아니다. 근친은커녕 툭하면 딴지를 걸고 여러모로 미운 구석 가득한 불량배처럼 느껴진다. 강 건너 친구도 이유 없이 만나기 어려운 각박한 시대를 사는 우리에게 바다 건너 있는 이런 이들과 굳이 가까운 사이가 되어가며 실리 없는 교류를 할 이유는 없다. 사업적, 정치적 생존과 확장, 국경을 넘은 러브스토리가 아닌 이상 그 이외의 것으로 이들과 애써 마주하고 알아가야 할 상황은 없는 것이다.

사업적으로 우리는 한때 중국을 생산의 가장 효율적 요충지로 활용해왔다. 문화혁명을 거친 사회주의 국가의 국민으로서 중국인은 주어진 단순 반복 업무에 익숙해져 있었고 개방개혁의 물결을 맞아 '일한 만큼 벌 수 있다'는, 긴 시간 억눌린 인민들의 부에 대한 욕망이 깨어나고 있었다. 낙후된 사회 환경은 새로운 문화와 기술에 높은 기대치를 보였고 발전된 세상에서 온 외지인 모두가 중국 인민의 호기심과 희망의 대상이 되어 큰 환영을 받았다.

그리고 얼마 지나지 않은 지금, 우리가 모두 알다시피 그 시절은 옛이야기가 되었다. 중국은 변화했고 우리가 연일 이야기하는 세상에서 가장 큰 소비시장으로 다시 태어났다. 생산기지로서의 역할에 충실하며 세계의 자본을 빨아들인 중국은 부의 재분배를 통해 중국인 한 사람 한 사람 주머니를 가득 불려놓았다. 그들은 역사적으로 가장 빠른 시간 내에 자본주의적 발전을 이룩했고 어느 순간부터 감당 안 되는 잔고를 인출하고 소비하기 시작했다. 당시 13억 인구의 고삐 풀린 소비는 세계를 단숨에 흔들어놓고 인접한 옆 나라 대한민국 역시 그 요동에서 자유롭지 못했다. 그리고 그 흔들림은 우리가 역사의 어느 시점에서도 경험한 적이 없었던 실로 엄청난 파장을 가져왔다.

2016년 어느 날, 중국 상장기업 L사의 어느 한국 기업 투자 실사에 들어간 적이 있었다. L사는 이미 한국 유수의 아동용품 회사를 통으로 인수한 후였고 한국의 여러 기업에 눈독을 들이고 있던 터였다. 당시 중국에서 한국산 미용 마스크 팩으로 최고의 인기를 구가하고 있던 브랜드의 주인인 이 실사 대상 기업 역시, 투자 유치를 통해 혈맹을 맺고 중국 내의 탄탄한 유통망을 기반으로 고급 의류 브랜드 사업을 해오던 L사가 제대로 된 중국 사업의 파트너가 되어주길 원하고 있었다.

L사와 함께 한국 기업의 실사 보고서를 검토하고 논의하는 과정에서 첫 장부터 의구심이 생겼다. 매출의 90%가 중국 시장에서 발생한다는 서론과 달리 실질적 거래 대상에는 중국 회사의 이름이 하나도 없는 것 아닌가? 이유를 물으니 거래사 대부분은 중국으로의 수출을 기반으로 하는 유통 벤더이고 그들에게 출고된 제품들은 모두 중국 시장에서 판매되고 있다고 봐도 무방하다는 것이었다. 물론 거래명세에 정식 수출로 신고된 수량은 소량이었고 따이궁代工, 소위 보따리 무역이라 할 수 있는 것들이 대부분이었다.

실사 대상인 한국 기업은 이 부분에 대해 따져 묻는 상황이 몹시 불편했으리라. 그럴 만도 한 것이, 한국 대부분의 기업이 그러하듯 이 회사 역시 소위 화곡동 화장품 도매상들을 통해 들어오는 발주가 중국에 집중되었는지, 자사 물품들이 중국에 어떻게 들어가는지를 이해할 수 없었다. 발주 수량의 증가가 팩트에 대한 학습보다 훨씬 빨랐던 시절, 자고 일어나니 세상이 바뀌어 있던 그런 시절이었다. 그리고 한참 지나 이 모든 축복의 배경들을 이해하고 난 뒤에는 이미 폭증한 매출과 중국 시장 의존도로 브레이크를 밟을 여유도, 이유도 없는 상태였다.

단기간에 이루어진 불안한 성장으로 인한 구조적 문제들을 바로잡기 위해 정식 유통으로 하나하나 옮겨가려 한다는 한국 기업의 설명에는 중국 내에서 아직 제도화되지 않은 화장품

비즈니스 모델

수입 위생허가와 관·부가세, 통관절차가 실감되어 있지 않았다.

엄밀히 따지고 본다면, 최고 수준의 고급 의류 사업을 백화점에서 성공적으로 유통하고 있는 L사는 오프라인에서 온라인으로 옮겨가는 중국 내 유통과 중고가에서 중저가로 자리를 옮겨가고 있는 한국 마스크 팩 브랜드에게 적합한 중국 시장 파트너가 아니었다.

하지만 그때 그 누구도 한국에서 이를 이해할 수 있는 이는 없었다. 시장은 최대치로 팽창해 있었고 이유를 알 수 없는 매출 증가로 기존보다 열 배, 백 배 성장하여 어느 순간 마스크 팩이라는 단일 품목으로 천억 이상의 매출을 기록하게 만들어 준 시장이 중국이라는 것을 알게 된 그 순간, 어느 누구도 그 유혹 속에서 냉정해지기는 쉽지 않았으리라. 하지만 늘 그렇듯, 그 시장은 또다시 쉽게 끓은 양은 냄비처럼 빠르게 식어가기 시작했다.

통신중계기 시장이 그랬고, 무선전화기 시장이 그러했다. 가전제품 시장이 그러했고 자동차 시장이 그 뒤를 이었다. 중국 시장으로 인한 엄청난 성장 뒤 찾아오는 급속도의 냉각. 계속되는 우리와 중국 시장 간의 쳇바퀴는 이번에도 어김없이 찾아왔다. 이 쳇바퀴가 과연 소비 형태의 변화, IT 기술의 보급, 생활 수준의 발전 등 중국의 매 시간마다 찾아오는 진화와 무슨 관계가 있을까? 보고서와 뉴스에서 떠들 듯이 모든 것이 그것들 때문인가? 이 불운의 굴레 속에서 벗어나지 못하는 원인을 이제는 우리 스스로에게서 찾는 것이 옳지 않을까?

이제 우리는 중국이 우리의 경제 우방이 아니라는 것을 받아들여야 한다. 그런 착각이 가능한 시대가 있었고 그 착각에서 깨어날 만큼 우리는 적지 않은 일들을 겪었다. 중국이라는 시장이 얼마만큼 크건, 얼마만큼 더 커지건 그 시장에 의지해 우리의 몸집을 스스로 감당 못 할 정도로 키우고 생존권을 위탁하는 어리석음에서 벗어나야 한다. 우리가 찾아야 할 중국의 사업적 이용 가치는 좀 더 현명해져야 하고 고민을 거친 것이어야 한다.

일본의 잃어버린 20년이 찾아온 그때, 일본의 경제학계에서는 '중국 위기론'이라는 것이 생겨났다. 애초 일본의 차세대 발전에 큰 기회가 될 것이라 믿고 찾아온 중국이었다. 생산기지 이전과 기술 이전 등을 통해 중국을 일본의 서브 동력으로 만들려 한 노력이 오히려 일본에 큰 위기가 될 것이라고 시간이 지나며 많은 학자와 전문가들이 떠들기 시작한 것이다. 생각보다 적은 실리에 실망하고 위기론에 기함이 들린 일본 기업들은 이렇다 할 진짜 위기가 있었던 것도 아닌데 겁에 질려 퇴각을 시작했다. 그리고 그 빈자리를 한국 기업들이 차지한 것이다.

우리는 중국과의 20년에서 일본이 덥혀놓은 자리에 앉아 달콤하고도 규모 큰 실리를 챙겼다. 이를 통해 얻어낸 경제 무역

발전 역시 놀라운 것이었고 국제적 규모경제라는 새로운 패러다임을 배우는 계기가 되었다. 무엇보다 위안화를 무시무시 벌어들였다. 여기까지는 우리가 잃은 것보다 얻은 것이 많은 대목이다.

하지만 중국은 우리와 함께하며 우리가 어렵게 이룩하고 오랜 기간 공들여 따라잡은 산업들을 엄청난 속도로 흡수했다. 그리고 이제 우리에게 인색해지기 시작한 것이다. 하지만 그건 그들 사정이고 우리 입장에서 중국의 이용 가치는 아직도 한참 남아 있다. 현대 중국은 우리가 함께한 과도기를 거쳐 이제 안정화된 경제와 사회로 자리잡을 기미가 보이기 시작했다. 우리가 이들과 함께해야 하는 이유도, 방식도 새로이 고민하여 설정해야 한다. 이전의 추억과 지식은 과감히 버리고 역사와 교훈만을 남겨 그 안에서 우리와 중국 간의 새로운 협력 모델을 만들어내야 한다.

한국의 국토는 작고 사면은 탈출구 하나 없이 바다와 분단으로 둘러싸여 있다. 인구는 적고 더욱 적어지고 있다. 팽창한 경제는 위축되고 있고 경쟁은 치열하다. 한동안 지속된 확장의 달콤함으로 내달린 뜀박질의 가속도는 이제 쉬이 멈출 수 없다. 이러한 뜀박질을 계속할 수 있는 무대는 중국 이외에 미국, 인도, 러시아 정도다.

한국의 경제가 이미 어른이기에는 그간의 성장이 너무 짧았다. 우리는 성체成體가 되기 위해 좀 더 성장하고 싶은 미완전체다. 성장을 멈춘 아이는 이제 노화하고 죽어가는 존재이듯 우리가 스스로의 성장 둔화를 인정할 수는 없는 노릇이다. 그것은 퇴화이기 때문이다. 중국은 우리가 성장을 멈추지 않기 위해, 다시 말해 생존하기 위해 꼭 필요한 존재이고 규모경제의 연습장이다. 우리가 세계로 나아가기 위해 경험해야 하는 규모 비즈니스를 위한 최적의 테스트 베드인 것이다.

단지 매출만을 기대하고 찾아온 중국에서 이제는 과거의 시대적 요행과도 같았던 그 흥행을 다시 또 찾기 어려울 것이다. 중국 시장은 이미 세계에서 가장 치열한 전 세계 브랜드와 상품의 각축장이다. 중국 시장만을 바라보고 들어와 노력한다면 투입되는 시간과 비용 그리고 정성에 스스로가 번아웃되는 것을 경험할 수 있다. 그만큼 한국에서 살아온 우리에게는 너무도 익숙지 않은 시장이다.

그렇기에 우리는 중국을 단순한 매출 목적의 단일 시장이 아닌 도약의 발판으로 삼고 중국 시장에서 이미 자리한 선진국 유수의 브랜드들, 중국 및 중진국들의 박리다매 상품들과 각 카테고리별로 경쟁하며 시험하고 우리의 것들을 발전시켜나가는 성장의 인큐베이터로 활용해야 할 것이다. 우리가 수립해야 하는 중국 사업모델은 이러한 과정을 거치며 우리 스스로를 숙성하고 세계로 도약해 내보내는 데 있어 거쳐야 할 과정으로서의 뜻을 둔 것이어야 한다. 그 과정 속에서 중국은 더 이상 숫자의 뻥튀기를 위한 시장이 아니며 오히려 세계화되어야 할 대한민국 미래 경제를 위한 디딤돌, 번제물이어야 한다.

파트너 선정

일본이라는 나라가 좋고 싫고를 떠나 한국이 일본 경제발전의 모습과 유사하다는 것을 부정하기는 어렵다. 1994년 처음 생긴 일본인 친구를 통해 접한 당시의 일본 문화는 충격 그 자체였다. 자신이 좋아하는 아이돌 가수의 콘서트 티켓을 사기 위해 벌인 원조교제로 에이즈에 걸린 여고생, 그 여고생을 사랑하게 된 아이돌 가수와 그 사랑 사이에서 생긴 아이. 당시의 한국인에게는 상상하기조차 어려운 그 막장 중의 막장에 가까운 이야기를 억지스럽지 않게 아름다운 사랑 이야기로 풀어나간 당시 일본의 최고 인기 드라마 〈신이시여, 조금만 더神様,もう少しだけ〉도 그러했고 아라비안나이트에나 나올 법한 작은 의상을 입고 단체로 에로티시즘에 가까운 몸짓을 하는 걸그룹도 그러했다. 무엇보다 놀라웠던 것은 그들에게 근사한 꿈이 없다는 것이었다. 당시의 한국인들은 어린 시절 모두 자신의 꿈을 이야기했다. "대통령이 되고 싶어요."부터 '의사', '사장', '과학자'는 당시 청소

년들 장래 희망의 대표 메뉴였다. 하지만 그 친구는 편의점 아르바이트를 수년간 해오다 편의점 점장이 되고 싶어 늦게나마 대학에 진학했다고 했다. 근사하기만 하고 때로는 비현실적인 미래를 이야기해오던 세상을 살아온 나에게 그의 너무도 현실적인 '장래 희망'은 놀라움 그 이상이었다.

시간이 지나 우연히 '일본은 한국의 10년 뒤 미래'라는 빈정 상하는 이야기를 들은 적이 있다. 그리고 생각했다. '만약 10년 뒤의 한국이 지금의 일본과 비슷하다면 이 말을 믿어주마.' 그리고 어떤 것은 10년, 어떤 것들은 20년이 걸렸다. 결국, 우리는 일본의 과거와 비슷한 한국에 살고 있다.

이 부분을 난 중국에서도 찾아보고 싶었다. 중국은 과연 어느 곳의 과거와 비슷할까? 중국의 미래와 흡사한 시간을 살고 있는 나라는 어디일까? 그리고 재밌게도 그 나라가 21세기 중국과 가장 사이가 좋지 않은 국가인 미국이라고 결론지었다. 미국과 중국은 몹시도 닮아 있다. 중앙의 역할과 지방자치제도도 비슷한 부분이 많고 성경과 공산당원증의 차이만 있을 뿐 그들을 지탱하는 것이 이데올로기에 가까운 규율이라는 부분도 비슷하다. 인권과 자유를 입에 달고 사는 미국이지만 무슬림인 미국인이 대통령이 된다면 취임 서약 때 과연 성경이 아닌 코란에 손을 올리게 할 것인가? 예외 없이 적용되는 국가의 강력한 통제도 참 많이 닮아 있다. 땅덩어리의 크기도 그렇지만 다민족, 다

문화 국가로서 두 나라의 닮음은 필연일 수 있다.

1970~80년대의 미국은 내부적으로 〈람보〉와 〈코만도〉 같은 베트남 전쟁 패배의 피해의식을 씻어줄 애국주의 영화가 붐을 이루었다. 외부적으로 전 세계 각국을 대상으로 막대한 원조와 잦은 충돌을 통해 영향력을 강화해나갔다. 경제발전은 서서히 더디어져갔고 달러는 지나친 강세로 무역수지 역시 좋아질 기미가 보이지 않았다. 그리고 오늘날 중국의 흥행 영화인 〈전랑戰狼〉이나 〈홍해 작전鴻海行动〉 등은 성조기와 오성홍기五星红旗의 차이 말고는 당시의 미국 영화와 별반 다르지 않다. 각국을 대상으로 한 막대한 원조로 사실상 중국을 빚쟁이를 만든 '일대일로一带一路, One belt, One road'와 베트남, 인도 등과의 외교적, 군사적 분쟁까지도 그렇듯 닮아 있다.

이러한 그들의 닮음에서 우리와 중국 사이의 다름도 찾을 수 있고 중국이 나아갈 길을 어느 정도는 예측할 수 있다.

소비적인 측면에서 중국은 시장의 다양성이 미국과는 비슷하며 우리와는 몹시 다르다. 우리나라는 유행에 민감하다. 하나의 유행이 생겨나면 바로 이전 유행하던 스타일의 상품을 찾아보기 힘들 정도로 전환이 빠르다. 하지만 중국은 트렌디한 상품 이외에 다양한 상품군이 아주 긴 꼬리, 즉 롱테일을 형성하고 있다. 인구가 많고 소득과 문화 수준의 격차가 크기에 다양한 상품군마다 생산 MOQ 정도는 가볍게 감당해낼 수요가 존재한다.

　물론 불과 얼마 전까지만 해도 산개해 있는 각 시장을 감당해낼 인프라가 중국에 없었다. 인건비가 싸던 시기에는 시간이 걸리더라도 발품을 팔고 하나하나 값싼 노동력에 의존하여 해결했지만, 인건비는 매해 가파르게 상승해갔고 수지 타산이 맞지 않는 지경에 이르렀다. 이즈음, 중국의 실리콘밸리라 불리는 중관춘中关村이 생겨났다. 명문대 출신의 젊은이들이 새로운 시대를 열고 스포트라이트를 받기 시작하자 국외의 유학파 젊은 인재들이 모여들었고 IT 열풍이 불어왔다. 이 열풍은 선전深圳, 항저우杭州 등 각 지역으로 퍼져나가며 순식간에 중국을 IT 강국으로 성장시켰다.

　자국 시장에 대한 이해와 과거의 운영 방식들을 연구한 기반 위에 첨단 IT 기술이 시스템이라는 이름으로 기둥을 올렸다. 데이터 마이닝부터 빅데이터의 수집, 이 데이터를 기반으로 한 수요 예측부터 생산, 주문, 물류, 배송, A/S까지 모든 흐름을 기술로 처리하기 시작한 것이다. 여기서 우리가 주목해야 하는 부분은 단지 이 기술이 아니다. 바로 그들의 시장 이해라는 기반이다. 시대의 흐름에 따라 형태를 변화하는 중국의 시장이라 하더라도 그 본질은 쉽사리 바뀌지 않고 과거의 핵심을 유지한다. 시장에 대한 심도 있는 이해가 없이 세워놓은 기둥은 이가 안 맞고 불안정하기 그지없다. 하지만 중국인들에게 당연하기만 한

이 핵심이 우리에게는 너무도 낯설기만 하다.

중국과의 다름에서 제도적인 부분 역시 빼놓을 수 없다. 우리는 해방 이후 민주주의 하의 자본경제체제를 발전시켜왔다. 하지만 중국은 사실상의 집권 독당인 공산당의 지배하에 사회주의 공동 경제체제를 유지해왔다. 이러한 경제체제는 개방개혁의 물결과 함께 자본주의로 돌아선 것이 아니라 '중국 특색의 사회주의'라는 독특한 형태의 하이브리드 경제체제를 만들어낸다. 절대 지배력은 공산당이 지니고 있으나 경제적 활동은 기실 자본주의라 할 수 있는 자율 경쟁과 자본 논리에 따라 운영되고 있다. 경제의 큰 틀은 매년 있는 '전인대全國人民代表大会, 전국인민대표대회'를 통해 수립되고 확정되며 그 하부 조직들은 그 틀에 따라 자신들의 업무 방향을 설정하여 생존과 성장을 모색한다.

정부가 발표하는 정책, 표준들은 즉각적인 효력을 가지고 예외 없는 적용이 이루어진다. 이러한 국가의 제도들을 수립함에 공개적인 국민 의견 수렴이나 사회단체와의 협의 등은 애초부터 고려 대상이 아니기에 발표 직전까지도 사실상 예측이 불가능하다. 각 성省과 직할시별로 이루어지는 지방자치단체 역시 각기 다른 세부 정책을 수립하여 자신들 관할권 내에서 적용한다. 자본주의 국가보다 더 자본주의적인 중국의 경제 활동에 젖어 잠시나마 중국이 사회주의 국가임을 잊는 순간, 이러한 정부 정책과 표준이 우리의 중국 사업에 직접적인 영향을 주게 된다.

K사는 베이징 근교의 화이로우구怀柔区에 공장을 설립하여 운영했다. 무탈하게 몇 년간을 운영하던 어느 해, 미세먼지로 주변국의 공분을 사게 된 중국 정부가 마냥 뻗대기만 할 줄 알았던 그 기세를 꺾고 '그린 정책'이라는 것을 내놓는다. 우선 시범 지역으로 수도인 베이징을 선택한 중국은 시市의 각 생산 공장을 대상으로 그린 정책에 대한 공문을 하달한다. 이 그린 정책이라는 것이 시범 단계라 그런지 공장 측에게는 답답하기 그지없는 것이었다. 당장 적용하겠다는 누진세부터 한 달 내 공장을 가동할 수 있는 시간과 일수를 제한하고 심지어 자신들이 생산하고 있는 주요 품목들조차도 생산 불가 품목에 포함되어 있는 것이 아닌가! 사업에 대한 전면적 재검토조차 필요한 지경이었다.

넋을 놓고 하루건너 생산라인들을 줄이고 멈추고 있던 그때, 같은 베이징이긴 하지만 다른 구区인 순이구顺义区에 있는 한국 기업 H사는 멀쩡히 생산이 가동되고 있음을 알았다. 이 무슨 불공평함인가? 부랴부랴 알아본 바에 따르면 H사는 순이구 소유의 중국기업과 합작하여 합자 법인을 설립하였고 최근 얼마 전, 합작 중국기업의 주도하에 '녹색 기업' 인증을 최초로 획득한 기업이 되었던 것이다. 화가 난 K사가 화이로우구에 따져보았지만, 그간 선물과 식사 대접으로 공을 들인 그 관료들은 묵묵부답일 뿐이었다. 이미 녹색기업 인증을 위한 대기줄은 길게 늘어섰고 K사는 자신들이 시기를 놓쳤음을 자인할 수밖에 없었다.

이렇듯 중국에서 GR^{government relation}은 정부와의 친밀한 관계를 통한 문제 해결의 사후 위기관리뿐만이 아니라 사전에 위기를 포착하고 선 대응하기 위해 주요한 업무이다. 물론 그 업무는 우리가 영민하게 주도하거나 감당할 수 있는 성격의 것이 아니다.

마케팅의 다름을 이야기해보자. 마케팅은 이제 단순히 브랜드와 상품을 홍보하고 판촉하는 단계를 넘어서 문화와 결합된 유기적 소통이 되었다. 중국의 소비자들 역시 이제는 기업이 하는 이야기와 브랜드/제품 중심의 콘텐츠에 관심이 없다. 그들 또한 자신들이 듣고자 하는 정보를 선별적으로 추려내어 섭취하고 자신들의 관점에서 재생산하여 확산한다. 자국의 상품뿐만이 아니라 세계 대부분의 브랜드와 상품이 판매되고 있는 중국 시장은 다양한 경로, 다량의 플랫폼, 매일매일 변화하는 형태를 통해 다양한 정보들이 범람하고 있다. 중국 소비자들은 이러한 정보들에 침수되는 자신들을 보호하고 스스로가 요구하는 정보들을 획득하기 위해 더욱 간결하고 이해하기 쉬운 콘텐츠를 찾아 나선다.

자신들의 이해와 동떨어진 해외의 '날것'들에는 아무리 근사하게 포장된 것이라 하더라도 쉽게 눈길을 주지 않는다. 또한, 그들이 관심을 줄 만한 '중국의 것'으로 겉을 입히고 적당히 버무려봤자 중국인들은 그간의 경험들로 냉정히 "안 사요."를 외친다. 당대의 관심사와 이슈 그리고 그들의 생활 속에 녹아 있는 따끈따끈한 문화들을 연구하고 고민하여 특출난 레시피를 만들어내어야만 '아… 먹을 만하네' 정도의 평가를 받을 수 있을 뿐이다.

한국에서 제대로 된 마케터라면 당연히 관심을 가져야 할 시국과 민심의 변화, 꼭 챙겨 봐야 하는 예능 프로그램과 드라마, 알고 있어야 할 유행곡들을 중국에서의 마케터라고 다르게 해도 될까? 무엇보다 이러한 단편적 장르들을 넘어선 중국인의 사고체계라는 본질은 해외에서 온 마케터에게 학습을 통한 획득이 불가능하다. 아이디어는 아이디어일 뿐, 실제로 중국 소비자들에게 유효한 마케팅을 하기 위해선 마케터이기 이전에 소비자 그 자신이 되어 있어야 하는 것이다.

우리는 중국 사업에 뛰어들며 위에서 예시한 업무 분야 이외에도 우리의 한계성과 마주한다. 어떠한 한계성은 마땅히 극복되어야 하고 어떠한 한계성은 현지 파트너와의 협력을 통해 해결하는 것이 합리적이다. 그렇기에 적합한 현지 파트너를 탐색하고 협의하여 협력에 이르기까지의 과정은 중국 사업에서 가장 중요한 부분이라 할 수 있겠다. 하지만 많은 중국 진출 기업들이 중국 사업에서 확신할 수 없는 협력 결과에 대한 불안과 상대에 대한 불신으로 '올바른 짝 찾기'에 어려움을 호소한다. 그리고 그 과정에서 '짝 없이 홀로서기'를 선택하는 회사도 적지 않다.

베팅은 확실한 패에 거는 것이 아니라 가능성이 가장 높은 패에 거는 것이다. 그리고 어떠한 사업도 '확실한 것'은 없다. 여러 가지의 이유에서 선택한 한국 기업의 '중국 사업 홀로서기'를 마주하면 그 모습은 '앓느니 죽겠다'는 것으로 보이는 탓에 안타까움을 삭힐 수도 없다.

여러 사업을 여러 파트너와, 그것도 여러 형태로 동시다발적 진행이 가능한 대기업의 경우는 그것이 가능한 여력만으로도 축복이다. L패션의 경우, 2010년 정식으로 진출한 중국 시장에서 다각도의 사업 형태를 채택했다. 가장 기대가 컸던 아웃도어 L브랜드는 브랜드 소유주인 프랑스 L그룹과 함께 베이징에 JV를 설립하며 직진출했다. 동시에 상하이에도 자체 법인을 만들어 자사의 고급 여성의류 브랜드와 남성 정장 브랜드를 직접 론칭하였고 캐주얼웨어 H브랜드는 중국 현지 의류 대기업인 B사와의 라이선스 계약을 통해 브랜드 사용료만을 받는 형태로 우회 진출했다.

기대가 컸던 만큼 투자도 컸던 아웃도어 L브랜드는 3년 만에 매장을 60개 오픈하며 공격적 마케팅을 감행했으나 기하급수적으로 증가하는 투자금과 눈에 보이게 줄어가는 L패션의 자신감에 공동투자사인 프랑스 그룹이 먼저 떨어져 나갔다. 그간 쌓인 JV의 부채를 L패션이 온전히 끌어안고 L브랜드 중국 상표권을 매입하는 조건으로 L패션과 프랑스 그룹은 이별했고 베이징의 JV는 100% L패션의 것이 되었다.

2013년, 중국 진출 3년 만에 중국에서 L브랜드로 인한 순손실은 한화로 200억 원에 이르렀다. 설상가상, 상하이로 진출한 고급 여성의류 브랜드와 남성 정장 브랜드는 고전한다는 표현도 무색할 정도로 너덜너덜해져 있었다. 2017년, 사업들이 더 이상 버틸 수 없는 지경에 이르자 그간 관심 밖이던 라이선스 사업의 H브랜드가 주목받게 되었다. 깔끔하게 망하고, 밑 빠진 독이 되어 눈총 받던 초기의 기대주들과 달리 중국 기업에 맡겨 놓다시피 한 H브랜드가 매년 한화 40~50억을 가져다주는 알짜배기 사업이 되어 L패션 중국 사업의 적자를 그나마 메꿔주고 있었던 것이다.

'접을 것은 접고, 남은 것은 살릴 수 있는 쪽에 던지자!' 여성의류, 남성 정장 브랜드의 철수를 결정하며 L브랜드는 중국의 B사에 H브랜드와 같은 형태로 라이선스 계약을 진행했다. 그리고 바로 다음 해부터 적자투성이였던 L브랜드는 매년 한화 3~4억의 흑자를 가져다주는 사업으로 변모했다.

하지만 L패션을 진정 웃을 수 있게 만드는 포인트는 몇 억의 흑자가 아니었다. 중국 현지의 마케팅과 유통에 능숙한 B사와 라이선스 사업을 진행한 이후, L브랜드의 인지도와 호감도는 눈에 띄게 상승 곡선을 그리고 있었다. 브랜드 소유주인 프랑스 그룹으로부터 한화 70억 원 가치에 인수한 L브랜드의 한국 상표권보다 중국에서의 상표권이 더 높은 가치를 가질 미래가 점처졌다. 200억 원의 손실을 단순한 손실이 아닌 상표권 구매가로 환산한다 치더라도 크게 남는 사업을 했다는 결론이 보이기 시작한 것이다. 우리는 이런 것을 기적적 생환 혹은 드라마틱한 반전이라고 함께 열광할 수밖에 없다.

하지만 때로는 같은 기회와 더 좋은 파트너를 맞이하고도 스스로의 욕심이 길을 막는 경우가 있다. L패션보다 5년 먼저 중국에 진출한 K스포츠의 경우, 당시 성공적 중국 진출 사례로 꼽힐 만큼 놀라운 실적을 만들고 있었다. 매장 수와 단순 매출만 보더라도 L패션보다 3배 이상 앞서고 있었고 마케팅의 수준도 그 이상 월등했다. 하지만 중국에서도 시작된 아웃도어 시장의 과당 경쟁과 포화 상태로 미래에 대한 불안감이 커져가자 K스포츠 역시 직접 운영하던 사업에 대해 라이선스 사업으로의 전환을 결정했다.

그들이 선택한 중국 파트너는 A사였다. A사는 L패션의 파

파트너 선정

트너인 B사와 비교조차 불가능할 정도로 월등했다. 이미 한국의 F브랜드와 라이선스 계약을 통해 사업을 전개하고 있었고 1년 만에 2,000개 매장을 오픈하며 신화를 써 내려가고 있었다. F브랜드와 L패션의 라이선스 사업을 보며 K스포츠는 욕심이 생겼다. F브랜드가 아무리 성공했다 할지라도 A사와 F사의 JV 내에 보유한 지분율 5%가 너무 작아 보였고, L패션의 선택이 아무리 옳았다 할지라도 순 매출의 7%인 라이선스 비용은 너무도 미약해 보였다. 마지막 순간에 결국은 A사 60%, K스포츠 40%로 합의된 JV를 설립하고 공동 운영하는 것으로 결론이 지어졌다. 그리고 몇 년이 지난 지금, JV 설립 이전 200개였던 K스포츠의 중국 매장은 단지 50개가 더 늘어났을 뿐이다.

제아무리 훌륭한 파트너를 찾았다 할지라도 기대했던 그들의 역할을 할 수 있는 그들만의 명분과 조건이 없다면 그 협력은 무용지물이 될 수밖에 없다는 것을 보여주는 적나라한 사례인 것이다.

중국 사업 새드엔딩 스토리

한국에서 식당 프랜차이즈 사업을 크게 하는 D사는 중국 진출을 결정하고 우선 중국에서의 상표권 등록 가능 여부부터 확인했다. 역시나 D사의 주력 식당 브랜드뿐만 아니라 최근에 기획하고 등록하여 아직 매장 하나 없는 브랜드조차 국외 상표의 중국 내 등록을 선점해 해당 기업으로부터 돈을 뜯어내는 중국 기업이 숟가락을 얹어놓았다. 중국 사업에 염두를 두고 관심을 가지다 보니 주변 풍문으로 익히 들을 수 있던 사안이었기에 빠르게 대책을 모색했다. 법적 분쟁은 승산이 없었고 오롯이 상표권을 선점한 기업과의 합의를 통해 웃돈을 포함한 대가를 치르고 자신의 상표를 다시 찾아오는 수밖에 없었다.

되찾아온 자신의 식당 브랜드로 본격적인 중국 사업에 박차를 가하기 위해 D사는 한국에서 처음 사업을 시작할 때의 초심과 수순을 가지고 중국 현지에 지사부터 꾸렸다. 하지만 초심은 분명하였으나 수순은 시작부터 삐걱거리고 있었다. 직영 식당의 입지 선정을 위해 각 도시에서 백방으로 뛰어다니기를 1년, 발품을 팔아서 낼 수 있는 성과가 아니라는 결론에 컨설팅 업체를 고용하여 입지를 탐색하고 입점을 시도했다. 그러나 힘들게 찾아낸 적정 입지는 매번 다른 브랜드에 빼앗기기 일쑤였고 어렵게 지켜낸 입지는 건물주와의 협의 단계에서 터무니없이 높게 부르는 임대료와 불리한 조건들로 최종 성사가 어그러졌다. 식자재 수급부터 식당 홍보, 직원 채용 등 엄청난 실무들이 기다리고 있음에도 시작부터 일이 꼬이니 앞날이 어둡고 컴컴하기만 했다.

이때였다. 하늘이 점지한 듯한 귀인 김 씨를 만난 것이. 김 씨는 할아버지 때 북한에서 중국으로 이주한 교포 3세 사업가로 조부 때부터 내려온 식당을 자신 세대에 크게 키워 동북뿐만 아니라 베이징, 상하이 등 대도시에 프랜차이즈로 확장시킨 성공한 요식업 사업가였다. 그는 이미 D사와는 비교도 안 될 정도의 성장한 자기 사업체를 가지고 있었고 매장이 위치한 각 지역에서 인정받는 인물로서의 위상을 가지고 있었다. 건물관리인은 D사 사람들이 매일같이 찾아가 좋은 매장 자리를 사정했을 때와는 180도 다른 자세로 그에게 머리를 조아리며 존경을 표했고 예외는 없다며 설명도 없이 매정하게 굴던 공상국, 위생국의 정부 관리들은 김 씨의 전화 한 통에 곧바로 영업 허가증을 발급해주었다.

둘 사이의 동업을 제안한 것은 D사였다. 그토록 자신들을 매몰시켜왔던 일들이 김 씨의 손에서 여름날 얼음처럼 사르르 녹아내리는 것을 직접 겪고 나니 앞으로의 일들을 D사 혼자 해나가야 할 이유도 그것들과 함께 사라져버렸다. 통이 큰 김 씨는 D사의 제안 내용을 다 듣기도 전에 흔쾌히 동의했고 D사와 김 씨 사이의 새드엔딩 스토리는 그렇게 시작되었다.

둘 간의 R&R은 분명했다. 김 씨는 자신이 운영하고 있던 A급 매장을 비워 D사 브랜드를 입점시킬 정도로 매장 확장에 열정적이었고 소방 점검, 위생 검열, 인허가 업무들과 같이 빈번히 발생하는 매장 안팎의 행정 업무를 문제없이 해결해주었다. 중국 내에 다양한 요식업 관련 APP와 방송 프로그램들을 통한 홍보 역시 김 씨의 도움이 없이는 불가능한 것이었다. 경험이 풍부한 김 씨 회사의 마케팅팀은 신규 매장의 개업 때마다 어김없이 길 건너까지 줄이 늘어선 장사진을 만들어냈다.

이렇듯 D사가 본연의 업무에 집중할 수 있도록 김 씨 측이 최선을 다한 덕분에 한국에서 사랑받던 D사의 음식을 중국인들에게도 사랑받는 음식으로 재개발할 수 있었고 현지화된 신 메뉴들을 끊임없이 내놓을 수 있었다. 직장 동료는 함께 생활하는 가족, 식구와도 같다는 D사의 기업 정신을 현지에서도 고수한 끝에 어느새 중국인들 사이에서 '가장 일하고 싶은 식당'이 되어 직원 채용은 어려운 일이 아니었으며 새롭게 정립한 중국 직원 대상의 교육 매뉴얼을 통해 현지 미식가들 사이에서는 '가장 친절한 식당'의 대명사가 되었다.

하지만 이들 둘 사이의 문제는 아주 작은 곳에서부터 시작되었다. 김 씨의 권유로 알게 된 인테리어 업체 M사에게 매번 신규 매장의 오픈 때마다 인테리어를 맡겼으나 D사의 매장이 늘어나며 M사는 업무에 과부하가 걸렸다. 그러면서 서서히 생겨난 그들의 뻣뻣한 태도와 잦은 연락 두절로 D사 직원들 사이에서 불만이 생겨났다. 김 씨에게 하소연을 해보아도 이 부분만큼은 김 씨도 들은 척 만 척 반응이 없었다. 답답해진 D사는 직접 다른 인테리어 업체를 알아보았고 다른 업체로부터 받은 견적을 통해 그간 M사가 청구한 대금이 타 업체보다 두 배 가까이 높은 것을 확인할 수 있었다. 다른 인테리어 업체는 친절하게도 묻지도 않은 정보인 M사 사장이 김 씨와 아주 특별한 관계라는 것까지 알려주었다.

상황이 이렇다 보니 D사의 대표와 직원들 사이에서 김 씨를 대상으로 보이지 않는 불신이 생겨나기 시작했다. 동업 3년 차, 이러한 불씨가 큰불을 일으킨 사건이 벌어졌다. 김 씨가 자신의 고향에 D사 식당을 차리겠다고 했다. 워낙 작은 도시이고 매출을 장담할 수 없는 곳임에도 김 씨가 간곡히 요청하고 김 씨 개인적 연고로 인한 의미를 두고 있었기에 D사는 김 씨가 직접 투자하고 운영하는 조건으로 김 씨의 요구를 수락했다.

식당이 잘 운영되고 있다는 소식 이외에도 중국 법인을 통한 식자재 구매가 원활히 이루어지고 가맹운영비 입금이 꼬박꼬박 이루어지고 있음에 안심하며 그렇게 한참이 흘렀다. D사 대표는 오래간만에 여유가 생겨 중국 지사 직원들과 함께 김 씨의 고향을 방문해 식당에 한번 찾아가보고 싶었다. 김 씨 역시 기쁜 마음으로 그 여정에 동행하여 도착과 함께 제일 먼저 그 식당을 찾았다.

문제는 D사 대표가 식당에 발을 디디면서부터 시작되었다. 간판의 상호는 분명 D사의 것인데 식당 내부 인테리어가 완전 딴판이 아닌가? 메뉴에서도 D사의 것이 아닌 음식이 여럿 보였다. 원칙주의자로 정평이 나 있던 D사 대표는 한순간도 참지 못하고 버럭 소리를 질렀다.

"누구보다 우리 브랜드의 원칙과 입장을 아시는 분이 어떻게 이런 일을 벌인단 말입니까!"

낙후된 고향의 특성상 그들의 취향과 수준에 맞추어 이러한 변화들이 꼭 필요했다는 김 씨의 변명은 아무도 들어주는 이 없었다. 그렇게 김 씨의 친척과 고향 지인들이 모인 D사 환영 만찬 자리는 어색하고 차갑게 끝이 났다.

본사로 복귀한 D사 대표는 김 씨와의 이별을 준비하기 시작했다. D사 대표의 입장에서 그간 김 씨의 노력은 충분히 보상받았고 그의 지분 또한 적절한 가치로 환산하여 지불한다면 별 탈 없이 이제는 홀로 설 수 있는 D사의 중국 지사를 만들 수 있으리라 생각했다. 김 씨는 명백히 상호 간에 지켜야 할 계약을 어겼고 이 일 이외에도 그간 침묵해준 인테리어 업체 M사와의 관계 등과 같이 불미스러운 부분이 적지 않았기에 김 씨가 그 자리에서 버틸 리 없다 자신했다.

변호사를 통해 공문을 보내기 전 D사 대표는 김 씨를 만나 편안한 자리에서 그의 의견을 전달할 계획이었다. 그간의 개인적 친분과 정을 생각해도 그것이 옳은 방법일 것이다. 약속을 잡고 중국에 도착해 김 씨를 만난 자리에는 김 씨 이외에 사전에 이야기가 없던 낯선 이가 동석해 있었다. 김 씨의 변호사였다. 신경쓰지 말고 편안히 이야기하라는 김 씨의 말에 D사 대표는 그간의 심경과 그의 결정을 이야기했다.

김 씨의 반응은 차분했다.

"대표님이 말씀하지 않으셨어도 저 역시 저희 둘의 관계를 정리할 생각을 해왔습니다. 이제 그때가 되었고 정리를 합시다.… 하지만 방식은 제가 이 합자기업을 떠나는 것이 아니라 D사가 떠나는 것으로 정리해야겠습니다."

김 씨가 보인 의외의 반응에 D사 대표는 몹시 당혹스러웠고 이성을 지키기 어려운 자리에서 '법적 해결' 말고는 방법이 없다는 결론을 이야기하며 서둘러 몸을 일으켰다.

그 이후, D사는 합자 회사의 지분조차 제대로 된 보상을 받지 못하고 무일푼으로 중국에서 쫓겨나야 했다. 김 씨와의 미팅 이후 일주일도 안 되어 급습과도 같이 시행된 매장별 소방 점검에서 소화기 비치 불이행, 긴급상황 대처 인력 미갱신 등이 지적되었고 서른 개가 넘던 직영점은 전부 영업이 정지됐다. 김 씨에 대한 법적 대응을 준비할 틈도 없이 닥친 영업 정지로 매장 직원들과 매장 입점 상가들에 대해 수습을 하는 사이 D사의 중국 지사는 김 씨의 고향 법원에서 발송된 고소, 고발장을 받아봐야 했다. 혐의 내용은 합자 회사에 대한 D사와 D사 대표 그리고 중국 지사 직원들에 대한 배임, 횡령 혐의 및 김 씨와의 계약 불이행이었다. 상식 밖의 빠른 전개에 몹시 당황스러웠다. 중국 법원이 이처럼 빨리 움직일 리 없었기 때문이다. 이는 처음 합자 회사의 설립 당시 김 씨와 D사가 합자 기업 설립 계약서에 관할법원으로 김 씨의 법인 설립지이자 고향이기도 한 동북의 법원을 명시해놨기 때문이다. D사 대표가 처음 세웠던 계획은 무용지물이 되었고 오히려 D사와 D사 대표가 역풍을 맞아 형사 고발과 민사 소송에 휘말리게 된 것이다.

계약상 김 씨와 D사 사이의 시시비비를 가리기에 D사는 이미 매장 영업 정지 등의 행정 처분들로 수습이 되지 않는 곤경에 처해 있었고 아직 다가오지조차 않은 심각한 기업적, 개인적 피해까지 예상되는 상황이었다. 계약서상 매장 운영은 D사의 역할로 명시되어 있고 이에 대한 미숙이나 실수가 합자 회사의 손실로 연결될 경우, D사가 져야 될 의무와 책임은 자세히 명시되어 있으나 김 씨의 역할은 피상적이고 책임을 묻기 어렵다는 이유로 제대로 명기하지 않은 탓에 지금의 영업 정지에 대한 손실까지 책임져야 할 판이었다. 제대로 된 로펌을 고용하여 끝까지 싸워볼까도 잠시 고민하였지만 김 씨 고향 법원에서의 불공평한 진행과 판결이 불 보듯 예상되는지라 엄두가 나질 않았다. 결국 합의를 보기로 하고 김 씨의 요구 조건 대부분을 들어주며 이 관계는 끝이 났다.

합의서에 서명하기가 무섭게 매장들은 기존의 상호와 유사한 상호로 간판이 교체되었고 정지된 매장 영업도 바로 운영이 재개되었다. 몇 년 간 만들어낸 노력의 결실이 결국 한 달도 채 안 되는 시간에 D사의 존재를 지우고 김 씨 혼자만의 것이 된 것이다.

분쟁을 막는 계약 전쟁

중국 업체와의 계약은 우리가 마주한 안 좋은 결말 앞에서 아무런 의미가 없게 느껴진다. 새드엔딩에 더욱 깊은 눈물과 아쉬움만 더할 뿐이다. 관할 법원이 중국 본토 내 법원이라면 희망은 실낱과도 같고 홍콩이나 마카오 법원으로 정했다면 그나마 동아줄 같아 보이는 희망으로 인해 법적 분쟁에 매달리기 쉽다. 그리고 이에 투입되는 엄청난 비용과 시간으로 진정한 '희망 고문'이 무엇인지도 배울 수 있다.

1995년 이후, 중국에서는 소송 이외에 중재 제도라는 것이 시행되어 운영 중이다. 소송과 비교해 대외적으로 덜 시끄러워지고 경제적으로나 기간상으로 유리한 부분이 많기에 소송보다 부담이 덜하다. 서로 간의 쟁의가 발생할 시, 이에 대하여 소송이 아닌 중재 형태의 해결을 하기로 명시하면 가능한 것인데 이 또한 중재 기구를 대한상사중재원KCAB이나 제3국의 것으로 약정해놓지 않았다면 다시 또 난관이다.

재판 혹은 중재의 주체인 인민법원과 중국국제경제무역중재위원회CIETAC는 철저히 자국 기업, 자국민의 편이며 편파적이라는 단어보다는 일방적이라는 표현이 적당할 그런 존재다. 유수의 로펌, 힘 있는 꽌시를 동원해봤자 일방적인 판결을 좀 더 방어적으로 대처할 수는 있으나 그 역시 여전히 중국 측에 편파적 수준 안에서 조정할 수 있는 정도다. 그렇게 흘러갈 수밖에 없는 것이 아무리 힘 있는 아군을 내 쪽으로 모아봤자 이곳은 분쟁 상대에게 홈그라운드 아닌가. 우리는 중국에서 사업을 하며 현지에서 우리보다 사업적 역량이 부족하고 꽌시가 얄팍한 실력 없는 상대와 계약하려 하진 않았다. 그리고 중국에 공평, 공정함 따위는 없다.

그렇다면 중국 사업에서의 계약은 무슨 의미를 지닌 것인가? 계약이라는 절차가 공연한 낭비가 아닌지 의구심이 들 것이다. 어차피 기울어진 경기장이라면 합의된 조건들이 어떠하건 우리에게 불리할 것이기에 시작부터 맥이 풀리고 불안하기 그지없을 것이다. 그래서 우린 여기 '계약' 부분을 이야기하며 계약 그 자체의 법적인 의미보다는 좀 더 전략적인 의미를 가지고 짚어보려 한다.

역설적으로 들릴지는 모르겠으나, 난 중국에서 사업하는 한국 기업에게 현지와의 동업 혹은 협업에서 계약 부분을 오히려 지나칠 정도로 보수적이고 이기적으로 관철하라 이야기한다. 이 말의 핵심은 계약의 큰 흐름에서 그리하라는 것이지 절대 계약의 조건들과 조항들을 자세하고 세밀하게 고민하라는 뜻은 아니다. 그리고 그 과정은 적지 않은 인내와 배짱을 필요로 한다. 그렇기에 사업의 규모와 상관없이 계약서의 작성은 전문적인 법률 자문인의 도움을 받는 것이 좋다. 더욱더 좋기로는 계약 내용의 협상 역시 전문가에게 맡기는 것이 옳다.

10여 년 전, 베이징의 중국 로펌에서 근무하는 한국인 김 변호사는 한국 S그룹의 의뢰를 받아 선전深圳의 한 최첨단 GPS 설비 기업에 대한 투자 협상을 진행했다. 당시 S그룹은 중국에서 무선통신 사업을 전개하기 위해 여러 각도에서 사업을 준비하며 중국 내에 필요한 인프라를 구축하는 중이었고 GPS 설비에 관한 인프라는 필수불가결이었다. 하지만 잘나가는 관련 기업들은 국영기업이기에 투자가 어려웠고 그 외의 민영기업들은 터무니없는 기업 가치를 주장하는 곳 일색이었다. 그중 중국 청년 창업자가 조그맣게 시작한 선전의 한 GPS 설비 기업은 그러한 허영과 교만도 없었고 개발된 기술도 훌륭했다. 무엇보다 그들은 국내외 대기업의 탄탄한 시스템 도입과 후견인으로서의 지원을 절실히 필요로 하고 있었다.

창업자의 구주舊株 일부를 엑시트해주며 대대적인 추가 투자를 진행하는 것으로 쌍방이 목표를 정하고 투자 협상이 시작

분쟁을 막는 계약 전쟁

되었다. 하지만 협상을 하기에는 둘 사이의 체급이 너무 틀렸다. 신생 기업이던 GPS 설비 기업은 해외 투자 경험이 풍부한 S그룹의 국제 표준에 맞춘 투자 절차가 어려운 요구로 느껴졌다. 그나마 부랴부랴 선전시 변호사협회 회장을 자신들의 협상 테이블로 초빙해 왔지만, 연로한 회장 역시 국제 표준은 경험이 없었다. 오전 내 버벅거리기만을 반복하던 협상 테이블은 결국 예정에 없던 점심 식사 술자리의 대대적 만취 사태에 다음 날로 연기되었다.

그리고 다음 날, 투자 유치 측 테이블에 해외 유학파 출신의 젊은 변호사가 등장했다. 하지만 이 젊은 변호사는 해당 기술에 대한 지식이 전무했다. 세부 조항들로 들어가자 협의서 내의 기술 관련 용어 자체를 이해 못 하니 그 역시 협상 진행이 불가능했다. 이렇게 가다가는 협상 자체도 진행이 어려울 상황이었다. 며칠간 S그룹이 지불해야 할 수임료 미터기만 켜놓고 멍하니 앉아 있어야 했던 김 변호사가 나섰다.

"이러면 어떻겠습니까? 제가 한 조항, 한 조항 자세히 설명을 해보겠습니다. S그룹에서 요구하는 사항들을 설명하고, 귀사에서 필요로 하는 사항들에 대해서도 제가 하나하나 설명해볼 터이니 틀린 부분은 정정해주시는 겁니다. 그리고 양사가 그 조항들에 대해 논의하며 진도를 나가보는 겁니다. 시간이 오래 걸리기야 하겠지만 그렇게 하는 것이 지금은 최선일 것 같은데요."

흔쾌히 동의한 쌍방 모두와 함께 말도 안 되는 '스터디 그룹'을 결성하여 일주일이 넘는 시간 동안의 리뷰와 논의를 마쳤다. 모두가 지쳤고 GPS 설비 기업의 대표는 각별히 지친 듯 보였다. 마지막 장을 덮으며 그가 마지막 힘을 짜낸 듯한 목소리로 "딱 한 조항을 더 넣고 싶습니다. 이 며칠간 내내 마음에 걸렸고 꼭 넣어야만 내 마음이 편할 것 같네요."라며 조항 추가 요청을 해 왔다. 요구한 조항을 들어보니 S그룹 입장에서는 별로 중요치 않은 내용이었고 충분히 수용 가능한 것이었기에 김 변호사 선에서 바로 오케이 신호를 보내며 추가를 승낙했다.

긴 협상의 마무리를 자축하며 S그룹 한국 본사에 투자 협의서 사이닝 세리모니의 날짜를 통보하고 고위 임원들의 출장을 안배하기에 한창일 때였다. 그 위로 예상치 못한 날벼락이 떨어졌다. 김 변호사 부하 직원이 GPS 설비 기업 대표의 마지막 요구 조항을 추가하며 대표의 문법적 오류를 수정하여 기입한 것에 대표가 노발대발한 것이다.

"내가 그토록 부탁한 그 한 조항을 이렇게 엉터리로 넣어 놓을 수 있는 겁니까! 협의 단계부터 이런 식으로 우리를 우롱하고 무시하는 회사를 투자자로 들이면 앞으로 벌어질 일은 불 보듯 뻔합니다! 이 투자 받지 않겠습니다!"

이게 뭔 소리고 무슨 행패인가? 누가 봐도 오해이고 사소한 문제일 수밖에 없는 것을 빌미로 이제 와 모든 것을 없던 일로 하겠다니. 차려놓은 밥상을 발로 차고 사라져 연락이 두절된 대표로 속이 타는 것은 김 변호사뿐만이 아니었다. 자신들의 대표와 함께 투자 유치를 진행하며 세계적 기업인 S그룹의 투자를 받는다는 마음에 한껏 들떠 투자 유치 이후의 행보를 준비 중이던 GPS 설비 기업 임직원들도 패닉에 빠졌다. 무엇보다 세리모니를 위해 출장을 준비 중이던 S그룹 임원들은 황당함을 감추지 않았다.

"김 변호사님, 이거 진짜 투자하지 말아야 하는 것 아닌가요? 뭐 이런 경우가 다 있습니까? 이런 변덕스러운 대표가 운영하는 회사는 저희도 불안한데요."

김 변호사는 지난밤의 긴 고민에서 내린 결론을 이에 대한 대답으로 이야기했다.

"세계적 기업인 S그룹이 투자하려는 회사라고는 하나, 이 회사는 아직 많이 어렵습니다. 다시 말해, S그룹에서 중국 사업에 꼭 필요로 하는 기술을 가지고 있다뿐이지 그저 창업한 지 몇 년 안 된 중국 지방 도시의 중소기업에 지나지 않는걸요. 지난 몇 주간 저 대표와 직원들 그리고 그들의 변호사는 엄청난 스트레스를 받았을 겁니다. 자신들의 요구 대부분은 스스로가 설명조차 잘 안되고, S그룹의 요구는 국제 표준이다 규격이다 하니 받아들일 수밖에 없었고, 심통 상하고 멘탈이 무너질 만도 하다고 생각합니다. 지금 이 순간만큼은 너무 푸시하지 말고 스스로 냉정을 되찾을 때까지 시간을 좀 줘보죠. 그들에게는 경험해본 적 없는 큰 투자 유치니만큼 그들 스스로도 소화할 시간이 필요할 겁니다."

그리고 김 변호사는 대표에게 짧고 명확한 문자 메시지를 보냈다. "여기 모두 당신의 심경과 어려움을 이해합니다. 마음이 편해지고 생각이 정리되면 다시 연락 주세요."

일행과 베이징으로 돌아온 김 변호사에게 대표의 전화가 걸려온 것은 그로부터 일주일 뒤였다.

"제가 그간 자격지심에 색안경을 끼었던 것 같습니다. 창업 후 저나 직원들 모두 정말 열심히 개발만 했는데 S그룹의 투자 유치가 진행되니 어느 순간 너무 많은 것을 요구하고 관철시키는 대기업에게 잡아먹히는 것만 같은 생각이 들고. 하지만 이 일주일, 그간의 과정을 돌이켜보니 우리가 이해 못 할 것들도 김 변호사 측에서 이해시켜주었고 저희의 요구 역시 최대한 받아들여주시려 노력했다는 것이 분명하더군요. S그룹 역시 저희를 절실히 필요로 한다는 것을 믿기로 했습니다. 투자, 늦지 않았다면 예정대로 받고 싶습니다."

계약서는 하나의 이야기다. 우리가 운영할 사업의 미래 중 벌어질 것과 벌어지지 않기를 바라는 것들을 규정과 조항이라는 룰을 가지고 설명하고 그려내는 것이다. 그 픽션과 논픽션을 오가는 이야기의 줄거리는 사업가 스스로가 정해야 한다. 계약서를 앞에 두고 잠시 작가가 된 사업가는 자신이 파트너와 함께 펼쳐갈 이야기에서 본인이 꼭 맡고 싶은 역할과 맡아야 하는 역할, 그리고 그에 따른 권리들을 정해야 한다. 물론 이 과정에서 본인이 받아야 하는 최소의 지원과 보호도 함께 고민해야 한다. 골치 아픈 위기와 잔인한 배신 역시 이 이야기 속에서 빠질 수 없다. 상상하기조차 싫지만 내 사업에 그 모든 것이 비켜갈 황금 갑옷을 입힐 수 있는 것은 아니니까. 그 줄거리를 이야기로 완성하기 위해 규정과 조항을 법률에 맞는 매끄러운 흐름으로 만들어내는 일은 전문가들의 몫이다.

희극을 더욱 재밌게 만드는 일은 중요하다. 하지만 비극이 될 수도 있을 경우를 가정하여 비극적 이야기가 되었을 때 최대한 내 공로와 이익, 생존과 권리를 방어하는 것, 그것이 우리가 계약에서 가장 집중해야 하는 부분이다. 사업상 다툼이 생기고 서로 간에 상처를 주기 시작한다면 우리는 무조건 상대에게 더 많은 상처를 낼 수 있는 공격 우위에 있기를 바란다. 하지만 그것에 앞서 우리가 우선 처리해야 하는 것은 공식적 우방 결속의 해지다. 계약 무효 조항. 바로 그 계약 자체의 지속성을 무력화시킬 방법들이 필요하다. 그렇지 않다면 우리는 중국 사업에 대한 영속성과 우리에게 아직 다가오지도 않은 미래에 대한 기회비용의 손실까지 감내해야 한다.

중국 상표권은 파트너와 바인딩되어 분쟁이 결론 날 때까지 사용이 불가능해지고 한국에 쌓인 재고는 중국으로 수출할 방법이 사라질 수 있다. 플랜 B를 활용해 중국 사업의 지속 전진이 불가능할 수밖에 없는 이러한 상황을 미연에 방지해야 한다. 상대방의 계약 위반, 불이행, 목표 미달성 등에 대한 대응 조건으로 우리 의향에 따른 즉각적 계약 해지와 배상 조항을 상세히 명기해놓으면 상대 역시 이 계약의 불행한 끝이 우리의 것만은 아니라는 것을 명확하게 알 수 있다.

중국인들의 속담에 '내가 널 잘 되게 할 수 있을지는 모르지만, 분명한 것은 내가 널 망칠 수는 있다'라는 것이 있다. 이 무서운 말을 우리는 계약에서 '독소 조항毒素條項'이라 한다. 계약을 진행하며 밝고 희망찬 미래에 치중한다면 R&R과 수익 배분이 주요 소재가 되지만 스릴러나 호러스러운 이야기로 흘러간다면 제재와 제약, 그리고 거기에 따른 페널티위약 보상 등 독소 조항이 넘쳐흐른다. 이러한 독소 조항 추가에 대한 요구가 시작되면 다른 한쪽이 방어적으로 다른 독소 조항을 추가하게 되고, 서로 간의 치고받고를 반복하게 된다. 그러다 지친 서로가 하나씩 서로 줄여나가는 것으로 타협을 시작하게 되고 싸우다 원수가 되지 않는 한 종국에는 합의에 이르게 되어 있다. 난 오히려 상대에 개의치 말고 우리에게 꼭 필요한 독소 조항들을 주장하고 관철해나가라고 주장하는 쪽이다. 어차피 기울어진 경기장이라면

'벌어질 다툼'에서 열세인 우리는 화력을 최대한 많이 확보해놓아야 한다. 앞서 말했듯 중국에서 중국 기업은 계약 내용과 상관없이 우위를 선점하고 있기에 중국 기업이라는 것만으로 이미 완전 무장 상태나 다름이 없다. 하지만 우리는 경우도, 상황도 다르기에 몽둥이건 대포건 손에 쥘 수 있는 모든 무기를 가능한 선에서 최대한 확보해놓아야 한다. 중국에 들어오는 순간부터 우리는 벌거벗고 있는 것과 다를 것이 없기 때문이다.

현지 파트너와의 협력에서 최악의 순간이 닥쳐 서로 간의 결별이 불가피한 상황이라면 우리가 지켜내야 할 최소한의 것이 무엇인가를 고민하고 결정하여 이를 지켜낼 바리케이드와 부비트랩을 주변에 설치해두어야 한다. 이러한 방어 장치를 상대의 입장에서는 독소 조항이라 하겠지만 우리는 사업 초기부터 얼굴을 붉히는 한이 있더라도 이를 관철해내야 하는 것이다. 계약서 내에 이러한 독소 조항들이 쌓이다 보면 이건 마치 '우리 한번 잘 해보자'가 아니라 '잘못되면 모두 불바다'로 이야기가 전개될 수 있다.

그렇다. 우리가 필요로 하는 것이 바로 이것이다. 우리의 전략은 때가 되어 그들과 자연스러운 이별을 하기 전까지 유지될 긴장감을 설정하는 것이다. '다투면 모든 것을 잃는 게임'이라는 것을 상대에게 각인시켜야 한다. 우리가 원하는 대로 우리 입장에서 '나와 다투면 너만 손해'가 될 수 있는 계약은 단지 우리만의 바람일 뿐이고 우리의 중국 파트너 역시 그리 호락호락한 상대가 아닐 것이기 때문에 서로의 독소 조항들로 모두가 불타 죽는 시나리오가 우리가 수립할 수 있는 최선의 계약이다.

계약 과정에서 충분히 겪었던 이 아마겟돈의 시뮬레이션은 그들에게 최악의 상황에 대한 예측이 가능토록 할 것이다. 우리는 평화와 공영을 원한다. 서로 간의 약속이 지켜지기를 염원하고 그 약속대로 노력한 모두가 사업의 성과를 나누며 번영하기를 희망한다. 하지만 평화는 바람만으로 지켜지는 것이 아니기에 그것을 지키기 위한 힘과 의지를 분명히 보여줄 필요가 있다. 아군일 때는 누구보다도 한 몸이지만 적이 되었을 때는 누구보다도 무섭게 돌변하여 모든 것을 불태워버리는 한이 있더라도 너에게 내 것을 내어주지 않으리라는 의지를 보여주는 계약서가 우리의 중국 사업을 지켜주는 사전 방어 체계가 될 것이다.

수익 배분과 엑시트

이러한 계약 과정에 선행되어야 하는 전제 조건이 있으니, 사업이 철저히 중국 파트너 쪽에 더 큰 이득이 되고 유리할 수 있도록 해주어야 한다는 것이다. 싸움 중에는 잃을 것이 많은 자가 두려움도 클 수밖에 없다. 그들을 가진 자로 만들어주는 세팅이 필요하다. 황금알 낳는 거위까지는 아니어도 잘 자라는 자신 소유의 닭 한 마리가 생겼다고 받아들인다면 파트너가 차지하는 달걀 몇 개 때문에 닭을 위태롭게 만들지는 않는다.

이 모든 설정은 두 파티 사이에서의 분쟁을 미연에 방지하려 한다는 것에 목적이 있다. 중국 파트너 쪽에 최대한의 이익을 보장하고 양보하며 우리는 핵심 역할과 최소 자본의 투자를 통해 낮은 비율의 이익을 약속받으면 되는 것이다. 다시 말해 중국 사업이 잘 되었을 때 중국 파트너에게는 대박ALL이 되고 우리에게는 소박SOMETHING 정도가 되는 관계여야 서로가 갈라서며 최악의 상황NOTHING이 되는 것에 대한 두려움이 중국 파트너 쪽에 더 클 것이기 때문이다.

그럼 우리는 다시 앞서 이야기한 D사의 새드엔딩 스토리로 돌아가 하나하나 되짚어보도록 하자.

김 씨와 D사의 합자 회사 설립 시, 어차피 중외 합자 기업이 될 것이었다면 한국에 합자사를 설립하여 중국에 외자 기업으로 재투자하는 형태를 취했던 것이 D사에게는 가장 유리했다. 그것이 힘들었다면 하다못해 분쟁에 대한 중재 기구는 한국이나 최소한 중국 내 김 씨의 영향력이 가장 작은 지역의 것을 선택하는 방어적 자세가 필요했다.

D사의 역할 중 가장 중요한 부분인 브랜드 운영과 메뉴의 개발은 합자 기업 소속 직원이 아닌 D사 한국 본사 소속으로 파견 형태의 운영을 하고 재무와 행정 업무에 대해 단순 모니터링만 참여하며 실무 참여와 간섭을 없앴어야 했다. 김 씨 측에서 재무 혹은 행정적 문제가 발생했을 때, 기업의 존폐가 달린 사항들이 아니라면 매번 회의석상에 올려놓을 것이 아니라 김 씨를 전적으로 믿고 맡기며 D사는 업무 관련 증거자료만 챙겨놓는 방관 아닌 방관도 필요했다.

김 씨의 이익을 최대화하여 D사는 재주를 아주 잘 넘는 곰 정도로 여겨질 상황을 만들고 D사는 중국에서 합자 기업이 가져야 할 목표를 두 가지로 나누어 수립함으로써 목표 달성 전까지 묵묵히 재주를 부리는 곰으로서의 역할이 명확했어야 했다.

목표의 첫 번째는 중국 시장에 대한 이해와 적응이다. 단기 간 내 D사 홀로 중국 사업을 운영할 수 없다 해도 최소한 그 시간 동안 파트너의 역할과 공헌 그리고 방법론 정도까지는 이해할 수 있었을 것이다. 하지 못하는 것과 알지도 못하는 것의 차이는 극명하다. 첫 번째 목표에 도달할 즈음, D사는 최소한 자신들이 이끌려가는 방향이 옳고 그른지, 좀 더 효율적 방법이 있을지를 스스로 판단할 수 있게 된다.

두 번째 목표는 수익이다. 한국에서 D사의 마진이 10%였다고 가정하자. 전체 매출이 5백억이라면 D사는 한국에서 5십억의 수익을 실현하고 있었다. 그럼 이제 김 씨와 함께한 중국 사업에서 매출 계획을 수립해보자. 김 씨의 경험과 능력에 D사의 상품과 기술이 더해진다면 5년 내 중국 목표 매출이 한국의두, 세 배 정도는 아닐 것이다. 보통 동일 사업의 중국 매출은 최소 한국 매출의 다섯 배 이상을 잡는다. 그렇다면 최소 2천5백억이 되고 10%의 마진을 D사가 절반 나누어 가져간다면 백억이상이 된다. 그리고 대부분 이것이 독이 되어 돌아온다. 언제고 'D사 중국 사업의 수익이 한국 수익보다 크다면 D사의 노력과 투자 역시 이에 상응하거나 비슷한 것이 되어야 한다'는 가정이 김 씨를 흔들게 된다. 단언하건대 김 씨의 머릿속에서 'D사의 수익은 과하다'라는 생각이 피어날 것이다. 상대방이 느끼는 이러한 불합리함이 분쟁의 씨앗이다. 싹이 날 것도 없이 씨앗부터 제거한다면 분쟁의 가능성은 현저히 줄어든다.

중국 사업 진출에서 몇 가지의 단계를 설정해놓는 것이 중요하다. 크게 나누어 1단계: 생존기, 2단계: 안정기, 3단계: 확장기까지 설정해놓아야 사람으로 치면 성년이 되는 과정까지의 단계가 수립된 것이다. 사업의 형태와 규모에 따라 천차만별이지만 이 기간은 대부분 중국 시장이 큰 만큼 한국에서의 기간과 비교해 여러 배수의 시간이 소요된다. 총 3단계로 나뉜 사업적 성년까지의 계획 중 첫 번째 생존기에 대한 계획만큼은 명확하고 세부적으로 수립하여 진입해야 한다. 사람으로 치면 출생의 백일 정도가 될 것이다. 이 기간에 얻을 수 있는 것은 적고, 세밀한 관심과 무수한 노력 등의 투자는 많을 수밖에 없다. 사업의 존속에 모든 포커스를 맞추고 그 기간 내 성과의 대부분을 현지 파트너에게 최대한 양보해야 한다.

최근에는 뉴스와 유튜브, 각종 자료들을 통해 한국에서도 중국의 성장, 발전 과정을 쉽게 접할 수 있다. 하지만 어디에서도 이야기하지 않는 중국의 신산업 육성 전략이 있다. 거의 모든 시대에 꼭 활용되는 이 방법이 바로 '역 뻐꾸기 전략'이다. 뻐꾸기는 다른 새의 둥지에 알을 낳고 떠난다. 그 알에서 태어난 뻐꾸기는 부화하지 않은 다른 알들을 밀어 떨어뜨리고 이미 부화한 새끼들이 있으면 자신이 어느 정도 자라길 기다렸다 결국 둥지에서 떨어뜨린다. 선천적으로 덩치가 큰 뻐꾸기는 그렇게 가짜 어미의 먹이를 독차지하며 빠르게 성장하여 독립 가능한 시점이 되면 둥지를 떠나 본인의 생활을 영위한다.

중국은 새로운 산업을 육성하기 위해 해외에서의 투자와 해외 기업의 중국 진출을 적극 환영해왔다. 해외 기업이 중국 내에서 어느 정도 자리를 잡는 시점까지 중국 정부는 배려와 지원을 아끼지 않고, 다른 한편으론 주변 인프라와 관련 산업 그리고 자국의 후발 주자들을 조용히 육성한다. 안정화된 선진 산업 주자를 통해 주변 인프라와 관련 산업을 도입, 발전시키고 상대적으로 열악한 자국의 기업들을 자극하여 성장을 촉진시킨다. 그렇게 자국의 모든 것들이 생존하여 자립 가능한 시점이 오면 어미와 새끼들은 힘을 합쳐 애초 반가이 맞이했던 뻐꾸기를 인정사정없이 둥지에서 몰아낸다.

이것을 거꾸로 생각해본다면 우리가 환영받을 수 있는 기회는 우리 스스로가 뻐꾸기일 때 말고는 없다. 그리고 우리의 이별은 우리가 정하는 것이 아니라 그들이 때가 됐다 느끼는 순간이 될 것이다. 이러한 환경 속에서 살아남기 위해 우리는 뻐꾸기의 생존 전략이 필요하다. 둥지의 어미와 새끼들이 필요로 한 것이 무엇인지를 명확히 인지하고 그것을 양보하며 우리는 우리가 둥지에서 쫓겨난 순간부터 어떻게 홀로 생존하고 견뎌나가야 할지에 대한 준비를 해야 한다.

D사의 김 씨 고향 식당 개업 사례처럼 사업 이념과 본질에 상처가 생기는 일이 발생한다 할지라도 기존 브랜드 중 하나를 저가형, 소도시형으로 변형한 '신규 브랜드'를 론칭하여 김 씨의 고향에 적용하는 유연한 대처가 필요하다. 이러한 대처도 없이 강경하게 응대한다면 새끼도, 어미도 가만히 있을 리 없다. 이별이 준비되기까지 최대한 유연하게 사고하고 처신해야 옳다. 무엇보다 이 단계에서는 '생존'이 우선이니까.

우리는 매 단계별로의 엑시트라는 이별을 염두에 두어야 한다. 중국 비즈니스에서는 공평한 관계도, 영원한 관계도 없다. 우리가 처음 중국에 진출할 때의 우리 모습은 우리가 한국에서 이미 만들어놓은 모습과 완전히 다르다. 이미 한국에서 인정받는 브랜드로서 큰 규모의 사업을 영위하고 있다 하더라도 새로운 시장인 중국에서 우리는 신인이고 또 신생아다. 중국 파트너 입장에서는 이득이 있는 사업을 위해 우리를 선택했고 목적한 이용 가치가 분명하다. 그 이용 가치가 끝나는 시점이 바로 우리가 예상해야 할 엑시트 시점이다.

이용 가치는 서로의 수준에 따라 입장 차이가 매우 명확하다. 동일 수준이거나 중국 시장 내에서 좀 더 우위에 있는 파트너라면 우리가 생존 단계를 끝마친 후에도 계속 친구가 될 수 있을지 모른다. 함께 성장했고 우의가 좋다면 계속 함께 미래를 그려나갈 가능성이 있다. 하지만 성장한 우리의 중국 사업을 함께 영위하기에 중국 파트너의 한계성이 명확하다면 새로운 수준에 맞는 새로운 파트너를 찾아야 한다. 나보다 훨씬 강성한 상대라면 그들은 우리의 생존보다 당장의 활용도에 더 집착할 것이고 그 활용에 필요한 보살핌을 제공할 것이다. 하지만 우리가 그들의 보살핌이 필요 없을 정도의 성장을 하려 한다면 그들은 우리의 보모가 아니기에 우리의 성장을 묶어두려 노력하거나 때에 따라서는 부숴버리고 내팽개쳐버릴 것이다. 그리고 그 모든 순간이 이별과 새로운 만남이 필요한 시점이다.

그 이별의 순간에 우리가 해야 할 엑시트 방식에 대한 계획은 슛을 넣는 스트라이커가 염두에 두는 골의 목표 지점과도 같이 꼭 사전에 수립해두어야 하는 첫 번째 과제다. 영위하는 사업의 특성에 맞춰 생존의 단계에서 여러 차례 상대를 바꾸어 협력해야 할 수도 있다. 상황에 따라 다수의 파트너를 계속해서 늘려나가야 할 필요도 있다. 분명한 것은 매번 결속의 순간마다 이별의 순간이 예정되어 있고 그 이별의 순간이 아름다울 수 있을지에 대한 여부는 그 당시 우리가 목표한 이별을 얼마만큼 명확하게 계획했는가에 따라 반 이상 정해진다.

얻고자 하는 것이 있다면 주어도 되는 것을 찾아야 한다. 거꾸로 주어도 되는 것을 정하면 얻을 수 있는 것들도 보인다. 만남부터 협력까지 이러한 부분들에 대하여 서로 간에 공유하고 협의하여 중국 사업 협력에 합의를 이룬다면 그 이후에 어느 한쪽에서 더한 욕심이 생기더라도 그것은 분명한 귀책사유를 지니게 된다. '가이샤의 것은 가이샤의 것으로, 하나님의 것은 하나님의 것으로'여야 하는 것이다.

수익 배분과 엑시트

중국 파트너와 일하기

대다수가 하는 결혼이지만, 결혼 생활이라는 것이 참 어렵다고들 이야기한다. 그중 국제결혼을 한 사람들은 또 다른 형태로 그 어려움이 참 많을 것이다. 문화와 습관의 차이, 소속되어왔던 집단의 차이, 심지어 사상과 이념의 차이까지. 중국에서 중국 파트너와 함께 일하는 것은 한국에 시집온 우크라이나 새댁이 겪는 고충만큼 클 것이 분명하다. 상대의 업무 처리 방식에 대한 이해가 어렵고 그들과의 결정에 깊이 참여하기 힘들다. 이는 우리가 이 사회와 시장에 대한 지식과 공감이 부족하여 스스로의 판단을 확신할 수 없기 때문이다. 옳고 그르고는커녕 뭐가 뭔지도 모르는 것투성이이기 때문이다.

그렇기 때문에 우리는 더욱 중국 파트너를 필요로 한다. 단시일 내에 파악할 수 없는 것들에 대한 조력을 얻고자 하는 갈증이 중국 파트너를 물색하는 절대적 이유가 된다. 내 사업에 적합한 파트너, 나와 뜻이 통하고 협업이 원활한 파트너를 얻는 것이 가장 중요하겠지만 선택한 파트너와 올바른 협업을 하는 것 역시 그만큼 중요하다. 서로 간에 명확하게 나누어 놓은 역할 (R&R)에 충실하고 간섭과 참견보다는 협업의 기간 동안 믿고 맡겨놓는 자세가 필요하다.

중국 파트너에 대한 역할과 참견을 이야기함에 꼭 집고 넘어가야 할 것이 있다. 우리는 어느 날부터 C로 시작하는 직함들을 사용하기 시작했다. CEO, CFO, CTO, COO, CMO, CIO···. 수없이 많은 이 C로 시작하는 직함들의 C는 chief, 즉 최고위자를 의미한다. 다시 말해, 그의 역할로 속해 있는 업무는 그가 통솔하고 그가 책임진다는 뜻이다. 이 직함들은 서방의 군사 체계에서 기원했다. 대통령과 같은 군 통수권자의 명령이 하달되면 주어진 임무 안에서 각 역할별 최고위 지휘관이 지휘를 하게 되며 그 지휘에 대한 잘잘못은 임무가 완결된 후 평가받게 된다. 미국과 같이 내수 시장이 거대하고 무역 거래가 활발한 환경에선 많은 업무가 지역 간 시차를 두고 벌어지게 되고 현장의 상황들을 최고 의사결정권자가 일일이 판단하고 결정하기 힘든 경우가 많기에 이러한 현장, 역할 중심의 군 지휘 체계는 빛을 발한다. 물론 우리나라로 도입되며 많은 부분이 변형되고 퇴색되기는 했지만 말이다.

중국은 앞서도 이야기했듯 많은 부분에서 미국 시장과 닮아 있다. 그렇다 보니 직책에 따른 권한과 책임 또한 상당히 정확하게 이행되고 있다. 실제로 중국의 정부 기관과 기업 부서들은 각 역할별로 우리나라와 비교해 상대적으로 높은 독립적 의사결정권과 자율권을 가지고 있다. 큰 시장과 체계를 끊임없이 움직이며 눈에 띄지 않는 곳에서도 능동적으로 각 역할이 맡은 책임에 충실케 하기 위해 필요한 방식이다.

이는 또한 우리와 중국 기업 간의 사업적 협력에서 가장 큰 충돌을 야기시키는 원인이기도 하다. 정 많은 우리는 동업, 협업에 임하여 상대방과 나를 '일심동체一心同體'화하려는 성향이 있다. 동등한 것과 동일한 것은 분명 큰 차이가 있음에도 그 부분을 습관적으로 망각하고 상대방의 역할에 개입한다. 우리가 협업의 의미를 시너지 창출에 둔다면 중국 파트너는 상대적으로 더욱 현실적인 이유를 가진다. 내가 어느 부분에서 부족하고 그 부족한 부분을 채워줄 다른 한쪽을 찾았으며 서로가 잘하는 업무에만 전념하고 충실하면 빈틈이 사라진다는 것이 이들이 생각하는 협업의 논리다. 그러다 보니 더 큰 시너지를 위해 가까이 다가가 관심을 두는 우리의 행동이 그들의 눈에는 참견과 월권으로 받아들여져 불편하게 느끼는 것이다.

중국인은 다른 어느 나라 사람보다 자존심이 세기로 유명하다. 더불어 역사의 큰 줄기에서 가장 강성했던 국가에 대한 추억이 열악해진 근대와 현대를 겪으며 변질되어 위험하고 공격적인 콤플렉스로 자리잡았다. 피해의식과 강한 자긍심의 결합. 얼마나 상대하기에 위험하고 민감할지는 대충 짐작이 갈 것이다. 이러한 그들에게 과거의 약소국, 현대의 졸부로 비치는 한국인이 자신들의 시장에서 벌어지는 사업 활동들에 대해 정해놓은 역할이라는 선을 지속적으로 넘어와 훈수를 두고 참견을 한다면 그것은 내보이기 힘든 상처들로 쌓인다. 더군다나 중국이 G2의 지위를 갖고 외형적으로 강대국의 반열에 올라선 지금에 와서는 옹졸함을 마다않고 불편함을 표현한다.

이러한 그들의 주된 성향을 고려하지 않더라도 우리의 관심 어린 참견이 과연 필요한 것인가에 대해 생각할 필요가 있다. 중국은 하루하루 변화하고 있다. 문화적 트렌드뿐 아니라 산업의 흐름, 사업의 방식, 시장의 형태 등 전방위적 측면에서 빠른 변화를 경험하는 중이다. 현지에서 일상을 사는 중국인들조차 촉 세운 관심을 기울이지 않는다면 그 변화 속에 미아가 되기 십상이다. 이러한 환경 속에서 우리가 한국에서 가져온 경험과 지식을 조언이라 내놓는다면 과연 이들에게 도움이 될까? 현실이 이렇기에 우리는 현지 파트너에게 과감한 믿음과 권한을 건네는 것이 필요하고 그들 역시 우리의 역할에 믿음과 권한을 부여해야 한다.

자, 그럼 이제 여기까지의 이야기에 반전을 시작하려 한다. 위에서 설명한 믿음과 권한이 절대적이어서는 결코 안 된다. 그들과 우리는 사업적 파트너일 뿐이고 이용 가치에 의해 우리가 상대를 선택하였듯 그들 역시 우리를 선택한 것일 뿐이다. 충동적이고 일상적인 참견이 배제되어야 함과 동시에 다른 한편으로 우리의 경계는 한층 강화되어야 한다. D사의 경우, 김 씨와 인테리어 업체 M사 사이의 업무 처리와 의심스러운 관계에 대해 좀 더 신중한 접근이 필요했다. 우선 둘 사이의 관계를 귀띔해준 신규 업체의 의도에 대해 의구심을 가지는 것이 필요했다. 신규 업체가 어떠한 목적을 가지고 그렇듯 민감한 사안을 이야기했는지 고민해보고 여러 경로를 통해 사실 여부를 확인했어야 했다. 무엇보다 M사의 견적이 터무니없이 비싸다는 것이 사실이라면 명확한 증거자료를 확보해놓는 것도 필요했다. 권한에는 책임이 따르고 때가 되어 책임의 소지를 따질지와 어떻게 처분할지는 D사 후일의 결정으로 남겨놓는 것이 현명했다.

우리의 역할로 정해놓은 부분들에 대해서도 더욱 세밀하고 강력한 관리가 필요하다. 매장의 확장과 선정, 입점 등이 김 씨의 역할이라면 매장 개설, 관리는 D사 몫이었다. 김 씨가 고향에 개업하려 한 식당 역시 아무리 작은 도시이고 동업자인 김 씨의 간곡한 부탁에 의해 진행되었다 할지라도 D사가 주도하여 인테리어와 메뉴 선정, 직원 교육 등을 진행했어야 했다. 상대의 역할에 대한 요구가 분명하다면 나의 권한과 책임 역시 철저히 이행되어야 한다. 순리대로 이러한 과정들이 있었더라면 김 씨의 부탁을 기꺼이 들어준 이 선의가 둘 사이 파국의 불씨가 되는 일은 없었을 것이다.

중국 사업에 임하여 우리는 사업의 핵심을 절대 내려놓는 일이 없어야 한다. 지갑 도둑은 부주의한 지갑 주인이 만들 듯 우리 사업 중 내 몫의 핵심은 절대적이고 자신감 있는 것인 동시에 무엇보다 소중히 관리되는 것이어야 한다. 타국에서 시작한 사업이다. 사업 핵심에 대한 스스로의 믿음이 흔들린다면 내 파트너는 어떠할 것인가? 당장 시장에서 내 아이템이 환영받지 못하고 중국에 적합하지 않다며 사업의 핵심을 조정해야 한다 흔들어놓아도, 그 어떤 풍파가 밀려와도 이 핵심이 시장을 바꿀 것이라는 우리의 강한 믿음만이 내 파트너를 힘나게 할 것이고 그가 잘하는 것들에 최선을 다하며 전진하게 만들 것이다.

우리가 스스로 때로는 침묵하고 때로는 방관하며 그렇게 인내하는 과정을 보게 될 중국 파트너는 진심으로 감동할 것이다. 그리고 매시간 스스로 맡은 역할에 매진하며 참견이 아닌 깊은 관심으로 파트너를 지켜보는 우리의 눈빛에서 그들은 두려움도 느낄 것이다. 그렇다, 신의 영역 바로 아래에 존재하는 최고 난도의 지성과 감성의 줄다리기가 있다면 바로 여기, 중국 사업에서 찾을 수 있을 수 있다.

　　　　　　　　　　　　　중국 파트너와 일하기

중국인 직원과 한국인 직원

중국에서 오래 근무한 한국인에게 중국인 직원과 한국인 직원의 가장 큰 차이를 묻는다면 단연코 가장 많은 대답은 '실수를 인정하지 않는다'일 것이다. 웬만한 잘못에 변명을 늘어놓는 것은 예의가 바른 편에 속하는 직원이다. 마주치는 눈을 피하지 않으며 입도 뻥긋하지 않고 묵비권을 행사하기 시작하면 일반적인 한국인 직장 상사는 패닉에 빠진다. 직장 내에서 우리에게 익숙한 "잘못했습니다." "시정하겠습니다."와 같은 빠른 시인은 기대하기 힘들다.

그럼 그들은 왜 이리 실수를 인정하지 않는 것인가? 어찌 이리도 뻔뻔한 것일까? 우린 이 부분에 대해 생각을 바꿔 극히 상대적인 것이 아닐까 고민해봐야 한다. 우리 이외에 과연 어느 나라 사람이 실수를 쉽게 인정할까? 미국 사람들이 "I'm sorry"를 입에 달고 산다 해서 실수를 인정하는 단어로 쓰는 것은 아니다. 여러 상황에서 쓰이는 단어임에도 미국인들은 정작 자신

이 받는 추궁에서는 이 단어를 쉽사리 내뱉지 않는다. 러시아나 인도에서 생활 경험이 있는 한국인들도 실수를 인정하지 않는 현지인들로 인해 업무적 소통에 어려움이 많다고 호소한다. 그렇다면 실수를 빠르게 인정하는 나라로 한국 외에 가장 먼저 떠오르는 한 나라가 있다. 일본이다. 일본은 우리나라만큼 생활에서, 그리고 업무에서 받는 추궁에 "すみません스미마셍."을 연발한다.

우리는 공교롭게도 중국인 공자가 창시한 유교에 영향을 받은 전통적 유교 문화권 국가에 살고 있다. '장유유서長幼有序'에서 시작된 공자의 예禮가 지위적 위치만으로 윗사람을 권위 있는 존재로 만들었고 아랫사람의 허리가 굽혀지게 하였다. 시대가 바뀌어 지금의 젊은이들이 그러한 전통적 문화로부터 많이 자유로워졌다고는 하지만 DNA에 박힐 정도로 긴 시간 내려온 이러한 습성이 쉽사리 사라질 리 없다. 우리는 여전히 사회에 뿌리박혀 있는 권위의식에 대해 저항하며 불평등에 대한 개선을 요구해야 하는 한국형 유교의 문화 속에 살고 있다.

치욕스러웠던 일제강점기에 침략자 일본은 한국에서 미덕이라 여기던 이 사상에 '상명하복上命下服'이라는 자신들의 문화를 새겨넣었다. 윗사람이 하는 말이라면 옳고 그르고의 판단은 불경스러운 것이었고 윗분의 지시에 따라 묵묵히 주어진 일을 하는 것이 그 시대를 살아야 했던 조선인들에게 주어진 삶의 매뉴얼이었다. 그렇게 조성된 한국의 위아래 서열적 관계는 남성 중심이던 사회성과 국방의 의무까지 더해진 시대상까지 반영하며 한국 특유의 '상하 관계'를 만들어냈다.

우리가 하는 실수의 답변들이 과연 무슨 의미를 지니고 있을까? 과연 실수 자체에 대한 인정일까 아니면 단지 시간을 벌고 그 자리를 모면하기 위함일까? 그 순간 우리가 하는 생각은 자신의 실수에 대한 반성일까 아니면 상대의 명확하지 않은 지시 사항에 다시금 상대의 입맛에 맞는 것이 무엇일지 가늠하고 있는 것일까? 사실 우리 스스로는 이에 대한 답변을 잘 알고 있다. 우리가 하는 "제 불찰입니다."는 진정으로 실수를 인정하는 답변과 다르다는 것을.

우리가 중국인에게 실수에 대한 자인을 요구할 때 그들이 하는 답변은 우리의 기대와 거리가 멀다. 그들은 그들의 실수를 인지하고 납득하여 스스로 인정할 수 있을 때가 되어서야 "죄송합니다."라는 단어가 나올 수 있다. 그리고 그 단어를 말함은 흡사 무릎을 꿇는 것과도 같이 스스로에게 몹시 굴욕적인 것이다. 속사포같이 쏟아내는 상사의 질책을 들으며 자신의 기대와는 다른 상황 속에서 자신이 행한 업무와 행동에 대해 복기를 하기에는 누구에게나 무리가 있으리라. 설령 별생각 없이 한 업무나 행동으로 인해 듣는 질책이라면 그것은 '부족한 것'이지 꼭 죄를 지은 것은 아니지 않은가? 그들은 충분히 그렇게 생각한다.

때로는 중국인들이 우리에게 익숙한 서구적 매너의 "미안합니다."조차에도 인색하여 화가 날 때도 생긴다. 하지만 이 또한 문화혁명이라는 긴 터널을 지나 개방개혁의 시작이 불과 30년밖에 안 된 이 땅에서 여전히 버티고 있는 과거의 보수성과 무르익지 않은 열악한 시민의식을 생각하면 이해해봄직도 하다.

중국인들은 자타 공인 자기중심적이다. 과거의 역사가 황제와 군주들의 역사라 할 만큼 지구상에 존재하는 봉건주의의 가장 큰 획이었던 국가, 현대에 들어서 공동체적 사회주의로 변화한 이 국가에서 살고 있는 이들이 자기중심적인 국민이라니 참으로 아이러니하다. 금자탑 정상을 향한 완력들의 힘겨루기에서 휩쓸리지 않고 살아남기 위해 이 많은 인구의 개인 한 명 한 명은 이기적 생존에 집중해야 했다. 지배하는 힘이 거대할수록 개인의 자기중심적인 사고방식은 더욱 견고해져갔고 긴 세월을 거쳐 지금 이 시대를 사는 중국인들은 과거로부터 내려온 생존 과정의 결과물로 완성된 것이다.

우리가 중국에 설립한 기업은 외자 기업이다. 특히 단일민족 국가의 기업은 보수성과 민족성이 공고해 다른 다국적기업 MNC과 다르게 타국에 설립된 자회사여도 자국의 문화와 절차를 준수한다. 이렇다 보니 한국 기업의 중국인 직원들에게는 상대적으로 직장 내 입신의 기회가 적어 보이는 것이 현실이다. 법인 대표와 간부들은 본사에서 파견되어 나온 사람들이고 그들

중국인 직원과 한국인 직원

이 만들어놓은 환경은 중국인들에게 익숙해지기 어렵다. 이 직장 내에서 꿈꿀 수 있는 직장 내 성공은 한계가 여실히 느껴질 것이다. 그나마 간간이 보이는 고위직 중국인들은 용병과도 같아 때가 되면 교체가 되고 새로운 중국인 임원이 부임해 오는, 말 그대로 임시 직원으로 느껴진다.

이 부분이 바로 중국에 근무하는 한국인들이 중국 직원과 한국 직원의 두 번째 차이로 꼽는 '도덕성 해이moral hazard'의 큰 원인이다.

중국은 시장이 크고 상대적으로 큰 규모의 투자를 필요로 한다. 그렇다 보니 회사의 초창기와 같이 그 규모가 작고 초라할수록 규모경제의 원리에 따라 생존과 성장을 위해 앞만 보고 전력질주해야 한다. 마치 바다로 나서자마자 큰 파도 위에 놓인 카누와도 같이 쉴 새 없이 노를 저어야 하는 것이다. 그런 만큼 임직원 개개인의 업무 일과와 성과를 정성적으로 평가할 여유 따위는 없다. 대부분의 중국 기업들은 철저히 정량화된 평가를 도입하여 임직원의 업무가 관리되고 이를 인센티브화하여 보상한다. 미세한 관리의 눈이 없는 탓에 사실상 중국 내의 많은 직장인은 자신들의 직무와 직위를 이용한 부도덕한 수입을 추구할 수 있다. 그리고 심지어 조직도 적정선을 넘지 않는 범위 내에서는 이를 묵과해주는 관례까지 있다. 원체 사회의 도덕성 자체가 부족하다 보니 보편적 기준이 낮아 어느 정도의 혼탁함은 정상적 상태로 인정한다. 그리고 이를 일일이 솎아내고 관리하며 잃게 되는 기회비용이 오히려 더 크기에 적정선만 유지하도록 하는 것이 보다 효율적이라고 판단하기 때문이다.

이러한 관례 속에 살고 있던 자기중심적 성향의 중국인이 자국 기업이 아닌 외자 기업에 근무하게 된다면 노출될 수 있는 유혹은 어떤 것들이 있을까? 최고위층은 중국에 대해 낯설고 이해가 부족하며 중간 관리자는 한국과는 너무도 다른 현지의 현실 속에서 까다로운 자국의 기준을 적용하기 위해 전전긍긍하고 있다. 내 민족, 내 나라가 주인도 아닌 이 회사, 중국인의 진급과 성공에 한계성이 보이는 이곳에서 그는 위험한 '기회'를 마주할지 모른다. 이러한 위험요소는 방치해놓을 수도 없는 노릇이고 그렇다고 마냥 옥죄이며 관리를 위한 관리에 우리의 정력을 소진할 수도 없는 노릇이다. 이것이 중국 내 수많은 외자 기업들의 현실적 고민이다.

중국 직원에 대한 고충으로 꼽는 또 다른 하나는 '보고'에 관련된 것이다. 우리에게는 화려한 보고 문화가 있다. 사무직 직원으로 입사하여 처음 마주하는 업무는 보통 자료 수집이다. 이러한 자료 수집은 일을 하기 위해, 일을 하다 보니, 일을 평가하며 계속해서 생산되는 보고서의 데이터로 활용된다. 한국 기업 문화에서 보고서는 업무의 꽃이다. 윗사람들의 인정을 받을 만큼 보고를 잘 해내야 능력 있는 직원으로 평가받을 수 있다. 보고서의 형태도 다양해 파워 포인트의 현란함과 아래 한글의 간결함까지 각 기업과 부서의 특성에 따라 선호하는 스타일이 다르다.

중국인들은 이러한 문화에 적응하기 힘들다. 보고는 가급적 구두로, 서면이라면 최대한 간결한 워드 문서나 이메일로 진행된다. 숫자는 엑셀을 활용하고 파워 포인트는 대외적 프레젠테이션에 쓰이는 회사 소개서 정도에나 활용된다. 하지만 사실 따지고 보면 이것이 각 사무용 툴의 정확한 용도 아닌가.

요즘의 중국 기업들은 워드 문서나 이메일을 통한 간략한 보고조차 중국인의 대중적 모바일 메신저인 위챗으로 대체하여, 보고 대상이 있는 단체 대화방에 일간, 주간, 월간 보고를 대화 형태로 올리는 것이 대부분이다. 그리고 오래전부터 중국에 진출한 한국 기업 중 일부는 이 변화를 받아들여 이러한 대화 형태의 보고에 익숙해져가고 있다. 하지만 중국과 비즈니스를 막 시작하는 한국 기업의 경우 이렇듯 격의 없는 간결한 보고에 익숙해지기까지는 꽤 긴 시간이 걸릴 것이다. 어쩌겠는가. 로마의 법이 그러했듯 중국의 문화가 그러한 것을.

중국과의 교류가 시작되고 비즈니스가 연결되던 초창기, "중국인들은 어떠한 사람들인가?"라는 한국 기업인들의 질문에 나는 약간의 인문학적 과장을 곁들여 "지구 밖 외계인"이라고 답했다. 같은 인간이고 아시아 사람이기에 바로 옆 나라 중국인이 우리와 달라봤자 얼마나 다르겠느냐는 생각에서부터 위험한 '동일화'가 이루어진다. 살아온 역사가 길고 근대에 이르러 오랜 시간 폐쇄되어 지내온 문화의 특성상 이들의 '유일함unique-ness'은 남다르다. 다르게 본다면 우리 역시 이 유일함이 둘째가라면 서러운 민족 아니던가. 중국인의 시각에서 우리 역시 충분히 외계인일 수 있는 것이다.

다름을 인정하고 그러한 차이 속에서 서로가 서로의 모습으로 일하도록 배려할 수 있을 때 우리는 상대의 장점을 발견할 수 있고 진정한 상호 간의 시너지 효과를 발현해낼 수 있다. 상대를 나의 모습으로 바꾸려 한다면 둘 사이의 결합에 무슨 의미가 있겠는가. 주종의 개념을 내던지고, 있는 그대로의 상대 모습을 바라보면 상대에게 투영된 나의 모습도 보이게 된다. 객관화된 이 둘의 모습을 마주했을 때 우리는 참된 국제 비즈니스의 길을 볼 것이고 진정으로 한 팀이 된 중국 직원들과 일할 수 있게 될 것이다.

중국인 직원과 한국인 직원

제3장

성장과 진통

프랜차이즈 사업의 확장

최근 전 세계를 뜨겁게 달군 루이싱 커피라는 브랜드가 있다. 2017년 말에 설립된 이 회사는 2년도 채 안 되는 시간에 나스닥에 상장하는 광속의 성장을 해왔으나 한화 3,800억 원이라는 초유의 분식회계 혐의와 미·중 경제 전쟁이라는 새로운 형태의 냉전 분위기 속에서 2020년 상장이 폐지되며 중국 전역의 2,000개 매장이라는 무거운 몸집을 유지하기 위해 몸부림치고 있다.

한국의 카페 프랜차이즈 브랜드인 카페베네는 2012년 중국 현지 투자사와 50:50의 중국 합작법인을 설립하여 한창때에는 중국 전역에 600여 개 이상의 매장을 보유한 성공적 중국 진출 사례였다. 하지만 2015년 임금 체불, 공사대금 미납 등으로 세간에 오르내리더니 2018년 결국 중국에서 파산 신청을 함으로써 '메뚜기도 한철'과도 같이 끝이 났다.

물론 여전히 성공 중인 케이스도 있다. 카페베네가 중국 진출을 한 2012년, 첫 매장을 연 HeyTea(喜茶)는 400여 개에 가까운 매장이 성업 중이다. 온라인을 통한 선주문 없이 매장을 찾아간다면 한두 시간 정도의 대기는 기본이고 배달 서비스를 이용해 주문해도 짧아야 두 시간 뒤에나 겨우 받아 마실 수 있다. 중국을 찾는 관광객의 필수 코스 중 하나가 된 이 차음료 집은 중국 전통차에 섞어 넣은 단짠단짠한 크림치즈나 굵직하게 썰어 넣은 과일들로 명물이 되었다. 초창기 사업 성공의 가능성이 보이기 시작할 무렵부터 IDG 캐피털의 투자를 시작으로 메이투안디엔핑美团点评, 실리콘밸리의 전설적 투자사인 세쿼이아 캐피털Sequoia Capital, 红杉资本 등의 투자를 받으며 92년생 창업자인 녜윈천聂云辰을 억만장자 반열에 올려놓았다. '물 들어올 때 노 저어라'라고 했던가? 승승장구 중인 이 브랜드는 이미 단순한 차음료를 넘어서 중국인들에게 하나의 'Love mark'로 자리하며 나이키, 아디다스, AAPE, 로레알, M&M's, 오레오 등 세계적인 브랜드들과 지조 없는 수백 건의 콜라보를 진행하고 있다. 심지어 콘돔 브랜드의 양대 산맥인 듀렉스와 오카모토 두 브랜드 모두와 콜라보를 할 정도로 브랜드계의 카사노바로 자리하며 최고의 전성기를 누리고 있다.

한국이라는 작은 나라에서 요식업이나 기타 서비스업으로 성공한 기업들은 성공을 거듭할수록 반도라는 작은 시장에 허기를 느끼게 된다. 더 이상 성장하지 않는 아이는 반대로 죽음

───── 'HeyTea X Adidas' vs 'HeyTea X Nike'. (source: Baidu)

프랜차이즈 사업의 확장

을 향해 노화해가듯, 성장의 정점을 인정하기 싫은 기업들에게 는 결국 해외 진출이라는 선택지가 기다리고 있다. 그리고 21세 기에 들어서며 가장 각광받는 선택지는 늘 중국이었다.

지척에 인접한 지리적 요건, 동일한 한자 문화권, 넓은 국 토와 엄청난 인구, 상대적으로 낮은 문화 수준과 빠른 경제발전 속도로 인한 높은 수용 능력 등으로 타 국가와 비교해 높은 규 모경제 실현 가능성과 낮은 진입 장벽이 그 이유였다. 더군다나 전성기의 루이싱 커피나 카페베네와 같이 이 시대에 그 어디서 도 발견하기 쉽지 않은 성공의 규모와 속도를 뉴스로 접하고 나 면 그 유혹은 어느새 거부할 수 없는 것으로 다가온다. 7, 80년 대를 풍미한 아메리칸드림이 이 시대의 차이니스드림으로 대물 림됐다고 보일 정도다.

중국에서의 프랜차이즈 비즈니스를 고민해보기에 좋은 세 편의 영화가 있다. 일본 영화인 〈미나미 양장점의 비밀繕い裁つ人, A Stitch of Life, 2015〉과 할리우드 영화인 〈파운더The Founder, 2016〉, 그리 고 중국 영화 〈American Dreams in China中国合伙人, 2013〉가 그것 이다.

〈미나미 양장점의 비밀〉은 각별히 일본스러운 영화이다. 고베神戸의 가정집에 차려놓은 양복 수선집을 중심으로 벌어지 는 이 이야기의 주인공은 자신의 할머니가 살아생전 만들어놓 은 동네 사람들의 양복을 수선하고 리폼하는 것만을 고집하는

─── 〈미나미 양장점의 비밀〉〈파운
더〉〈아메리칸 드림 인 차이나〉 포스터.
(source: Baidu)

프랜차이즈 사업의 확장

미나미 양이다. 그리고 자신이 일하는 백화점에 미나미 양 본인의 브랜드를 만들어 입점하라며 집요하게 매달리는 백화점 MD의 등장과 이를 단칼에 뿌리치는 주인공 간의 대립으로 영화는 시작된다. 스스로 평가절하한 미나미 양 본인의 창조 능력과 옷 수선을 종교와도 같이 경건히 받들며 살아가는 업業의 가치는 겸손하다 못해 엄청나게 고집스럽다. 이러한 미나미 양이 조금씩 마음을 열며 자신의 업과 그 가치를 다시금 고민하게 되는데 그 과정에서 마주치게 되는 주변 사람들을 통해 미나미 양은 투영된 스스로를 바라볼 수 있게 된다. 결국, 미나미 양을 제외한 등장인물 모두가 밀려오는 시대적 변화에 치이고 부러지고 순응해가게 되지만 미나미 양만은 그 속에서 세상이 요구하는 변화도 아니며 그렇다고 그간의 고집도 아닌 업의 가치를 업그레이드한 미나미 양만의 변화를 선택하게 된다.

우리는 그 유명한 〈스시 장인: 지로의 꿈Jiro Dreams Of Sushi, 2011〉이나 산토리 위스키 등을 통해 일본인들이 추구하는 장인 정신, 백년 가업들을 익히 알고 있다. 〈미나미 양장점의 비밀〉에서는 변화하는 시대와 환경 속에서 그들이 추구하는 바가 어떻게 부침을 겪고 또 승리하는지를 보여준다.

반면에 위의 영화와 극단적으로 다른 시점에서의 이야기를 들려주는 영화가 있으니 바로 할리우드 영화 〈파운더〉이다. 그 유명한 '맥도널드'의 창업에 관한 이야기이기도 해서 한국에서 역시 큰 관심을 받았던 것으로 알고 있다. 주인공은 망가질 대로 망가진 장년의 밀크셰이크 설비 세일즈맨이다. 실적도 안 좋고 경기도 좋지 않던 그 시절, 노쇠해가는 만년 영업사원의 안타까운 모습을 그대로 안고 있는 그런 사람이 우연히 찾은 패스트푸드 식당 '맥도널드'에서 자신도 모르고 살았던 사업적 천재성을 발견하고 원 식당 주인인 맥도널드 형제와 프랜차이즈 사업을 동업하며 벌어지는 모든 과정을 담고 있다. 하지만 그 과정이라는 것이 꽤나 잔인하다. 너무도 훌륭한 사업 아이템과 시스템을 가지고도 동네의 가게 하나에 만족하는 맥도널드 형제로부터 주인공이 극악무도하게 사업권을 뺏어내는 것이다 보니 관객의 시각에 따라 다양한 평가와 의견이 있을 수 있는 영화다.

그리고 이 두 영화들 중간 정도의 농도로 '수비수守城'와 '공격수攻城' 양측의 입장과 갈등을 잘 표현한 영화가 바로 중국 영화 〈American Dreams in China〉이다. 한국에는 잘 알려지지 않았지만 중국에선 꽤나 유명한 이 영화는 2006년에 나스닥에 상장한 10조 매출의 중국 교육 기업 신동팡그룹新东方集团의 CEO와 그의 두 동업자 간의 실화를 바탕으로 한 영화이기도 하다.

실존 인물 위민홍俞敏洪을 모델로 한 주인공은 가난한 시골에서 삼수 끝에 어렵게 대학에 진학한 80년대 초의 전형적인 의

지형 엘리트다. 당시 중국 대학생들은 너 나 할 것 없이 모두가 미국 유학에 몰두해 있었고 심지어 전공과목 수업 시간에도 토플 공부에 매진하고 있는 학생들을 어렵지 않게 볼 수 있을 때였다. 주인공은 자신과 성향이 전혀 다른 두 친구를 사귀고 서로 간에 단단한 우정의 삼총사가 되었지만 그들 역시 '미국 유학'이라는 지상 과제로 인해 낭만적인 대학 생활은 사치스러운 것이었다. 높은 성적에도 불구하고 주인공은 유학 비자를 위한 미국 영사관 인터뷰에서 매번 불행히 낙방을 하고 삼총사 중 오직 한 명만이 미국 유학길에 오르게 된다. 유학에 성공한 친구가 미국에서 원하던 꿈을 이루고 있는 사이, 주인공과 다른 친구 하나는 그간의 유학 준비 경험을 토대로 영어 학원을 차리게 되고 작은 창고의 보잘것없던 그 학원은 순식간에 엄청난 규모로 성장하게 된다. 홀로 유학길에 올라 자신의 꿈을 이루고 있다 믿었던 다른 친구 역시 미국에서 부딪힌 녹록지 않은 현실의 벽으로 미국 생활에 환멸을 느끼고 중국으로 귀국하여 이 학원 사업에 동참한다. 나날이 엄청난 속도로 성장해가는 이 학원 사업은 나스닥 상장의 건으로 세 친구들 간 의견 충돌이 잦아지고 때마침 찾아온 시국의 변화로 인한 위기에 휩쓸리게 된다. 그들이 그 속에서 하는 고민들, 그 난관을 헤쳐가는 방식들을 보여주는 영화이다. 탄탄한 구성과 명대사들을 쏟아내는 이 영화는 재미도 재미지만 중국인의 사업 성향을 한눈에 보여주는 좋은 교재라고도 할 수 있다.

배경과 소재가 되는 사업 그리고 이야기의 모양이 각기 다른 이 세 편의 영화 속에서 우리는 사업적으로 한 가지 공통적인 주제를 발견할 수 있다.

'사업의 확장은 해야 하는 것인가 말아야 하는 것인가? 한다면 어떻게 해야 하는 것인가?'

미나미 양이 말하는 "멋은 자신을 위해 부리는 것이지만 특별한 옷은 단 한 사람의 누군가를 위해 입는 것"이라는 대사에서 기성복에 대한 거부감과 자신이 가진 직업에 대한 단단한 자긍심을 느낄 수 있다. "맥도널드의 정신은 가족이지 돈이 아니다."며 프랜차이즈화에 대해 강경한 반대 입장을 고수하던 맥도널드 형제를 꼬드겨 엄청난 성공을 만들고 그 형제들을 토사구팽兎死狗烹하는 주인공이 "사업은 서로 먹고 먹히는 전쟁이야! 물에 빠진 경쟁자에게 난 호스를 물릴 거야! 너흰 그럴 수 있어?"라고 되레 윽박지르는 모습을 보며 잔인하고 냉혈한 현대의 경쟁 사회를 현실 그대로 느낄 수 있다. 성공에 대한 열정과 욕망에 불타던 극 중 초기의 〈아메리칸드림 인 차이나〉의 주인공이 학생들에게 "물에 빠진다고 죽는 것은 아니다. 하지만 물속에 계속 머물러 있으면 죽게 된다. 너희는 헤엄치고 또 헤엄쳐서 쉼 없이 앞으로 나아가야만 한다."고 일장 훈계를 하지만 정작 자신은 나스닥 상장을 제안하는 동업자 앞에서 사업 가치관의 손상과 기업 공개를 통한 사업 성공의 마침표에 두려움을 느끼며 앞으로 나아가길 강렬하게 저항한다.

중국은 대륙이다. 우리가 예뻐하고 미워하고와 상관없이 스스로 격변의 시간을 겪으며 재도약하고 있는 규모의 땅이다. 우리가 이 땅에 거부할 수 없는 매력을 느끼는 이유는 한국이나 다른 나라에서 쥐어보기 힘든 숫자와 상상을 현실로 만들 수 있는 기회에 있다. 물론 그 안에는 늪과 같이 수많은 위험과 함정들이 도사리고 있다. 중국은 'high risk, high return'을 경험할 수 있는 아주 위험하고 매력적인 시장이다. 하지만 모두가 그 리스크를 받아들일 수 있는 것은 아니다.

가치관의 차이, 사업의 원 목적성, 미지에 대한 의심과 두려움 등 많은 요소가 진격을 막을 것이다. 중국은 멈춰 서면 그 어느 나라보다도 빨리 가라앉는 땅이다. 집중을 위해 숨을 고르고, 한 땀 한 땀 공을 들이는 동안 보이는 경쟁자와 새로 생겨난 경쟁자는 내 것을 카피할 것이고 유사하지만 내 것보다 경쟁력 있는 것으로 재탄생시켜 날 위협할 것이다. 그리고 그들 역시 품고 있는 규모를 향한 욕망은 가용 동력을 총동원하여 그것이 자본이건 꽌시건, 자구적인 것이든 모략적인 것이든 수단과 방법을 가리지 않고 나를 침몰시키려 할 것이다. 그 안에 페어플레이 따위는 없다.

우리는 목적을 가지고 중국에 진출한다. 이 땅에 온 목적을 명확히 하고 그로 인해 마주할 수많은 암초를 용기 내어 마주하면 좀 더 마음 편하게 확장을 위한 위험들을 받아들일 수 있다. 우리가 이 땅에 온 이상, 이미 우리는 물 안에 몸을 던진 것이고 내 삶은 몹시도 위험하며 쉴 틈 없는 패들링만이 살길이기 때문이다.

'You win or you die'_〈왕좌의 게임^{Game of Thrones}〉 포스터 중에서.

IT 사업 or 금융 사업?

"공유자전거 서비스는 망한다."

점성술사도 아닌 내가 이 예언을 한 이유는 바로 다음의 사진 한 장 때문이었다. 그리고 수년이 흐른 지금, 한국 지자체와 손잡고 우리나라까지 진출한 모바이크摩拜单车, Mobike는 한국 사업을 부도 처리하고 철수했으며 사업 전체를 메이투안디엔핑美团点评에 매각했다. 모바이크와 함께 공유자전거 서비스의 투톱을 이루던 오포Ofo의 사용자는 이용 보증금으로 지불한 총 20억 위안한화 약 3천4백억 원을 돌려받을 길이 묘연해졌고 대표이 사는 야반도주하여 행방이 묘연하다. 새로운 세상과 공유의 가치를 이야기하며 등장하여 엄청난 자본을 빨아들이고 한국의 청년들까지도 IT를 통한 공유경제의 미래를 꿈꾸게 한 중국의 공유자전거 서비스는 철저히 몰락하고 있다.

중국 공유자전거의 시초인 오포와 대표 주자였던 모바이크가 2015년 대중에게 알려진 뒤 중국에는 100여 개의 공유자

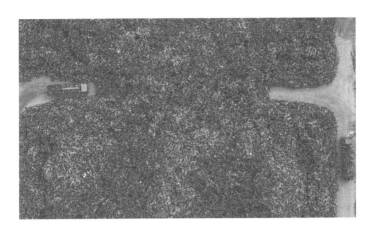

—— 버려진 공유자전거들이 브랜드끼리 뒤엉켜 수리와 재배치를 기다리고 있는 섬이 되었다. (source: Baidu)

전거 서비스 업체가 우후죽순 등장하여 사업을 운영해왔다. 알리페이나 위챗페이 등으로 50~299위안^{한화} 8천 원~5만 원 사이의 이용 보증금을 지불한 뒤 시간당 1위안^{한화} 180원이라는 저렴한 비용으로 이용이 가능한 이 공유자전거는 그즈음 중국이 넉넉히 보유하게 된 IT 기술과 제조 기술의 수혜를 받으며 어디서든 위치 확인이 가능한 GPS 장치, 자전거별 고유 QR코드 스캔을 통한 결제, 태양광으로 충전되며 무선통신으로 구동이 가능한 자물쇠, 체인 없는 바퀴, 가볍고 내구성 강한 몸체 등으로 무장한 최신예 무적 사업으로 성장해왔다.

맏형 격인 오포는 2014년 베이징대 학생이던 따이웨이^{戴威}가 대학 캠퍼스에서 시작한 서비스로 불과 3년여 만에 알리바바, 디디추싱滴滴出行, 샤오미小米科技 등으로부터 20억 달러한화 2조 4천억 원를 투자 받으며 2017년에는 기업가치 4조7천억 원이라는 정점을 찍었다. 전 세계에 2천3백만 대의 자전거를 배치하고 사용자만도 2억 명에 달하는 엄청난 규모의 공유경제 서비스 기업이었던 오포는 이제 제조업체 체불 대금과 고객 보증금 등의 채권에 쫓기는 부도 직전 기업이다. 전성기의 성적표가 오늘날의 부채로 고스란히 바뀌어버린 것이다.

후발 주자였던 모바이크는 발 빠르고 노련한 투자 유치를 통해 텐센트, 아이폰의 제조사로 유명한 폭스콘, 싱가포르 국부 펀드인 테마섹 등을 등에 업고 창업 2년 만에 유니콘으로 등극했다. 하지만 오포와의 치킨게임으로 적자의 늪에 빠진 모바이크는 결국 메이투안디엔핑에 흡수되며 그 화려하고도 짧은 생을 마감했다.

이들의 몰락에 대한 표면적인 이유는 이렇다. 첫 번째, 수익 모델의 부재. 한 시간에 1위안 정도의 이용료로는 도저히 수지 타산이 안 맞는다는 것이다. 그러기도 할 것이 중국에서 생수 한 병도 3~4위안인데 1위안의 이용료는 해도 너무했다. 두 번째, 사업자 간의 과당 경쟁. 오포가 시작한 서비스에 모바이크가 진입하며 투자 유치로 두둑해진 자산을 탄창 가득 채워 '무료 이용' 등의 마케팅으로 난사하기 시작했다. 선제공격을 당한 오포 역시 거기에 질세라 더욱 자극적인 프로모션과 광고로 한

──────── 길가와 강에 버려진 공유자전거. (source: Baidu)

IT 사업 or 금융 사업?

쪽이 죽어야 끝나는 싸움을 시작한다. 거기에 마치 인해전술을 재현한 듯한 자전거 물량 공세는 인도를 막고 도로로 튀어나와 여기저기 굴러다니기 일쑤였다. 세 번째, 시민 의식의 결여. 최신의 제조 기술을 활용하여 최대한 튼튼하게 제작된 자전거였으나 도덕성이 결여된 시민들 앞에서는 버티지 못했다. 휘어진 바퀴와 사라진 안장 등 고장 난 자전거들이 속출했고 그나마 멀쩡한 자전거들이 사라지기 시작한 것이다. 사라진 자전거들은 누군가의 집 마당에 마치 개인 자전거인 양 묶여 있거나 심지어 강이나 호수를 가득 매우기도 했다.

하지만 그들의 실패 원인을 찾기에는 이것만으로 부족하다. 이 표면적 실패의 이유에 공유자전거 서비스가 중국 투자업계에서 최고의 인기를 구가했던 핵심 요소들이 결합되어야만 이들이 실패한 정확한 원인을 찾을 수 있다. 양날의 검이라고 했다. 가장 큰 가치로, 보장된 미래도 평가받던 그 요소들이 누렇게 썩어가는 그들의 사업에서 스스로의 명을 재촉하는 기폭제가 된 것이다.

공유자전거 서비스는 이용료인 1위안조차 받지 않더라도 서비스 자체가 이미 충분한 유, 무형의 자산 가치를 가지고 있다. 우선 보이지 않는 무형의 자산은 사용자 빅 데이터이다. 이 빅 데이터는 '최후의 1km'라 불리는 대중교통 승, 하차 전후의 동선 일체와 생활 습관까지 거두어들이는 그물이 되어 이 데이터에 LBS^{Location Based Service, 위치 기반 서비스}. 배달의 민족이나 카카오 택시 등이 대표적인 예를 접목하면 바로 수익 창출로 연결될 수 있다. 유형의 자산은 말 그대로 '돈'이다. 서비스 가입자가 지불한 사용 보증금이 바로 그것인데, 입금되는 순간부터 은행의 입장에서는 저축된 예금과 다름이 없다. 서비스 운영 업체는 이 보증금을 펀드처럼 활용해 다양한 금융 활동이 가능해진다. 보증금을 1인당 100위안^{한화 1만8천 원}이라 가정해보아도 그 규모가 천만 가입자의 경우 10억 위안^{한화 1천8백억 원}이 되고 1억 가입자의 경우 100억 위안^{한화 1조8천억 원}에 이른다. 이 정도면 세계적 규모의 펀드를 가진 기업인 것이고 실제로 텐센트와 알리바바의 경우, P/G^{위챗페이와 알리페이}의 에스크로 서비스에 예치되는 현금을 기초로 은행^{위뱅크와 앤트파이낸셜}을 만든 사례가 있는 실존하는 사업 구조이기도 하다.

그렇다면 이렇듯 분명한 자산 가치와 수익 모델이 있음에도 중국의 공유자전거 서비스는 왜 실패했을까? 문제는 바로 위에 설명한 사업의 자산들이 시간과의 싸움을 필요로 하는 동시에 공유자전거 서비스와는 전혀 다른 사업 분야에 대한 전문성을 요구한다는 데 있다. 그리고 그 요구 조건들을 충족시키기에는 사업자도 사용자도 그리고 심지어 정부 기관조차도 너무 무책임했다.

빅 데이터는 그 데이터의 수량도 중요하지만, 시간이 쌓이며 누적되는 데이터의 신뢰성이 더욱 중요하다. 더군다나 이러한 실생활 서비스를 통해 얻어낸 데이터는 몇 년, 몇 십 년에 걸쳐 진성과 가성 데이터를 스스로 가려낸 축적 데이터로서 그 가치가 있다. 하지만 그들은 그러한 핵심을 잃은 채 서로 간의 싸움에 눈이 멀어 심부름 중 놀이터에 멈춰 선 아이처럼 장기적 과제를 깨끗이 잊어버렸다. 그렇게 자신들이 무모한 마케팅과 수요를 무시한 자전거 생산에 몰두하고 있는 사이, 사용자들은 자전거를 더럽히고 망가뜨리고 있었고 정부 기관은 도시의 흉물이 되어버린 자전거를 밤마다 트럭으로 압류해 시 외곽의 한 구석을 자전거 무덤으로 만들어버렸다. 밤사이 실어 가고 아침에 수거해 재배치하고, 낮 동안 고장 내고 밤사이 새로운 자전거를 다시 만들고. 이 악순환이 반복되는 동안 축적된 유형의 자산인 사용 보증금은 투자 경험이 전혀 없는 젊은 IT 전문 기업의 손에서 투자의 기회조차 고려되지 못하고 여름날의 무지개처럼 서서히 사라져갔다.

한국의 대표적인 폰지 사기 수법 중 '자판기 사업'이라는 것이 있다. 서민들을 대상으로 한 이 사기 수법은 소액의 투자금으로 자판기 사업을 통해 매월 현찰을 벌어들일 수 있다고 유혹한다. 개인들의 투자금은 몇 명 단위로 묶여 한 개의 자판기에 투자되고 투자 모집책이자 자판기 사업자는 이를 대리 투자하고 동시에 대행 운영하는 구조다. 고리 이자를 훌쩍 뛰어넘는 수익금은 바로 다음 달부터 지급이 되고 투자자는 투자 원금을 빠른 시간 내에 월별 수익만으로도 회수할 수 있다. 하지만 수익금을 인출해가는 투자자는 거의 없다. 황금알 낳는 거위를 만난 이상 그 거위에 집착하게 되는 것은 당연하다. 대부분의 투자자는 수익금 전액을 재투자한다. 그렇게 계속해서 투자금은 늘어나고 또 늘어난다.

그러나 중요한 사실은 이 사업이 '사기'라는 것에 있다. 투자금도 존재하고 사업자도 분명하며 수익도 재분배되었다. 어디가 사기라는 것일까? 바로 '자판기'다. 어느 누구도 자신이 투자한 자판기를 실제 본 적이 없다는 것이 바로 이 사기 행각의 함정이다. 그럼 자판기가 어딘가에는 있을까? 물론, 없다. 개인들의 투자금은 한 가지의 용도로 쓰이고 그 사용처는 바로 매월 지급되는 수익금이다. 다시 말해, 투자자들은 수익금을 배당받는 것이 아니라 사실상 자신이 투자한 돈을 매월 조금씩 되돌려 받는 것뿐이다. 수익금을 손에 넣은 투자자는 다시 그 수익금을 자판기 사업에 재투자한다. 물론 재투자하여 늘어난 총 투자금은 장부상에서만 늘어날 뿐 실제로는 허수라는 것을 조금도 눈치채지 못한 채. 믿음과 감사에 가득 찬 투자자는 주변의 친인척과 소중한 지인들에게 조용히 말하게 된다. "대박 사업이 있는데 진짜 너라서 내가 얘기하는 거니까 혼자만 알고 있어야 해." 사업자, 아니 사기꾼은 이렇게 투자자가 늘어나고 투자금액이 일정 액수에 다다르면 그 투자금을 들고 조용히 사라진다.

'성공하면 사업가, 실패하면 사기꾼'이라고 한다. 하지만 시작부터 수익 모델이 없거나 실현 불가능하다면 그 사업은 설령 성공할지라도 사기꾼의 것이다. 수익 모델도 분명하고 그것이 존재할 수 있도록 설계되었다 하더라도 과정 속에서 그것을 잃거나 내려놓았다면 그 역시 사기로 변질된 것이다.

닷컴의 거품이 쓸려나가고 한참이 지나 모바일 애플리케이션의 바람이 불어온 한국은 참으로 활기찼다. 하지만 그 바람이 너무도 역동적이고 뜨거웠는지 닷컴의 거품이 무엇이었는지를 쉽게 잊은 것 같다. 닷컴 때의 트래픽에 대한 집착이 모바일 애플리케이션에서는 이용자, 동시 접속자 수로 바뀌어 재방송되었다. 그리고 숫자 만드는 땅의 대명사, 2등과의 격차도 엄청난 바로 그 챔피언 중의 챔피언, 중국이 이 업계의 관심사가 되기 시작했다.

물론 그 관심은 분명 옳고 정답에 가깝다. 하지만 잘 생각해봐야 할 것이 우리가 접근 가능한 범위가 어디까지냐라는 수위와 정도의 부담이다. 공유자전거의 사례와 같이 무분별하고 무리한 확장은 공룡도 쓰러뜨리고 항공모함도 가라앉힌다. 중국에서의 IT 서비스가 IT 사업이라 쓰고 금융 사업이라 읽는다면 적절한 비유가 될지는 모르겠으나 '돈 놓고 돈 먹기'의 판에서 내 주머니 속 '판돈'을 생각 안 할 수 없는 노릇인 것이다.

총판권, 주는 것이 옳을까?

여기 K-beauty라는 신조어를 만들어낸 화장품 수출 신화의 선두 주자 중 P사가 있다. 대표가 오랜 세월을 화장품 개발, 제조에 바친 제다이 마스터도 아니고 중국에 편향된 엄청난 매출을 납득할 수 있을 만큼 회사가 중국 시장에 대한 경험이나 지식이 있는 것도 아니다. 하지만 이 회사는 분명 성공했고 서울에 사옥까지 가진 대한민국 화장품의 대표 브랜드 중 하나가 되었다.

왜 중국인들은 P사의 제품에 열광하는가? 동종 업계에서는 부러움 반, 시기 반으로 P사의 제품들을 분석하기 시작했고 중국 사업 성공을 목표로 하는 기업들은 P사의 성공 사례를 진출 전략, 마케팅 활동 등의 측면에서 분석하여 보고서들을 쏟아냈다. 몹시 궁금해졌다. 그 보고서에 쓰인 내용은 과연 무엇을 근거로 한 것인가? 그런 궁금증이 생길 만도 한 것이, P사의 중국 사업에는 P사의 전략이 없었고 마케팅에는 P사의 활동이 없었기 때문이다.

　P사가 중국과 인연을 맺은 시기는 한국산 화장품들이 중국에서 물건이 없어 못 팔던 시기였다. 아모레퍼시픽의 설화수, LG 생활건강의 Whoo 등 한국 브랜드들이 중국 고급 백화점 1층에 입점하여 랑콤, 에스티로더, YSL 등 세계적 명품 브랜드와 어깨를 나란히 하며 그 세를 넓혀가는 중이었다. 이미 오래전 중국 진출을 한 대기업 브랜드들과 도심 면세점, 화곡동 도매시장 등을 통해 다이궁代工 거래가 활발해진 중소 브랜드들은 중국 특수로 하루하루 매출 신기록을 경신 중이었지만 그들의 중국 현지 유통 파트너들은 편안하지 못했다.

　한국산 화장품 브랜드들의 인기가 올라가고 매출이 늘어날수록 현지 유통사들이 수급할 수 있는 물량은 시장 수요를 맞추기 어려웠다. 브랜드 인지도가 커질수록 브랜드사의 공급 단가와 조건은 나날이 유통사에게 불리해져갔다. 시장과 소비자를 쥐고 있는 현지 유통사들은 새로운 브랜드, 신규 제품을 찾아 나섰다. 그들 입장에서는 이미 만들어놓은 유통 파이프라인이 있었고 그것을 통해 자신들이 흘려보내는 제품은 그 무엇이든 시장에서 수용할 것이라는 확신이 있었다. 무엇보다 탄탄한 경험을 토대로 도, 소매 판매와 관련된 방법론 역시 자신들이 만들고 주도하던 터였다.

　'재주는 곰이 넘고, 돈은 왕서방이 걷는다'는 속담에서 본인들이 '왕서방'이라 철석같이 믿고 있었던 상황이 뒤바뀌며 '곰'이 되어버린 것을 이미 한 번 경험한 터라 철저히 유통사 입장에서 자신들에게 유리한 조건들을 전제로 새로운 브랜드사와 새로운 협상을 하고 싶었다.

그러한 중국 화장품 유통사 중 하나인 W사의 대표가 서울과 꽤 멀리 떨어진 지방에 위치한 P사의 사무실을 찾아오게 되었다. P사를 찾기까지 그녀의 여정은 순탄치 않았다. 총판사는 아니지만 중국에서 이미 한국 화장품을 꽤 잘 파는 셀러이자 벤더사로서 규모와 인지도를 키워온 W사 대표는 본인이 직접 성공 가능성이 높은 제품을 소싱하여 중국 총판권을 가지고 운영하기를 희망하고 있었다. 하지만 찾아간 한국의 중소 브랜드사마다 헛바람에 가득 찬 이야기 일색이었다. "우리는 중국의 대형 유통사와 이야기 중입니다." "초도 발주를 50억 이상 개런티해주시지 않는다면 거래가 어렵겠네요."

한국 브랜드사에 전혀 인지도가 없었던 W사 대표는 방법을 바꿨다. 가장 간단한 대답은 실행이고 가장 확실한 약속은 현금이다. 일단 여행용 가방 가득 현찰을 실었다. 마음에 드는 브랜드사를 만나면 발주 선금으로 놓고 나올 작정이었다. 그리고 대상도 바꿨다. 한국의 브랜드사들은 생각이 많고 고집도 강했다. 무엇보다 근거를 알 수 없는 중국 시장 정보들로 가득 차 있었다. 화장품 OEM, ODM 공장들을 찾아 자신을 위한

OBM^{제조업자 브랜드 개발 생산, Original Brand Manufacturing}이 가능한지를 타진하기 시작했다. 하지만 이 역시 녹록지 않았다. 이미 한국 브랜드사들로부터 밀려든 주문에 공장들은 중국발 OBM까지 수락할 여유가 없었던 것이다. 문전박대 당하길 수십 번, 한 신생 공장에서 피곤에 찌든 얼굴로 끝까지 진지하게 이야기를 들어준 젊은 대표가 결국은 완곡한 거절과 함께 한 제조사를 찾아가보라 권했다. 그리고 별다른 기대 없이 찾은 곳이 바로 그가 권한 P사였던 것이다.

W사 대표는 P사 대표에게 자신이 생각하는 중국 시장과 앞으로 중국에서 성공할 화장품에 대한 예측을 쏟아냈다. 그리고 자신이 원하는 제품과 콘셉트를 명확하게 전달하며 "만들어내실 수 있다면 이 가방을 놓고 가겠습니다."라고 배팅했다. 젊고 패기 넘치는 P사 대표는 이전의 회사들과 다르게 짧고 당당한 콜 사인을 보냈다. 그렇게 그들은 중국의 화장품 시장에 배를 띄우며 함께 오른 것이다.

성과는 실로 대단한 것이었다. 유수의 브랜드들이 이미 선점하고 있던 시장을 단기간 내에 뺏어내고 온, 오프라인 할 것 없이 유명 셀러와 주요 부스들을 차지하며 메이저 브랜드로 올라섰다. 이는 W사 대표가 중국 시장의 니즈를 정확히 반영하여 요청한 대로 출시된 신규 제품과 타오바오 내에서도 화장품 셀러 1세대로 추앙받는 그녀의 마케팅 역량이 결합하여 만들어낸 결과였다. P사는 이제 명실상부 메이저 브랜드로서 자리매김했다.

하지만 정작 P사 대표는 행복하지 않은가 보다. 매출은 늘고 회사가 커지며 모든 것이 과거에는 상상할 수 없을 정도로 좋아졌지만 본인은 늘 고민이 한가득이다.

우선 P사의 매출은 절대적으로 중국에 집중되어 있다. 매출의 90% 이상이 중국인을 대상으로 발생하는 것이다 보니 메르스 사태, 사드 갈등, 코로나19로 인한 왕래 단절 등 중국발 매출의 적신호가 켜지면 근사한 사옥도 모래성같이 느껴졌다. 순식간에 늘어난 중국 매출이 비정상적으로 월등했기에 정상적인 성장을 하고 있는 한국 내수와 기타 국가 수출 매출은 상대적으로 만족스럽지 않았다. 하지만 이 균형을 바로잡기에는 이미 손쓸 방법이 없었다.

중국 시장에서 아무리 성공했고 메이저 브랜드로 인정받았을지라도 정작 이 브랜드, 이 제품이 내 것 같지 않게 느껴졌다. 사실 객관적인 사실로 보더라도 이 제품은 P사 대표만의 것이 아니었다. W사 대표는 중국 화장품 시장에서 잔뼈가 굵으며 경험한 것도, 체득한 것도 많았기에 애당초 준비된 현명한 전략이 있었다.

한국 화장품 브랜드의 중국 총판 1세대들은 돈도 많이 벌고 좋은 시절을 보냈지만 그만큼 거대한 상실감을 경험해야 했다. 총판사는 짧게는 1년, 길게는 5년까지도 서로가 합의해놓은 국가나 지역 내에서 해당 브랜드의 제품을 독점 판매하게 된다. 그리고 한국 화장품 브랜드사들이 중국 시장에 대한 이해가 없고 경험도 없던 시기에는 제품의 생산, 공급 이외의 모든 사항을 중국 총판에 의지하고 위탁했다. 중국 위생허가^{CFDA} 취득이나 브랜드 마케팅 같은 업무는 말할 것도 없거니와 하다못해 신제품에 대한 품목 선정, 콘셉트 개발까지도 총판 몫으로 주어지는 경우가 대부분이었다. 한국 화장품 브랜드사가 FOB 인천으로 생산, 선적까지만 끝낸 뒤 뒷짐을 지면 그 뒤의 모든 일은 총판사가 알아서 해온 것이다.

그리고 총판사는 그 뒤부터 할 일이 무척 많았다. 통관, 보관, 영업, 배송 등의 업무야 당연한 수입 당사자의 몫이지만, 우선 중국에서 알려지지 않은 제품의 브랜드 마케팅이 진행되어야 했다. 땅이 크고 인구가 많은 만큼 마케팅 비용도 천문학적으로 소요된다. 판매 채널별로 영업을 하기 위해 sales kit대리상 모집을 위한 브랜드 및 제품 소개 자료가 필요하지만, 신생 브랜드가 대부분이던 당시, 그런 것을 가지고 있는 브랜드사도 드물었거니와 현지 언어로 소비자 언어화된 것은 전무했기에 이 역시 총판사의 업무가 되었다. 브랜드 인지도가 없거나 낮은 제품의 총판 업무는 브랜드사의 지사 업무에 가까웠다고 봐야 하는 것이다.

모두가 열심히 했고 성과가 보이기 시작하는 이때부터 반전이 시작된다. 다른 총판사가 더 많은 매출을 약속하며 접근하여 브랜드사를 흔들기도 하고 브랜드사 입장에서는 총판사가 중국 시장을 개척하며 소모한 기간에 비해 그 성과가 만족스럽지 않을 수 있다. 매출이 늘어나며 자금과 인력에 여유가 생긴 총판사가 새로운 브랜드의 총판권을 확보하며 브랜드사의 입장에서는 '두 집 살림' 차린 남편처럼 부도덕하게 느껴지는 경우가 생기기도 한다. 그러면 브랜드사는 생각한다. '사랑이 남았을 때 헤어지자.'

하지만 총판사의 입장은 틀리다. 브랜드사의 입장에서 그들의 관계를 부부로 느꼈다면 총판사 입장에서의 브랜드사는 자식에 가깝다. 중국에 들고 들어올 때만 해도 갓난아기와 같던 브랜드를 업어 키우고 보듬어 길렀더니 이제 나 필요 없고 더 조건 좋은 총판, 더 많이 팔아줄 총판 찾아간단다. 그간 총판이 들인 금전적, 시간적 투자는 물거품이 되는 것이다.

물론 노예 계약이나 다름없는 연예인 연습생과 연예기획사 간의 계약이 존재하듯, 처음부터 총판사의 불순한 의도로 진행된 총판 계약이 없었던 것은 아니다. 하지만 총판사의 입장에서는 애초의 계약을 기초로 자신들의 의지에 따라 늘 별 탈 없이 운영되어왔던 유럽이나 일본 브랜드사와의 경우와 비교하여 한국 브랜드사와의 협업은 너무도 달랐다. 한국 브랜드사는 이상하리만치 중국 시장을 직접 운영할 수 있는 영업 주도권에 집

총판권, 주는 것이 옳을까?

착했다. 그리고 결국 한국 화장품 브랜드사들을 한 수 아래로 접어놓고 시작했던 이 1세대 총판사들은 계약이 뒤집히거나 재계약이 이루어지지 않는 큰 한 방을 맞으며 곰이 된 기분을 맛봐야 했다.

이러한 사례를 잘 알고 있는 W사 대표는 P사 대표와의 거래에서 자신이 불리해질 상황에 대한 해결책을 미리 준비해놓았다. W사 대표의 요구에 따라 개발된 제품의 중국 상표권을 두 회사 공동명의로 등록한 것이다. IP^{지식재산권, Intellectualproperty rights}를 끈 삼아 두 회사의 다리를 묶고 이인삼각 경기를 만든 이 방식은 기존의 여러 산업 분야에서 조인트벤처를 구성하며 활용되어왔으나 한중 화장품 사업에서는 최초로 시도되었다고 볼 수 있다. W사와 P사는 특정 제품에 관하여 중국 사업에서 절대 끊어지지 않는 끈으로 묶인 것이다.

이로 인해 P사 입장에서 아쉬운 부분이 전혀 없는 것은 아니다. 최대 매출처에 대한 매출 주도권이 없으므로 자사가 기대 이하의 가치 평가를 받는다면 가슴 아플 것이다. 하지만 이 때문에 P사와 P사 대표가 불행해야 할 이유는 전혀 없다. 미지의 땅에서 예측하지 못한 이익을 취하며 손해라는 표현을 쓸 수는 없다. 손해는 말 그대로 밑지는 상황이다. 반대로 손해도 없이 미지未知가 기지既知로 바뀌고, 만족스럽지 못하더라도 이익이 생겼다면 그간의 경험까지 더해 큰 가치를 얻은 것이라 생각할 수 있다. 무엇보다 이인삼각을 거절했다면 오늘날 P사의 존재는 물음표이지 않은가.

그리고 이제 중국의 총판사 중 P사와 W사처럼 피를 섞은 관계가 되지 않는 이상, 제품의 브랜드 마케팅에 직접 투자하거나 브랜드사의 지사 업무를 무상으로 대행할 업체는 단 한 군데도 없다. 꽤 오래된 이 변화를 받아들이지 못한 화장품 브랜드사는 동화 속 왕자님을 기다리며 잠들어 있는 곧 미라가 될 공주님인 것이다.

중국의 한국 사기꾼

　　L씨는 스스로가 느끼기에 사기꾼과 거리가 멀다. 좋은 대학을 나와 대기업에 취업하여 한국에서 이미 능력을 인정받은 L씨는 늘 마음 언저리에 중국에 대한 꿈이 있었다. 어린 시절, 주재원이던 부모님을 따라 중국에서 중, 고등학교를 마치고 한국으로 돌아온 뒤 나름대로 열심히 그 속에서 적응하고 경쟁하며 살아왔지만, 격동적이고 스케일이 남달랐던 중국에서 지내온 어린 시절의 기억이 L씨의 의식에 대한 지배를 멈추지 않았다. 진취적이고 실행력이 강한 L씨는 완전한 자립이 가능해졌다고 판단된 즈음, 중국의 대기업에 입사 원서를 던졌다. 그리고 그 대기업은 서류 심사와 몇 번을 오가며 이루어진 면접을 통해 L씨의 입사를 허락했다. L씨는 조금의 미련도 없이 한국의 직장을 그만두었다. 그럴 만도 한 것이, 한국의 직장 역시 가히 최고라 말할 수 있는 기업이었고 L씨에 대한 대우도 특별했지만, 입사가 허락된 중국의 대기업은 구글이나 애플과 비교해도 부

족함이 없는 성공적 글로벌 기업임과 동시에 근무 환경이나 직원 복지가 훌륭하기로 이미 정평이 난 회사였기 때문이다.

중국에 온 L씨는 정말 열심히 일했다. 닥치는 대로 보이는 업무를 수행해나가고 주어진 목표를 달성하기 위해 개인 생활의 대부분을 포기했다. 무엇보다 중국에서, 그리고 중국의 대표성을 지니고 있는 이 회사에서 첫 한국인으로서 '이것이 바로 한국인이다'라는 기준을 세우고 싶었다. 그리고 그는 입사 후 얼마 지나지 않아 모두에게 인정받는 훌륭한 간부 사원이 되었고 중책이 주어졌다. 물론 나이나 경력을 중요시하지 않는 중국의 기업 문화도 한몫을 했으나 대부분은 잠을 잊은 채 몇 년간 지치지 않고 자신의 모든 노력을 쏟아부은 L씨 스스로가 만들어 낸 것임을 어느 누구도 의심치 않았다.

업무의 무게가 늘어날수록 L씨의 스트레스는 견딜 수 없이 커져갔다. 외국인, 한국인이기에 받을 수 있었던 편의와 양해는 이미 사라진 지 오래였고 해외 명문대나 중국 내 명문대를 졸업한 유수의 엘리트들과 동일한 조건에서 경쟁해야 했다. 그리고 그들은 주어진 업무를 그들 스스로의 능력에 꽌시, 췐즈까지 동원해 쉽사리 해결하고 다음 업무로 빠른 진도를 나아가고 있었다. 갈수록 이 직장이 기울어진 경기장으로 느껴지며 상실감을 느꼈다.

둘 중 하나를 선택해야 하는 상황에 이르게 된 건 생각보다 오래 걸리지 않았다. 여기서 한계를 인정하고 그들의 홈그라 운드를 떠나는 것, 아니면 수단과 방법을 가리지 않고 기울어진 경기장에서 자신만의 룰을 만들어 계속 경쟁하는 것. 그리고 L씨 는 여태껏 해보지 않은 포기를 여기서 선택할 사람이 아니었다.

자신의 업무 중 가장 중요한 대상인 한국 회사, 한국 기업 인들을 연구하기 시작했다. 그들이 무엇을 좋아하고, 무엇에 흔 들리며, 무엇을 높이 사는지 차근차근 파고들었다. 그리고 그들 은 새로운 것과 희망을 무엇보다 좋아한다는 것을 알게 되었다. 먼저 자신을 긍정적인 사람으로 포장해야 했다. 객관적 지표나 예상되는 부정적 결과의 가능성은 철저히 배제했다. 매해 도돌 이표와 같았던 행사와 프로젝트 소개 자료도 L씨의 손을 거치 면 알 수 없는 새로운 것으로 다시 태어났다. 물론 행사의 핵심 과 행위는 전과 같은 것이었으나 그걸 눈치챌 사람은 없었다. 그 리고 한국 사업가들이 무엇보다 '큰손' 앞에서 머리를 조아린다 는 것도 그는 놓치지 않았다. 중국 유통, 마케팅, 투자 업계의 큰 손들을 찾아 그들과의 연을 만들었다. 만들어놓은 끈이 단단해 지도록 그는 해야 할 일이 있었다. 그들을 향한 '충성 서약'은 어 렵지 않았다. 생각보다 큰손들은 게을렀고 그에 비해 자질구레 한 욕심들이 많았다. 그들이 필요로 하는 것들이 생기면 그것이 희생양이건 곧 솥으로 들어갈 사냥개건 가리지 않고 그들에게 진상했다. L씨는 희생될 그들이 필요로 하는 꿈과 희망을 이야기했을 뿐이고 선택은 그들 스스로 한 것이기에 다가올 결과도 그들의 몫이라 위안했다. 물론 안 좋은 결과 앞에서 너덜너덜해진 그들이 L씨를 찾아 조금이라도 추궁하려 치면 '중국을 전혀 모르는 무뢰배'를 만들며 공개적으로 나무라고 대중에게 합리화했다.

'주화입마走火入魔, 지나친 기를 운용함으로써 그 기로 인해 통제를 잃은 상태'. 그는 이제 스스로가 하고 있는 이 모든 행위가 중국에서 살아남고 성공하기 위한 정답임을 확신하고 있었고 그 진리를 깨달은 듯한 스스로가 대견하기 그지없었다. 그러한 과정이 반복되는 사이 L씨에게도 팬덤이 생겼다. 미래를 향한 무지개를 후광처럼 걸치고 한국 기업들이 꿈에서라도 만나고 싶은 중국의 거물들과 늘 함께하는 L씨를 바라보던 중국 진출을 꿈꾸는 기업, 기업가 중 몇몇이 그를 아이돌같이 추앙하기 시작한 것이다.

하지만 L씨는 여기서 만족하지 않았다. 중국 시장을 단순히 매출처로만 생각하는 한국 기업들을 대상으로 시장 바닥 약장수처럼 "오세요! 오세요! 중국 매출 만병통치약이 여기 있어요!"를 외치는 일에도 신물이 났다. 이제 큰 바다로 나가고 싶었다. 더 큰 범선의 돛을 올리고 더 많은 물고기를 잡고 싶었다.

그리고 L씨는 뜻한 바대로 더 크고 근사한 판에서 젊고 멋진 임원이 되었다. 업종도 바뀌었고 기존의 일들은 L씨의 기억 속 저 너머로 조용히 추억이 되었다. 하지만 L씨의 성공을 위해 현혹된 수많은 기업이 이미 L씨의 추억이 된 그 틀 안에서 나오지 못하고 실시간 버둥거리고 있다. 중국 대형 유통사의 유통 제품 구색 맞추기 용으로 L씨의 손에 의해 급조된 한 중소기업은 중국에 지사까지 만들었으나 폐업도 못 하고 시간을 보내고 있다. 그나마 얻은 것이라면 당시 L씨와 유통사가 이야기한 매출은 현실과 너무도 동떨어진 숫자라는 것을 중국에서 허우적거리며 배우게 된 정도였다. 형편에 맞지 않는 무리한 초기 투자로 이제 버티기도 어렵지만 이미 체결한 현지의 총판 계약 때문에 자신들의 수준에 맞는 파트너를 다시 찾는 것도 불가능하다. 한 제조 회사는 "A사도 만들고 B사, C사도 만들었다."며 개점만 하면 중국 진출의 시작이라 이야기한 L씨를 믿고 만든 브랜드숍 때문에 하루하루가 손해였다. 개점 초창기, 매출이 없자 돈 들여 홍보하지 않은 탓이라며 '가장 확실한 방법'으로 L씨가 들고 온 마케팅 투자 방안은 갯벌에 심은 씨앗처럼 그 성과물조차 찾을 수 없었다. 무엇보다 이제 L씨가 그 회사에 없으니 찾고 하소연할 사람조차 없어 그저 손놓고 망연자실할 뿐이었다.

사실 누구도 L씨의 이러한 행적을 큰소리로 야단칠 수 없다. 단지 L씨의 유물로 남은 그때의 당사자들만이 자책과 함께 조용한 원망 정도가 가능할 것이다. 하지만 우리가 살아가며 옳고 그르고를 판단할 때 어찌 객관적 기준만 있겠는가? 누군가를 '현혹'하는 기준이 무엇이냐에 따라 우리는 그 시시비비是是非

韭를 다르게 판단할 수 있다. 우선 이기적 목적을 가지고 상대의 형편과 능력을 고려하지 않은 가이드는 현혹이 될 수 있다. 이것은 마치 사회 초년생에게 수입 명차를 할부로 팔며 "필요한 만큼 벌 수 있고, 벌어서 갚으면 된다."고 이야기하는 바와 다르지 않다.

"나는 되는데 왜 너는 못하나!"와 같은 자기중심적 권고는 결국 무책임함으로 종결된다. 현혹에 무책임함까지 결합한다면 현혹된 상대의 피해는 말할 나위 없이 커진다. 그렇게 자발적 피해를 당한 많은 사업가는 '중국 기피증'까지 생기며 지속적인 상처를 받는 것이다.

"외국에 나가면 한국인을 조심해라." 해외 생활이 오래되었거나 출국이 잦았던 한국인들이 자주 하는 이야기다. 해외 거주자가 많은 나라일수록 이런 속담이 있는 것을 보면 이는 비단 한국인이기 때문이어서가 아니라 쉽고 가까운 것을 먼저 택하는 인간 본성 탓일 가능성이 더 높다. 무엇이 되었건 이렇게 일반화된 말 때문에 지나친 경계로 선한 동포, 내 삶에 큰 도움을 줄 은인까지 얻을 기회를 놓친다면 이 역시 과유불급일 것이다. '눈 뜨고 코 베이는 서울'보다 더한 중국이다. 중심을 명확히 하고 옥석을 가리기 위해 집중해야 한다. 분명한 것은 '입에 쓴 약이 몸에 좋은 법良藥苦口'이다. 무엇보다, 중국에 잡기 쉬운 파랑새는 없다.

임기응변

    중국인과의 거래는 늘 불안불안하다. 중국으로부터 물품을 구매하건, 중국 시장을 대상으로 물품을 판매하건 모두들 어느 정도의 리스크를 감수해야 한다는 것이 일반적인 정설이다. 그리고 이 부분에 대해 중국과의 사업을 오랫동안 해온 이들 역시 이견은 없다. 하지만 세상 돌아가는 이치가 high risk, high return 아니던가. 규모경제가 필요한 이 시대에 사업을 하다 보면 중국은 더 이상 여지가 있는 선택사항이 아닌 필수불가결의 공급자이자 구매자이다.

    그리고 때로는 이러한 중국인의 허를 찌르는 더 지독한 상대를 자국에서 만나기도 한다. 그럴 때면 중국과 한국의 중간에 끼어 있는 사업자는 난감하기 그지없어진다. 이러한 리스크는 늘 존재하고 형태가 일관적이지 않기에 이에 대한 대처가 교과서적일 수 없다. 표준화될 수 없는 그 대처에는 순발력 넘치는 재치와 깊은 고민을 통한 지혜만이 활로가 될 수 있다. 활활

타오르는 분노와 원칙을 고수하려는 고지식함은 오히려 방해만 될 뿐이다.

서 사장에게 이번 건은 정말 마지막 기회였다. 중국에서 시도한 사업들은 될 듯 말 듯 애간장만 태우며 희망 고문으로 몇 년간 그의 남은 자산을 모두 불태웠다. 재만 남은 그곳에는 눈 씻고 찾아봐도 건질 만한 무엇 하나 남아 있지 않았다. 단지 그 지경에 이르기까지 겪은 수많은 고비 중 중국 채무자의 청탁을 받은 깡패들에게 끌려가 장기가 털릴 뻔한 경험, 마지막까지 그의 숨통을 스스로 끊지 않고 버틴 의지들이 그의 담력을 단련 시켰고 질긴 목숨의 한 몸뚱이를 채우고 있을 뿐이었다.

"제가 가진 전부예요. 어차피 한국에 돌아가기로 한 이상, 그곳에서 다시 시작해야 하는데 이게 있건 없건 큰 의미는 없을 것 같으니 그간 고생한 당신이 마지막으로 중국 생활을 홀로 정리하는 시간에 썼으면 좋겠어요. 어디 가까운 곳에 여행이라도 며칠 다녀오세요." 그의 조강지처가 건넨 봉투에는 4천 위안한화 65만 원이 들어 있었다. 눈물이 핑 돌았다. 제대로 된 생활비 한 번 가져다주지 못했지만 세 자녀를 키우며 악착같이 아껴서 모아놓은 비상금이었다. '그래. 어차피 일어서도 내가 다시 일어서야 한다. 지금이 마지막이 아닌 이상 여기서 더 스스로를 괴롭힐 이유도 없는 거지. 잠시 머리라도 식히고 돌아오자.' 그렇게

임기응변

그는 중국인 대학 동기가 있는 칭다오青岛로 향했다.

칭다오 기차역으로 그를 마중 나온 대학 동기는 그의 사연을 까맣게 모르고 있었기에 신이 잔뜩 난 모습으로 그를 얼싸안으며 쉴 새 없이 떠들어댔다.

"그간 어떻게 지냈어? 학교 다닐 때 네가 그렇게 대단해 보였는데. 널 보면 내가 과연 먹고나 살 수 있을지, 사람 구실은 하게 될지 엄청나게 걱정되고 주눅들고 했었거든. 근데 웬걸? 세상이 생각보다 쉽더라고. 나 돈 무지하게 많이 벌었어! 말도 마라. 돈 벌었더니 그게 그렇게 소문이 쉽게 나요. 학교 다닐 때 얼굴도 잘 모르던 동창들이 얼마나 연락들을 해 오는지. 피해 다니기 바빴는데 네가 온다는 소식은 그리 반가울 수 없더라. 넌 내 학교 때 롤 모델이었잖나!"

'하… 내가 여행 번지수를 잘못 선택했구나…' 서 사장은 자존심이 아프다 못해 주저앉아 울고 싶을 지경이었다. 하지만 그의 대학 동기는 그의 마음을 알 리가 없다. 좋은 식당, 좋은 술집에 자신이 대접할 수 있는 최상의 모든 것으로 그를 대접하기에 정신이 없었다. 진심이 물씬 느껴지는 그의 대접에 그는 자신의 마음을 내색하여 찬물을 끼얹고 싶지 않았다. 혼신의 힘을 다해 마음을 숨기고 표정을 감추기에 여념이 없던 그의 심경은 밤 깊은 시각이 다 되어서야 그의 동기에게 발각되었다.

"왜 그래? 오늘 하루 종일 내 이야기만 떠드느라 정신이 없었지만, 너답지 않게 표정이 너무 어둡잖아. 뭔 일 있는 거야? 말해보라고. 내가 도울 수 있는 일이면 돕고, 함께 할 수 있는 일이면 함께 해결하면 되잖아."

"하아… 아니야. 마음은 고맙지만 네가 도울 수 있는 그런 일들은 이미 다 지나갔어. 다 지나가버렸다고…"

그들은 서 사장 대학 동기의 집으로 자리를 옮겨 앉았다. 그리고 동기동창 친구는 동이 틀 때가 되어서야 그간 서 사장이 겪은 일들을 모두 들을 수 있었다.

"그래, 그간 정말 고생이 이만저만 아니었구나. 겪어보지 못한 나로서는 상상조차 하기 어려운 일이지만 그 난관을 헤쳐온 넌 역시 내가 아는 어릴 적 친구 그대로인 것 같아."

감상적이지 않은 서 사장이지만 이 순간만큼은 대학 동기의 이 위로에 울컥함이 느껴졌다. 어느새 눈물이 고이는 서 사장을 바라보며 대학 동기는 말을 이어갔다.

"내가 이만큼 올라설 수 있게 된 사업은 폐품 재활용 쪽이야. 다시 말해 쓰레기를 수급해 폐품 장사를 한 거지. 근데 이게 시대가 시대인지라 수익이 아주 짭짤해. 환경보호 관련 사업이다 보니 국가에서 지원도 적지 않고. 그중에 제일 재미를 본 아이템이 P.E.T. 병 재활용인데 요즘은 그게 꽤나 어려워."

고인 눈물이 바짝 마를 정도로 어느새 눈이 동그래져 듣고 있는 서 사장 모습에 대학 동기는 바로 본론으로 들어갔다.

임기응변

"재활용된 P.E.T. 병에서 추출된 원료로 의류나 침구 쪽 보온 충전물이나 단열재를 만들고 하는데 그 용도의 P.E.T. 병에 대한 요구 조건이 꽤나 까다로워. 다시 말해 P.E.T. 병의 순도가 높아야 된단 말이지. 그리고 그 순도 높은 P.E.T. 병을 수급 받을 수 있는 나라가 한국과 일본밖에 없어."

"문제는 그 수급이 요즘 들어 너무 힘들다 보니 가격이 하늘 높은 줄 모르고 올라가버렸어. 구하기만 하면 바로 돈이야. 잘만 수급하면 큰돈이 될 텐데… 구할 수가 없어, 구할 수가…."

반짝반짝해진 눈으로 마주보고 있는 서 사장에게 대학 동기는 제안을 해 왔다.

"이번에 한국에 귀국하면 말이야, P.E.T. 병을 구해봐. 얼마를 구할 수 있든 내가 물대는 미리 대줄게. 구할 수만 있으면 너나 나나 매 건당 적지 않은 이익이 남을 거라고."

칭다오에서 돌아온 서 사장은 생기가 넘쳤다. 며칠 전까지만 해도 도살장과 다름없이 느껴졌던 고국이 하루빨리 돌아가야 하는 기회의 땅으로 바뀌어 있었다. 서둘러 짐을 꾸리고 한국으로 향했다.

도착한 서울에서 그는 PC방에 틀어박혀 P.E.T. 병 수급을 위한 정보 검색에 몰두했다. 이전부터 공급자 우위 시장이던 P.E.T. 병 재활용 사업은 국가 환경보호 정책의 영향으로 공급자를 더욱 우위에 서게 만들었고 정보를 검색하기조차 어려운 너무도 폐쇄적인 그들만의 리그였다. 찾고 또 찾다 보니 그들이 모여 있는 커뮤니티가 몇몇 포털 사이트의 카페나 SNS의 단체방으로 운영되고 있음을 알 수 있었다. 각 모임의 관리자에게 매일같이 문자를 보내 사정하다시피 한 서 사장은 그중 몇몇 모임의 준회원이 될 수 있었다. 그리고 그는 공급자로 보이는 회원들에게 메시지를 보내 구걸 아닌 구걸을 시작했다.

"꼭 좀 부탁드립니다. 단가는 후하게 쳐드릴 테니 공급을 부탁드릴게요. 다시 한 번 부탁드리겠습니다."

대부분의 공급자들은 그의 메시지를 열어보지조차 않았다. 회신 하나 없는 그 애절한 서 사장의 요청에 누군가로부터 답신이 온 것은 그의 귀국 후 한 달이 넘게 지나서였다.

"원하시는 조건의 물품 공급이 가능합니다. 하지만 양이 많지는 않습니다. 컨테이너 세 개 분량만 가능합니다. 원하시면 결정 후 바로 연락 주세요."

기적과도 같이 느껴지는 그 회신에 서 사장은 고민할 것도 없이 바로 거래를 시작했다. 칭다오의 친구는 물품 대금을 보내왔고 서 사장은 대금을 입금한 뒤 바로 물품의 배송을 요청했다. 그리고 보름 뒤 칭다오에는 세 컨테이너에 담긴 P.E.T. 병들이 도달했다.

"서 사장, 큰일났어!" 대학 동기로부터 걸려온 전화는 청천벽력과 같았다. 컨테이너 하나에는 서 사장의 요구 조건에 맞는 물품들이 들어 있었지만 다른 두 개의 컨테이너에 담긴 P.E.T. 병은 어떤 재활용도 불가능한 쓰레기 중에 쓰레기였던 것이다. 이 사업에 대한 이해와 경험이 없던 서 사장은 거래를 어떻게 풀어가야 할지 몰랐고 공급자는 그런 초짜 서 사장을 잘 파악하고 뒤통수를 친 것이다.

"이거 어떻게 하지? 돈도 돈이지만 공급이 가능하다고 몇 군데에 이야기해둔 터라 그들이 목 빠지게 기다리고 있는데…. 오랜 기간 거래한 곳이라 신뢰가 깨지면 나 힘들어져…." 대학 동기는 발을 동동 구르며 서 사장에게 수습을 조르고 있었다.

'휴… 젠장…. 나라고 방법이 있나?'

서 사장은 친구에게 며칠만 기다려달라고 시간을 번 뒤 백방으로 공급자에게 연락을 취해봤다. 하지만 공급자가 연락을 받을 리 만무하다.

'이걸 어떻게 해야 하나? 경찰에 신고를 해야 하나? 고소를 해야 하나? 그럼 내 동기 때문에라도 해야 하는 당장의 수습은 안 될 텐데…. 커뮤니티에 공개적으로 수배를 해봐?'

아무리 고민을 해봐도 답이 없었다. 그렇게 뜬 눈으로 밤을 보내길 이틀째, 서 사장의 머릿속에 불현듯 한 생각이 떠올랐다.

'이 사람은 내 연락을 죽을힘 다해 피하겠지. 내가 돈을 돌려달라고 하거나 추궁하려 할 것이 분명하니까. 하지만 만약 그

게 아니라면? 반가운 소식을 전달하려 하는 것이라면? 그래도
피할까?'

자세를 고쳐 앉은 서 사장은 공급자에게 문자를 썼다.

"사장님, 공급해주신 물품은 모두 현지에서 무사히 받았
다고 합니다. 너무도 감사합니다. 그중 A 컨테이너에 실린 물품
은 최상급 중 최상급이라고 하네요. 현지에서 그 물품을 급하게
요청하고 있습니다. 구하실 수 있는 대로 보내주시면 원 단가에
20%를 추가해드릴 수 있다고 합니다. 꼭 부탁드리겠습니다."

문자를 보내고 난 서 사장의 핸드폰이 울린 것은 채 십 분
도 지나지 않았을 때였다.

"서 사장님! 아이고 미안합니다. 제가 그간 집안에 일이 좀
있어서 연락을 못 받았네요. 그나저나 저쪽에서 그렇게 급하답
니까? 그럼 구해드려야죠! 제가 알아보니 한 네 컨테이너 정도
나올 것 같은데, 어떻습니까? 가져가실래요?"

"그럼요! 그럼요! 근데 제가 수중에 돈이 별로 없어서, 우
선 두 컨테이너 비용을 더 보내드릴 테니 물품을 보내주시겠습
니까? 저쪽에서 결제 받는 대로 남은 절반은 바로 보내드리도록
할게요."

"흠… 이 바닥에 외상 거래는 없는데. 서 사장님 보니 시원
시원하고 중국 쪽 거래처도 그리 까다롭지 않은 것 같으니 제가
이번만 그렇게 해드릴게요. 그럼 그리하는 겁니다!"

임기응변

"네! 물품 선적하실 때 이번에는 제가 가보도록 할게요. 이 일도 제대로 배워야 하는데 제가 너무 몰라서요. 많이 가르쳐주세요."

"그래요. 제가 이래 봬도 이 바닥에서 꽤 오래 사업을 해서 이 분야는 박사급입니다. 서 사장님께 다 전수해드리지요."

공급자와 전화를 마친 서 사장은 바로 칭다오에 연락을 했다.

"친구야, 진짜 미안한데 이번 한 번만 날 믿어다오."

"지금 내가 널 안 믿으면 달리 방법이 있겠냐? 뭘 어떻게 믿고 하면 되는데?"

"나한테 컨테이너 두 개 분량의 대금을 좀 보내줘. 너와 내 마진 20%까지 포함해서."

"뭐라고? 지금 뭘 어쩌려고 그러는 거야? 이 상황에서 돈을 더 보내달라는 게 말이나 돼?"

"그러니 믿어달라는 것 아니냐. 한 번만 날 믿어봐라, 응?"

대학 동기는 어린 시절부터의 서 사장에 대한 믿음과 동경을 떠올리며 승산이 보이지 않는 도박을 시작하기로 했다. 그리고 며칠 안 남은 선적 날까지 서 사장은 화장실 가는 시간도 아껴야 했다. P.E.T. 병 검수를 위해 그 짧은 기간 그는 혼신의 힘을 다해 벼락공부를 해야 했기 때문이다. 그리고 선적 날이 되어 물품들을 본 서 사장은 네 컨테이너에 담긴 그것들이 칭다오에서 요청한 사양에 완벽하게 부합하는 것을 확인할 수 있었다.

"감사합니다! 문제없습니다. 저쪽에서 물품을 받고 나면 바로 저에게 결제가 이루어질 거예요. 그럼 제 쪽에서도 잔금을 치르도록 할게요."

칭다오에서 무사히 물건을 받고 문제가 없음을 재차 확인한 뒤 서 사장은 비로소 안도할 수 있었다. 그리고 이제 시간이 됐다. 아직까지 얼얼한 뒤통수에 대한 값을 치르게 할 시간이.

"사장님! 칭다오에서 물품 인도가 완료되었다고 연락이 왔습니다."

"잘 됐네요! 문제없다죠? 아주 품질이 훌륭한 것들만 보내 드렸습니다. 하하하!"

"네 이번 인도된 물품들은 아주 훌륭하다네요. 근데 이번 물품이 아니라 저번 물품이 문제가 되나 봅니다."

"그게 뭔 소리죠? 그런 이야기 없었잖아요!"

"저번에 물품을 받고 검수를 제대로 안 했나 봅니다. 여전히 세관 쪽 창고에 통관도 못 하고 있었는데 이번에 검수를 하며 보니 요청 드린 기준치에서 아주 많이 차이가 나나 봅니다."

"아니, 이런 경우가 어디 있습니까? 물건을 받은 지가 언제인데. 이제 와서 그러다니!"

"근데 이게 손쓸 방도가 없어요. 중국으로의 P.E.T. 병 수입과 관련해 중국 국가 표준이 있는데 그 표준의 최저치에도 못

임기응변

미치는 탓에 통관조차 안 된다네요. 그렇다고 저희나 사장님이 이 건을 가지고 중국 국가를 대상으로 소송을 하실 수는 없는 노릇이잖아요?"

"허어 참! 그럼 어쩌시렵니까?"

"이렇게 하시죠. 제가 그 두 컨테이너는 돌려보내라고 하겠습니다. 그리고 사장님께 돌려드리죠. 대금은 제가 아직 못 드린 이번 건의 절반이 있는데 그게 돌아오는 물품보다 20%가 더 높으니 제가 두 컨테이너에 대한 20%만 돌려드리면 되겠네요. 어때요? 계산이 깔끔하죠?"

"허어… 이 사람이. 물품은 돌려받을 필요 없습니다! 그것 하적하는 데 돈이 더 들어요! 그냥 남은 잔금 중 20%만 더 보내세요! 그리고 서 사장, 사업 그리하는 것 아닙니다! 이게 뭡니까? 이게 사기지 뭐가 사기에요?"

서 사장은 타오르는 분노를 누르며 쐐기를 박았다.

"사장님. 사기라뇨? 이게 사기면 하적하는 비용이 더 드는 쓰레기를 물품이라고 저에게 두 컨테이너나 보내신 사장님은 도대체 뭘 하신 거죠? 제가 제 돈을 들여서라도 그 물품들을 도로 가져와 이 업계에 공개하고 업계에서 이 거래의 공정성에 대해 검증이라도 받아야 할까요?"

전화기 너머 마른침을 삼키는 소리가 들려왔다.

"아니면 이쯤에서 조용히 마무리하시겠습니까?"

"무슨 이야긴지 알겠습니다! 전화 끊습니다!"

서 사장 사업의 결론부터 이야기하면 서 사장은 이 사업을 계속했고 이 사업을 통해 큰 부를 얻게 되었다. 꽤나 큰 부자가 된 서 사장의 성공 비결은 무엇일까? 과연 비결이 있기는 한 걸까?

'똥 밭을 굴러도 이승이 낫다'는 속담이 있다. 냄새나고 구차한 삶이 죽음보다 낫다는 이 속담은 자존심도 없고 참으로 굴욕적으로 느껴진다. 하지만 문자 그 너머 생략된 뒷이야기가 저 속담의 참뜻이지 않을까 생각된다. '똥 밭을 굴러도 이승이 낫다. (그리고 계속 그 똥 밭만 굴러다니라는 법도 없다.)' 저승으로 간 사람은 뒷이야기가 있을 수 없기 때문이다.

임기응변

사랑방 손님

한국의 주재원 제도는 조금 특색이 있다. 모든 나라의 기업에 존재하는 주재원^{Expatriate} 제도는 본사의 직원을 해외의 지사나 협력사에 장기 근무시킬 목적을 가지고 거주지 자체를 이주시키는 것을 말한다. 우리나라 기업 외 대부분의 경우 본사에서의 퇴직금까지 정산되는 말끔한 퇴사 처리 후 해외 법인으로 소속이 바뀌며 해외 현지 법인의 직원으로서 근무를 시작하게 된다. 이에 대해 해외 주재원 프로그램^{Expatriate Package}이라는 것이 주어지는데 여기에는 해외 이주에 대한 보상 차원으로 거주 지원금, 차량 지원금, 자녀 학자금, 생활 보조금 등의 수당들이 급여와 함께 지급된다.

이러한 주재원 제도에서 한국과의 가장 큰 차이를 볼 수 있는 부분은 주재원 근무 기한의 존재 여부다. 우리나라는 통상 3년, 길게는 4년의 주재원 기한을 가지는 것에 비해 해외 기업의 경우 그 정해진 기한이 따로 없다. 발령받은 국가의 법인에서 기한 없는 근무 중 만약 본국 복귀 지시가 주어질 경우 해외 법인에서 다시 퇴사한 뒤 본사에 재입사하는 수순을 밟아야 한다.

그렇다면 우리나라는 왜 주재원 제도에 기한을 만들었을까? 많은 유래가 설들로 전해지지만, 그중 주재원 제도 수립의 초창기 '미국 주재원' 때문이라는 것이 가장 유력해 보인다. 달러벌이를 장려하기 시작하던 개발도상국 시절, 상사商社를 필두로 한 많은 기업은 해외 시장 개척에 도전장을 내밀었다. 그리고 그 첫 개척지로 인접국가인 일본 및 절대 우방이던 미국이 선택되었다. 국가에서 장려하고 지원한 까닭에 각 기업은 귀하디귀한 영어 업무 가능 인재를 선발해 미국으로 내보냈고 그들이 마르코 폴로와 같이 큰 이익을 거둔 뒤 본사로 귀환하기를 기대했다. 하지만 그들 중 많은 인재가 미국 영주권 획득이 가능한 '미국 현지 거주 3년'의 조건이 만족된 뒤 퇴사하고 미국에 눌러앉아버렸다.

당시, 한국에서는 고등교육을 마치고 멀쩡히 잘 살던 사람들도 미국에서의 자녀 교육이나 아메리칸드림을 좇아 미국으로 이민 가 세탁소, 편의점 등에 취업하는 일이 비일비재했으니 그들의 '꼼수'도 이해 못 할 바는 아니다. 하지만 귀한 인재를 잃고 3년의 기회비용까지 잃은 기업의 입장에선 아쉽기 그지없을 바였기에 주재원이 미국 영주권을 획득하기 바로 직전 불러들이는 수밖에 없었던 것이다.

물론 지금에 와서는 이러한 제한이 별 큰 의미가 없기에 각 기업이 명목상 기한은 있으나 업무의 성격과 필요에 따라 그 기간을 연장하여 장기 근무시키는 경우가 대부분이다. 하지만 여전히 기한은 존재하고 '주재원의 현지 주택 구매 금지'와 같은 '발목 잡기' 규정은 존재한다. 그러나 실제로 비즈니스상의 문제가 발생하는 부분은 이러한 주재원의 현지 눌러앉기나 이탈에 있는 것이 아니다. 바로 그 기한 자체에 존재하는 문제들이 훨씬 더 크고 위험하다.

한국의 대표 인프라 사업을 독점하는 J공사는 한중 수교 소식을 듣자마자 자신들의 숙제가 늘어날 것을 직감했다. 기적이라는 단어가 어색하지 않은 한국 현대화에 국가대표급인 J공사는 실력도 실력이었지만 그들의 업무 속도가 해외의 어느 기업도 감히 따라올 수 있는 것이 아니었다. 이러한 배경을 바탕으로 중동을 비롯하여 여러 개발도상국들의 인프라 사업을 수주해 국익에 크게 기여했던 전력이 있던 만큼 중국과의 수교 후 그들에게 큰 임무가 주어질 것은 당연했다. 그들은 준비했고 가장 먼저 중국을 찾았다.

하지만 시간이 갈수록 결과가 그리 아름답지 않았다. 진출 초창기 수주했던 몇몇 대형 프로젝트들이 진행과정 속에서 삐걱거리고 있었고 새로운 프로젝트 수주는 번번이 미끄러지기 시작한 것이다. 근본적 원인을 찾기 위해 다방면으로 연구했으나 유독 중국에서만 벌어지는 이 난국은 답을 찾지 못한 채 계속 시간만 흐르고 있었다.

'왜일까? 무엇이 문제일까?' 이 의문의 해답은 한참의 시간이 흐른 뒤 우연한 만남과 대화 속에서 찾을 수 있었다. 한중 정상회담이 있었고 한국 수행단 중에는 산업통상자원부 장관도 속해 있었다. 그리고 정상회담 기간 중 산자부 장관은 나름의 바쁜 일정들로 양국의 자원 외교와 무역에 대한 큰 건 몇 가지를 논의하고 서명하며 국익에 최선을 다했다. 드디어 마지막 날, 중국 국유기업 대표들과 만찬을 함께하며 의견과 건의를 듣는 시간이 마련되었다. 마지막 일정이었던 만큼 덕담과 유쾌한 농담이 오가던 식사 자리에 굵직한 목소리로 좌중을 어색하게 만든 이가 있었다.

"서로 간에 조율을 마치고 일을 좀 할 만하면 책임자를 본국으로 불러들이시니 도대체 이유가 뭡니까?"

중국 전력투자집단공사^{CPI}의 총경리였다.

"같이 한번 잘해보겠다고 서로 간에 업무를 조율하고 세부사항들을 맞춰 진행을 하다 보면 일이 년은 금방 흐릅니다. 그렇게 뭔가 일이 원활하게 진행되는가 싶으면 귀임한다고 소식을 전해 오고, 새로 부임한 책임자는 마치 다른 세계의 사람처럼 전임자가 만들어놓은 소규모 프로젝트들과 진행 방식을 없던 일로 만들거나 싹 뜯어고칩디다. 그렇게 끌려다니기만 하니 우리가 양떼도 아니고 기분이 썩 좋지 않습니다. 이 기회에 이유라도 좀 알고 싶습니다."

진즉에 마음먹고 온 듯한 그의 발언에 중국 석유화공집단공사SINOPEC, 중국 도로교량집단공사CRBC 총경리도 고개를 끄덕였다. 분위기는 일순간 중국 공사들을 대표하여 CPI 총경리가 그간의 불만 사항을 전달한 형태가 되었고 장관은 섣불리 대답하기 어려운 상황이 되었다.

"J공사는 사기업이 아닌 공사다 보니 공사의 규정에 따라 주재원 임기가 정해져 있습니다. 사우디나 캄보디아 등지에서도 같은 방식으로 진행 중인데 별 탈 없이 진행되는 것으로 알고 있습니다. 무언가 불편했던 바가 있으셨다면 규정에 반하지 않는 범위 내에서 시정될 수 있도록 조치하겠습니다."

하지만 그들은 원하는 대답과는 거리가 멀다는 표정으로 말을 끊었다.

"그 나라들에서는 어땠는지 모르겠지만 우리나라는 일 자체보다는 그 일을 하는 사람을 더 중요시합니다. 그렇기 때문에 그 사람과의 관계가 저희에게는 가장 중요한 일이 되는 겁니다. 국가와 조직 간의 약속과 신뢰도 중요하지만, 업무를 책임지기 위해 파견된 사람과의 신뢰가 무르익기 힘들다면 저희는 일을 하기가 편치 않습니다."

그리고 마지막 한마디로 쐐기를 박았다.

"어찌되었건 저희가 고객 아니겠습니까."

산자부 장관은 이제서야 J공사가 왜 매번 신규 수주의 건에서 물을 먹어야만 했는지 이해할 수 있을 것 같았다. 이건 단순한 규정의 문제가 아니라 사업의 존속에 관한 과제이기도 한 것이다. 불편하고 부끄러웠던 그 자리를 가슴에 새기고 돌아온 한국에서 그는 가장 먼저 이 부분을 책상 위에 올려놓았다. 하지만 한국은 중국과 너무도 달랐다. 상정된 규제 변경은 국회에서 특정인에 대한 특혜 논란 같은 반대로 매번 부결되었고 "합리적으로 시정하겠다."던 장관의 약속은 지켜지지 못했다.

한중수교가 이루어진 지 30년 가까이 되고 민간의 교류는 훨씬 더 오래된 지금, 중국은 이미 한국과의 협력 경험이 꽤나 풍부한 나라 중 하나가 되었다. 그간의 경험으로 받아들일 부분들은 받아들이고 걸러 추려내야 할 부분들은 추려내어 저 멀리 버릴 줄도 알게 되었으리라.

K사는 중국에서 안정적으로 큰 매출을 올리는 기업 중 하나다. 하지만 중국에서 사업을 확장하고 현지화된 시스템을 만들려는 시도에서는 늘 제동이 걸린다. 이유는 다양하지만 원인은 하나다. 공기업에서 사기업으로 전환된 대표적 사례인 K사

사랑방 손님

는 창업자나 개인 대주주가 따로 없다. 다시 말해 개인이 주인인 회사가 아닌 것이다. 그렇다 보니 현직 대표이사가 임기를 마치면 잘 되어야 한 차례 연임, 아니면 후임 대표이사가 취임하게 된다. 그 인사 변동에 맞춰 중국의 책임자와 주재원들도 한 차례 귀임과 부임이 이루어지게 된다. 대표이사가 연임을 하더라도 중국 책임자의 임기가 만료되면 후임자에게 중국 책임자 직을 인수인계하고 본사로 복귀해야만 한다.

그렇다 보니 중국 파트너들 입장에서는 골머리가 아프다. 후임자가 부임하는 대로 전임자가 진행하던 각 세부 업무와 협력사들이 갈아엎어지거나 낙동강 오리알 신세가 되기 때문이다. 장기 파트너라고 할 만한 현지 회사는 K사 해외 진출 초기부터 매출을 책임져온 K사를 쥐락펴락할 정도의 유통 파워를 가진 한두 회사 정도다. 나머지 중국 파트너들의 최대 관심사는 오롯이 하나다. '본사 대표이사는 연임이 되는가? 그리고 신규 책임자의 임기는 얼마 남았는가?' 3년 이상의 중장기 프로젝트는 제안 자체를 생각조차 하지 않는다. 내부도 마찬가지로 단기간 내에 성과가 나올 수 있는 업무 이외에는 관심을 가지지 않는다. 매번 신규 부임한 책임자는 중국에 대한 심도 있는 이해가 부족하고 통역 없이는 소통조차 어려우니 깊이 있고 현지의 복잡한 상황을 담은 협력 사업은 제안 내용에서 당연히 배제되어야 한다. 이러한 쳇바퀴에 익숙해진 중국 협력사들은 이미 타성에 푹 젖게 된 것이다.

반면, 중국 사업의 성공 케이스로 유명한 제과회사 오리온은 한국 기업의 오랜 주재원 제도를 일찍이 깨뜨린 경우다. 오리온의 임직원들은 주재원 발령을 받는 순간 고민에 빠진다. 모두가 주재원 발령을 꺼려하는 인도나 남미가 아닌 이상, 대부분의 기업 임직원들이 주재원에 선발되는 순간 환호하고 기뻐하는 것과는 딴판인 이 고민은 '미래'에 관한 것이다. 오리온은 주재원 확정이 되는 순간, 본사에서 퇴사 처리된다. 그리고 발령받은 국가의 현지 법인에 재입사하게 되며 새로운 사번을 부여받는다. 다시 말해, 돌아갈 곳이 사라지며 부임할 국가의 사업 성패와 자신의 삶이 단단히 바인딩되는 순간인 것이다. 그곳에 자신의 뼈를 묻을 각오가 아니면 쉽게 승낙하기 어려운 주재원 제도가 치열한 중국의 사업장을 만들었고 오늘날의 중국 오리온을 만들었다 해도 과언이 아니다.

오래전, 사업에 성공하여 큰 재산을 모으신 사장님 한 분을 만날 기회가 있었다. 익히 들어온 그의 현명함과 성실함에 그에 대한 관심이 컸던 나는 함께한 업무 회의를 파할 무렵 그에게 '제다이 마스터영화 〈스타워즈〉에 나오는 최고수 계급 클래스'를 요청한 적이 있다. 내가 이름 붙인 이 제다이 마스터 클래스는 각 분야에서 최고라 판단되는 분들께 개별 인터뷰를 요청하여 소위

'개인 과외'를 받는 시간을 의미한다. 초라한 중국 선술집에 앉아 새벽까지 진행된 이 클래스에서 그분이 하신 말씀 중 깊이 새겨들었던 한 가지가 있다.

"자네가 지금 버는 돈, 지금 누리는 지위는 지금 하는 일, 지금 가진 권력에서 오는 것이 아니라네. 그건 자네가 기억조차 희미해진 과거의 행위와 노력의 대가야. 다시 말해, 봄에 씨 뿌려 가을에 수확하는 것으로 생각한다면 착각인 거지. 지금 놀면 말이야, 내년에도 먹을 것이 있을지 몰라. 내 후년에도. 그리고 그다음 해에도."

"하지만 지금 제대로 된 뭔가를 하지 않으면 자네가 알 수 없는 미래의 어느 날 이유 없이 굶게 되는 날이 오게 될 것은 분명하다고."

진심으로 우리의 노년과 후대에게 늘 배부른 중국 사업을 물려주고 싶다.

서비스 부서

한국 기업의 중국 지사에 입사한 경력직 중국인들은 입사 초기 한 가지 부분에서 큰 충격을 받는다. 바로 인사, 총무, 재무, 구매 부서의 권한과 태도인데, 이러한 것들이 중국 회사와 너무도 다르기 때문이다.

중국 회사의 부서별 협업을 보면 흡사 F1 경기를 보는 것과 같다. 날렵하게 잘 빠진 경주용 차량은 상품과 브랜드라 할 수 있다. 그리고 그 차량을 만드는 부서는 상품 개발, 제조 부서다. 차량에 필요한 부품은 최고의 퍼포먼스를 구현할 수 있게끔 개발, 제조 부서의 설계를 통해 후보가 선정된다. 후보 리스트를 넘겨받은 구매 부서는 주어진 수요 예측과 제조 원가를 기반으로 부품사와의 협상 등 소싱 과정을 통해 최종 부품 후보를 선택하게 되고 개발, 제조 부서의 마지막 승인을 거쳐 선정된다. 이렇게 제작된 차량을 뒤덮을 화려한 브랜드 로고와 광고는 마케팅 부서의 몫이다. 한정된 광고 노출 공간을 가지고 최대한 높은 금액을 제시하는 스폰서를 확보하기 위해 그들은 유수의 브랜드사를 찾아 빈도 높은 노출과 호감도 제고를 약속한다.

그렇게 마련된 자원과 자금을 바탕으로 제작된 차량의 운전은 영업 부서의 몫이다. 끊임없는 연습을 통해 트랙을 이해하고 차량의 특성이 발휘될 방법들을 연구한 뒤 실전에서 짓누르는 긴장감과 욕망을 이겨낸 채 목표한 성적을 내야만 한다. 몇 바퀴의 트랙을 돌고 나면 마모된 타이어 교체와 연료 수급, 엔진 점검 등을 위해 팀의 부스로 들어오게 된다. 다음 주행에서 사고 없이 기대한 퍼포먼스가 실현 가능하도록 숙련된 정비공들이 엄청난 팀워크와 속도로 이 과정을 수행해나간다. 번쩍 위로 들린 차량에서 네 개의 조로 나뉜 정비공들이 동일한 속도와 단일의 구호로 차량의 네 바퀴를 뽑아내고 새 타이어로 교체하며 급유를 하고, 그 시각 운전자 곁에 자리한 정비 팀장은 차량의 상태들을 리포팅 받으며 어느 부분을 정비해야 하는지, 개선해야 하는지를 체크한다.

만약 그 과정에서 문제가 발견되거나 오류가 있으면 빠른 시간 내에 수리하거나 만일의 사고에 대비해 경기 자체의 기권을 결정해야 한다. 고출력 엔진의 굉음과 속도, 아슬아슬하게 코너링을 하는 경기 차량의 주행 이외에도 진정 F1 경기의 진미를 아는 마니아들은 이 과정을 숨죽여 지켜보며 마음속으로 자신이 응원하는 팀의 팀워크를 감상한다. 바로 이 과정을 맡고 있

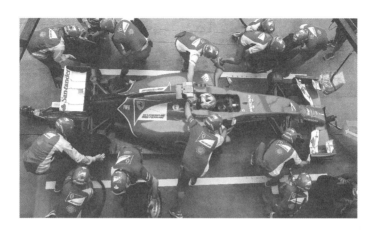

─── **F1 경기에서의 차량 정비.** (source: Shutterstock)

는 부서를 우리는 지원 부서라고 이야기한다. 화려하지도 않고 트로피를 손에 쥔 채 시상대에 오르지도 않지만 전문성과 단합된 노력으로 무장한 그들의 존재가 F1이 운전자만의 경기가 아닌 팀 단위의 경기인 까닭이기도 하다.

다른 회사들도 다 이러하지 않을까, 유독 중국의 기업이 F1 팀과 같다는 이유는 도대체 무엇인가 의아해할 수 있다. 굳이 F1 팀의 협업에 비유한 까닭은 다름 아닌 그들의 집중 대상과 그 대상에 대한 태도에 있다.

경기 이전엔 어떤 식으로 업무들이 이루어졌건 일단 실제 경기가 진행되기 시작하면 그들은 오롯이 두 개의 대상에만 모든 신경을 집중한다. 경기용 차량과 운전자다. 이 두 개의 대상

서비스 부서

은 그들 모두의 준비 과정에 대한 결과를 만들어내기 위해 내놓은 직접적 '도구'이기 때문이다. 그렇기 때문에 차량과 운전자를 제외한 모든 부서, 인원은 이들이 최상의 컨디션을 유지하고 최고의 퍼포먼스를 보여줄 수 있게끔 그것을 연출하고 지원하는 것이다. 그리고 중국 회사 역시 매출과 수익을 내는 직접적 '도구'에 집중한다.

하지만 이러한 식의 협업에 익숙했던 중국 직원이 한국 기업에 이직하여 마주치는 상황은 어떠한 것이 될까? 우선 태도가 다르다. 구매 부서는 매번 부품 후보 리스트를 받아 줄 때마다 의심의 눈초리를 함께 건네고 최종 부품 리스트[B.O.M.]에는 후보 리스트에 없던 부품이 들어가 있기 일쑤다. 이 부품으로는 품질과 성능을 담보할 수 없다는 개발, 제조 부서의 반발에 부품 원가와 수급을 이야기하며 강하게 맞설 수 있는 부서 역시 이 구매 부서다. 외부적 협상보다는 내부적 설득에 더 강하다고 비칠 수밖에 없는 노릇이다.

영업 부서에서 성과를 바로 약속할 수 없는 출장이 생기고 어렵게 발굴한 고객사와의 접대에 내부 규정보다 큰 지출이 생길 수 있다. 하지만 매번 따져 묻고 때로는 발목을 잡는 부서는 재무 부서다. 확신할 수 없는 성과를 위해 예외를 두기보다는 규정을 준수하며 강하게 관리 감독해야 한다고 생각하고 행동하는 것이 보통의 한국 기업이다. 상황이 이렇다 보니 한국 기업

내 중국 영업 직원들 중에는 자신의 지갑을 열어가며 실적을 일궈내기 위해 영업 일선에 임하는 이들도 꽤 있다. 물론 이 사실이 내부 감사에서 밝혀지기라도 하는 날에는 충심 넘치는 직원으로서의 칭찬은 고사하고 사비를 업무에 지출한 행위는 사규 위반이라며 다른 의도 존재 여부에 대한 색안경 낀 시선을 마주해야 한다.

그렇다면 한국 기업의 지원 부서가 집중하고 있는 관심사는 과연 무엇일까? 그것은 바로 대표이사다. 대표이사의 뜻이 곧 그들의 KPI이고 대표이사의 의중이 그들의 방향인 것이다. 대표이사가 그 기업의 오너인 경우는 이러한 상태가 더욱 심화되어 대표이사의 일거수일투족에 따라 다른 부서에 대한 지원이 정해진다.

한국 기업은 중국 기업에 비해 경영자의 미세 관리가 두드러진 편이다. 의도한 바와 목표가 명확해지면 상대적으로 세부적인 부분에서는 관대하고 무관심한 중국 기업의 경영자에 비해 한국의 경영자는 상당히 디테일한 편이다. 중국 경영자가 원하는 바는 모두가 예상 가능하다시피 '이익'에 있다. 경영자는 그 이익의 규모와 액수를 정하고 목표한 이익을 추구하기 위해 각 부서별로 굵직굵직한 업무의 방향을 정해준다. 그리고 그 뒤부터는 각 부서장의 역량과 선택에 따라 업무를 운영해나간다.

한국 기업의 지원 부서가 관리, 감독 부서로서의 성격이 강하다면 중국 기업의 지원 부서는 서비스 부서에 가깝다. 다름 아닌 기업 내부의 원활한 목표 달성을 위해 충실히 서비스하는 것이 이 부서들의 성격이다. 여기에는 몇 가지의 구체적인 사례들이 존재한다.

구매 계약을 앞둔 대형 고객사의 담당자가 리베이트를 요구하는 경우가 있다. 합법적이지 않은 뒷돈 요구이지만 규모와 형태가 현지의 관습과 정서상 합리적이라고 받아들일 만하다. 이러한 요구를 관철시키려는 영업 부서의 지원 요청 앞에서 한국 기업은 이 행위 자체가 불법이고 사규에도 어긋나며 자신이 맡고 있는 부서의 책임 소지가 큰바, 수용이 불가능하다고 답을 한다. 하지만 중국 기업의 재무 부서는 일단 '이익'이 된다면 방법을 모색한다. 최대한 위법하지 않고 리스크를 최소화할 수 있는 방법을 찾아 그것이 편법이든 비법이든 해결책을 모색하려 애쓴다. 그들은 그것을 자신들의 서비스 업무 중 하나라고 당연히 받아들인다.

팀원을 늘리려 인사 부서를 찾아온 부서장의 요청에 회사의 고정 비용과 해당 부서의 인력 상황을 먼저 검토하는 것이 아니라 신규 인력을 채용함으로써 해당 인력이 가져올 이익과 수지 타산을 따져본다. 그리고 '이익'이 된다면 기꺼이 부서장의 팀원 채용 요청을 받아들인다. 철저히 계산기 위에서 결정되는 이러한 채용에는 인력의 학력, 배경, 희망 연봉은 큰 고려 대상이 아니기에 인사 부서의 셈법에 따라 유연하게 적용된다.

달갑지 않은 현실이지만 중국 기업과 중국 내 한국 기업의 이러한 차이는 큰 경쟁력의 차이를 만든다. 도덕적 기준이나 경영의 가치관을 따지기에는 이미 중국이라는 땅의 특성과 관념이 그 이상으로 강하고 뿌리 깊다. 그렇다 보니 고지식한 중국 진출 기업들은 매번 중국 기업이나 현지화가 잘 된 중국 내 해외 기업에게 밀리기만 한다.

기업의 경쟁력은 여러 가지의 구성 요소를 가지고 있지만, 그중의 근본은 '사람'이다. 사람이 만들어내는 상품이고 사람이 해나가는 업무다 보니 기업을 구성하고 있는 인력에서 근본적인 차이가 갈린다. 중국 내 한국 기업은 중국의 우수 인재들에게 우선순위가 아니다. 그럴 만도 한 것이, 성과를 내기 위해 익숙한 수많은 도구들을 입사와 함께 몰수당하고, 당연한 것으로 여기며 살아왔던 지원들이 거절당하는 상황에서 그래도 붙어있는 우수 인재가 흔치 않은 경우일 것이다.

결과 중심, 성과주의적 사고와 사회에 익숙한 중국인들은 자신들을 포장하고 설득하기보다는 그 결과물로 자신이 평가받기를 희망한다. 그리고 그 과정에서 주어지는 전폭적인 지원을 기회나 특혜라 생각지 않고 자신들이 당연히 받아야 하는 서비스라고 생각한다. 하지만 많은 중국 내 한국 기업에 속한 지원부서의 서비스는 경영자를 위한 것이고 각 부서를 향해선 관리,

감독이라는 엄한 모습으로 서 있는 경우가 많다.

옛날 분들에게는 꽤 친숙한 이름 하나가 있다. 동방삭東方朔이다. 신비의 마법 주문 같은 '김수한무 거북이와 두루미 삼천 갑자 동방삭'의 주인공, 바로 그 동방삭이다. 삼천갑자三千甲子, 즉 18만 년을 산 전설 속 장수의 주인공 동방삭은 사실 한漢나라 시대를 산 지혜와 위트가 넘쳤던 실존 인물이다. 한서漢書, 중국 후한시대의 역사서 열전列傳 중 하나로 당당히 역사에 자리한 동방삭은 그다지 행복한 인생을 산 인물은 아니었다. 한무제漢武帝가 인재를 등용한다는 소식을 들은 시골 천재 동방삭은 황제의 문신들조차 두 달이 걸려서 읽어낼 엄청난 양의 글을 써서 제출하고 벼슬을 얻게 된다. 하지만 그를 견제한 조정의 다른 신하들과 그의 지혜를 인정해주지 않는 한무제로 인해 그가 가진 위트만으로 농신弄臣, 정사를 도모하는 신하가 아니라 그저 글, 그림, 노래, 연극 등 놀이를 도모하는 신하을 전전하다 은퇴하게 된다. 한 많은 인물이던 그는 이후 답객난答客難이라는 글에 이렇게 남긴다.

"쓰면 호랑이요, 안 쓰면 쥐새끼로다用之則为虎, 不用则为鼠."

동방삭이 참 많이 섭섭했나 보다.

제4장

위기와 기회

짝퉁

'이미테이션모조품, Imitation의 천국'. 중국이 가지고 있는 타이틀이다. 품목도 다양하고 규모도 엄청난 중국의 가품 시장은 물론 정확한 숫자가 조사된 적은 없으나 단품별 적발 사례들이 보통 100억 원 이상인 것으로 봤을 때 웬만한 개발도상국 전체 시장 규모 정도 되지 않을까 예상된다. 업종도 다양해 제품뿐만 아니라 문화와 서비스까지도 대놓고 베끼면서 늘 전 세계의 조롱거리가 되지만 타국 기업과의 어지간한 소송에서는 늘 승리하는 무식함을 겸비한 탓에 그 규모가 줄어들 기미는 보이지 않는다. 이렇듯 중국은 소위 '짝퉁'계의 월드 챔피언이 된 만큼 가품에 대한 클래스도 남다르다.

중국의 상품 시장은 정품正品 시장과 가품假品 시장 둘로 나뉜다. 정품 시장은 합법적으로 관, 부가세 등을 납부하고 중국 내에서 제조했거나 해외에서 수입 통관하여 유통되는 정식 유통품行貨과 엄밀히 말하면 정품에 속할 수 없는 밀수품水貨으로 구분된다. 둘 다 모두 해당 제조사에서 정규적인 Q/C까지 마치고 출고된 제품이지만 한쪽은 합법적 유통 경로를 통해 판매된 제품인 까닭에 소비자는 중국 법률에 의거한 권익을 보호받을 수 있다. 반대로 밀수품은 누구나 알다시피 불법 유통 제품인 탓에 권익을 보호를 받을 수 없다.

중국은 정품과 가품 시장 중간에 꽤 크게 존재하는 회색 지역gray zone, 바로 유사품仿貨 시장이 존재한다. 유사품은 정품의 지식재산권을 분명 침해했지만, 중국의 자국 기업 보호 성향과 같은 애매함을 이용해 만들어낸 사이비似而非 제품을 말한다. 이러한 유사품은 몇 년 전부터 '대륙의 실수'로 불리는 몇몇 대표 제품들을 통해 우리에게 익히 알려져 있다. 겉모습만 봐서는 구분이 잘 안 가고 자세히 들여다보아야 그 차이를 알 수 있는 이 유사품들은 중국에 유사품이 생겨난 초창기 때만 해도 원 제품을 닮은 겉모습과 달리 내용물과 품질은 형편없었다. 하지만 도둑질도 많이 하면 느는 것처럼 어느 순간부터는 품질도 일정 수준으로 올라와 가성비 좋은 히트 상품들을 탄생시키고 있다.

지식재산권 침해에 대한 법원의 결정이 없다면 유사품은 가품이라 할 수 없으나 유사품의 모델이 된 원 제품으로 사업을 하는 기업 입장에서는 가품이나 다를 바 없이 느껴진다.

중국의 진정한 가품 시장은 공장 밀거래품原单貨과 모조품

———— Apple 유사품의 대표적 성공 사례인 샤오미. (source: Baidu)

———— 아래는 LAND ROVER사의 원 모델, 위는 중국 로컬자동차 브랜드사 LANDWIND(陆风)의 유사
제품. (source: Baidu)

짝퉁

假貨으로 나뉜다. 중국의 가품 시장을 구성하는 분류 중 하나인 공장 밀거래품이야말로 '중국 특색 가품 시장'의 정수라 할 수 있다. 공장 밀거래품은 그 안에서 또 여러 가지로 나뉜다. 정품 생산 공장에서 생산되어 나오는 제품, 정품 생산 공장에서 불법적 경로를 통해 빠져나온 B품이라 불리는 육안 식별이 어려운 미세 불량 제품, 정품과 연관이 없는 공장에서 생산되어 나오는 경우 등 그 종류가 다양하다. 이쯤 되면 혼란스러운 부분이 생길 것이다. 정품 공장에서 생산되어 나온 제품이 가품이라고? 그렇다, 가품이 맞다. 자신들의 공장에서 생산한 제품이 맞다 하더라도 공식적인 출고의 과정을 거치고 나오지 않은 제품이기에 제조사에서는 이를 정품으로 인정하지 않는 것이다.

지금은 많이 나아졌지만 2000년대에만 하더라도 중국에 진출하여 공장을 운영하는 기업들은 골머리를 썩여야 했다. 의류 공장의 경우, 분명 공장에 입고된 원단은 10만 벌 분량이었지만 출고된 완성품은 5만 벌밖에 안 되었기 때문이다. 사라진 5만 벌의 행방은 다양하다. 증발형의 경우, 그냥 사라져버린다. 원단이 입고된 것은 분명한데 도대체 어디서 빠져나갔는지를 알 수가 없다. 완성품으로 사라졌는지 원단 상태에서 사라졌는지 아니면 반제품 형태로 사라졌는지 도저히 찾을 수가 없다. 입구부터 출구까지 곳곳에 CCTV를 달고 중간중간 관리, 감독관을 배치하지만, 매직쇼와 같이 홀연히 또 사라진다. 하지만 자해형을 겪고 나면 차라리 행방을 모르는 편이 속 편하다 느낄지 모른다. 자해형은 공장 직원들이 조직적이고 고의적으로 제품에 불량이나 하자를 발생시키는 것이다. 고의로 만들어낸 작은 흠이지만 상품화될 수 없기 때문에 Q/C를 통과하지 못하고 폐기 처리를 위해 불량 재고 창고로 모여진다. 그리고 여기서 사라진다. 물론 서류상으로는 깔끔하게 폐기 처분된 상태에서.

추가 근무형과 확장 근무형을 알고 나면 이전의 증발형에서 사라진 원단의 행방도 함께 알 수 있다. 추가 근무형은 대표나 공장장(현지 공장장이 가담하고 주도하는 경우도 자주 있다)이 퇴근하고 난 뒤, 직원들끼리 부도덕적 아르바이트 식의 야근을 하며 몰래 생산하는 경우다. 물론 대표가 놓고 간 물건을 찾으러 저녁에 공장에 돌아오거나 야밤에 설비가 고장이라도 나는 날에는 사달이 나는 것이기 때문에 위험부담이 크다.

그래서 연구해낸 방법이 확장 근무형이다. 공장의 몇몇 핵심 인력들이 인근의 빈 공장을 하나 임대해 제조사와 동일하게 제작한 금형, 동일하게 배치한 설비, 동일하게 훈련된 직원들을 세팅해놓고 밤에 조용히 원단만 빼돌리는 것이다. 설명서나 포장지 등 부자재가 필요한 경우, 협력사에 두 배로 발주한 뒤 원단과 같이 빼돌리면 된다. 확장 근무 사업이 너무 잘되어 규모가 커져도 걱정할 것 없다. 원단부터 부자재까지 어디서 발주받아야 할지 잘 알고 있고 정품 제조사로부터 도둑질하지 않더라도 자체 발주할 수 있기 때문이다.

예전에 누군가 이렇게 이야기했었다. "제조사가 바보도 아닌데 원단이나 주요 자제 생산 업체를 그리 소홀히 관리한다고?" 물론 제조사도 바보가 아니고 그들의 협력 업체들도 관리가 소홀히 이루어지지는 않는다. 하지만 협력 업체도 공장 아니던가? 몰래 하는 추가 근무나 확장 근무를 완제품 제조 공장만 하란 법은 없다. 이렇게 나온 제품들은 심지어 품질 보증서나 홀로그램 마크까지 완벽하게 동일한 것이기 때문에 증발형과 추가/확장 근무형으로 시장에 나온 제품들은 브랜드사조차도 가품 구분이 불가능하다.

모조품은 정품을 보고 연구해서 똑같이 만들려 애썼으나 완전히 똑같기는 어렵고, 정품의 브랜드를 달고는 있으나 어딘가가 조잡한 우리 상식 속의 바로 그 가품을 뜻하기에 긴 설명이 필요 없겠다.

한국의 가방 브랜드 S사로부터 연락이 왔다. 연락이 온 날은 S사가 어렵게 구한 중국인 영업 직원 두 명의 첫 출근일이었다. S사 대표의 목소리는 떨리고 높아져 전화기 너머 빨갛게 달아오른 그의 얼굴이 상상될 정도로 분노하고 있었다.

"중국 직원들이 오늘 입사 준비 겸해서 저희 브랜드와 제품을 공부하며 조사한 중국 관련 보고서를 들고 왔습니다. 내용을 들여다보니 중국 시장에 정식으로 론칭도 안 했고 수출도 미비했던 저희 제품들이 타오바오에서 엄청나게 팔리고 있었습니다. 저희 입고 단가도 안 되는 가격에 팔리고 있는 제품들이 저희 제품일 리 만무하고 아마도 전부 중국산 짝퉁이겠죠?"

이러한 상황이면 우선 확인해봐야 할 것이 있다.

"제조 공장이 중국에 있나요?"

"공장은 전부 한국에 있습니다."

다행이다. 그리고 진심을 담아 S사 대표에게 말했다.

"축하드립니다."

어리둥절해하는 S사 대표는 전혀 모르고 있었을 것이다. S사 대표가 중국에 관심조차 없던 그때부터 중국에서는 S사를 위한 시장이 개척되고 있었고 남들이 그 어려워한다는 중국 진출에 이미 그린라이트가 켜져 있음을.

한국 도매 유통과 제3국 수출 경로를 통해 중국으로 밀거래된 제품이나 공장 밀거래품은 브랜드사에서 정리하기에 머리가 많이 아프다. 정품 인증 자체가 어렵고 브랜드사와의 관계가 전혀 없는 도, 소매상들이 유통하는 탓에 소비자가 혼탁하고 마케팅의 일관성도 없다. 물론 A/S가 제대로 이루어지지 않는 탓에 시장에서의 브랜드 이미지도 담보하기 어렵다. 하지만 S사와 같이 자사 제품의 모조품 시장이 활성화되어 있다면 이 부분은 상대적으로 정리와 조율이 간단하다.

첫 번째, 가품이 많다는 것은 시장에서 해당 제품의 인기와 수요가 많다는 방증이기도 하다. 많은 소비자가 인지하고 있고 그 수요에 의해 생산된 모조품들을 가지고 대리상, 소매상들이 사업을 일궈가고 있다. 이는 해당 제품의 브랜드사, 제조사가 중국 시장의 수요를 파악하기 위해 간 보는 시간을 스킵할 수 있다는 뜻이기도 하다.

두 번째, 중국 시장은 워낙 크고 소비자층도 다양하다 보니 모든 영역에 큰 시장이 존재한다. 가품 시장은 가품 시장대로, 정품 시장은 정품 시장대로 그 시장의 영역이 명확하다면 영역별 소비층 또한 명확하다. 그리고 도둑 많은 동네에 개가 많듯, 가품 많은 중국이다 보니 잘 공부해보면 각 시장별, 판매 채널별로 그 영역을 구분하는 규제와 도구들이 많고 상당히 잘 되어 있다. 다시 말해, 가품에 지친 소비자와 정품에 목마른 소비자들이 이미 정품 시장을 기다리고 있다는 것이기에 판매 채널들에게 환영받을 수 있다.

세 번째, 애써 스스로 브랜드와 제품의 초기 마케팅에 투자할 필요가 없다. 중국 시장에 론칭하는 모든 해외 브랜드들은 "우리가 자국과 중국 외 타 국가에서 얼마나 잘나가는 브랜드"인지를 구구절절 설명하고 널리 알려야 한다. 하지만 가품 시장이 이미 활성화되어 있는 브랜드의 경우 아주 간결한 메시지 하나만으로 명확한 뜻을 전달할 수 있다. 'XX사 OO 제품 중국

───── 정품 한국 담배(오른쪽)와 가품 구분법. (source: Baidu)

공식 론칭'. 기존 시장을 전부 가품, 밀수품 시장으로 정의 내리고 역직구나 공식 통관 제품의 판매처를 알림으로써 충분히 브랜드, 제품 홍보가 되는 것이다. 또한 가품과 모조품에 대한 비교, 판단 기준을 제시함으로써 '소비자 권익 보호'라 쓰고 '제품 세부 사항 홍보'라 읽을 수 있는 마케팅 콘텐츠를 소비자들이 자발적으로 제작, 유포할 수 있는 여건이 이미 조성되어 있다.

심지어 좀 더 용감하고 진보적인 제조사의 경우, 자사 제품의 유사품 혹은 가품 생산 공장을 찾아가 제조 기술을 공유하고 정식 라이선스를 발급하여 자사 제품의 중국 생산 기지로 활용하는 경우도 있다. 또한 브랜드사, 제조사의 요청에 따라 판매 채널에서 가품의 판매를 차단한 경우, 기존의 매출을 잃게 된 가품 판매 유통업자들에게 자사의 정품을 유통하도록 회유

짝퉁

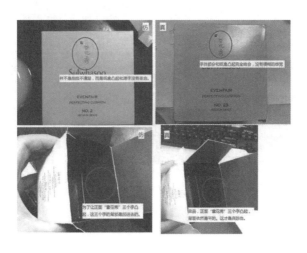

한국 화장품의 정품과 가품 비교. (source: Baidu)

하여 영입하는 기지를 발휘하는 기업도 있다.

넓고 광활한 시장에서는 큰 목표가 있어야 하고, 큰 목표로 나아가는 과정 위에선 옳고 그른 흑백 논리보다는 현명하고 재치 넘치는 수완이 더 유용한 법이다.

"不管黑猫白猫, 捉到老鼠就是好猫검은 고양이든 흰 고양이든 쥐만 잘 잡으면 된다"_덩샤오핑邓小平

인센티브는 셀프

한국에 다녀간 중국 친구들이 꼭 이야기하는 몇 가지 문화 충격 중 하나가 '물은 셀프'다. 떡볶이나 순대 같은 한국 고유의 스낵을 경험하기 위해 찾은 분식집에서 물 한잔 얻어 마실 요량으로 공손히 "Water please" 했다가는 턱 끝으로 정수기를 가리키며 "Water is self"라는 전혀 이해할 수 없는 말이 돌아오기 십상이다. 일회용 젓가락 하나까지 돈 받는 야박하기로 유명한 중국에서도 물은 당연히 가져다주는 서비스인데 밑반찬도 거저 주는 인심 좋은 나라에서 물이 셀프 서비스라니 이들에게는 적잖이 충격인가 보다.

하지만 중국에서 오래 일한 외국인들이 마주하는 중국인의 인센티브 셀프 서비스보다야 충격이 더하랴. 여기에서 인센티브는 회사나 기관 같은 소속 조직에서 공식적으로 규정하여 성과에 따라 차등 지급하는 정식 인센티브가 아니라 개인이 직권, 직책, 업무 등을 이용해 착복하는 횡령금, 청탁금과 같은 불법 소득을 말한다. 그 불법 소득은 이름도 다양해 붉은 봉투红包, 수수료佣金, 수고비辛苦费, 배당금粉红 등으로 불린다. 더군다나 불법 소득의 의미로도 사용되고 있는 이 단어들이 일상적으로는 부정적 의미를 전혀 내포하고 있지 않은 단어 원뜻대로 사용되고 있기 때문에 문맥과 상황을 전혀 이해하고 있지 못한 상황이라면 이게 불법 소득인지 합법 소득인지 구분이 불가능하다.

중국 국영회사에서 근무를 시작한 지 얼마 되지 않은 때였다. 국영회사인 이 회사의 첫 번째 외국인이자 유일한 외국인이었던 나는 입사 후 한동안 대놓고 이방인 취급을 받아야 했다. 하지만 나름 중국 내 10위 권 안에 랭크한 베이징시 소유의 대기업이었던 만큼 불편한 관심도 곧 사그라들리라 생각하며 하루하루를 보내고 있던 어느 날, 상사의 호출을 받고 그의 집무실로 들어섰다.

"동료 직원인 귀 경리经理, 한국의 과장 직위와 왕푸징王府井, 당시 베이징 최대 번화가. 서울의 명동 정도에 잠시 다녀오시게. 따로 뭘 할 필요는 없고 귀 경리의 업무를 잘 지켜보기만 하고 오면 된다네."

한 사무실에서 서로의 존재는 알지만, 부서도 다르고 여전히 서먹한 탓에 인사 한번 따로 나눠본 적 없는 귀 경리와 그렇게 왕푸징을 향했다. 따라나서기는 했지만 내 업무라 할 만한 것이 없던 탓에 애완견처럼 아무 생각 없이 졸졸 따라다니기만 해야 할 판이었다. 결국 참견같이 느껴지기는 했지만 궈 경리에게 해당 업무의 설명을 부탁해야 했고 궈 경리는 탐탁지 않은 표정을 숨기지 않은 채 말없이 서류 하나를 건넸다.

'UAE의 주얼리 브랜드 XX, 중국 플래그십 스토어 오픈의 건'. UAE 최대 주얼리 브랜드사의 중국 총판권을 획득한 내 근무처가 당시 중국에서 제일 비싼 땅에 플래그십 스토어 1호점을 열기 위해 매장 입점 장소를 협상하러 가는 길이었던 것이다. 내용은 상당히 간단했다. 매장 위치는 왕푸징 초입에 위치한 1층이어야 하며, 매장 규모는 어느 정도이고 스퀘어미터당 임대단가는 어느 정도면 된다. 그리고 몇 개의 매장 후보지가 나열되어 있었다.

'뭐 이런 일을 나한테 따라나서라고 한 거지?' 의도를 알 순 없지만, 살짝 자존심도 상하고 아리송한 찝찝함도 있었다. 하지만 윗사람이 시킨 일이니, 한국인답게 표정 관리 잘 하며 조용히 따라갔다 오면 될 일이다. 더 이상 생각도, 말도 없는 애완견 코스프레로 노선을 정했을 즈음 왕푸징에 도착했다.

첫 번째 매장 후보지는 전 중국에서 가장 비싼 땅 왕푸징, 그 왕푸징에서도 초입, 심지어 명물 중의 명물이 된 맥도널드 중국 1호점 맞은편에 자리해 있었다. 하지만 궈 경리는 눈길 한 번 주지 않고 그 매장 후보지를 지나쳤다. 그리고 향한 두 번째 매장 후보지. 왕푸징 초입에서 200여 미터 거리에 위치한 매장은

1층이기는 하나 올라가는 계단이 있었고 주변 상권도 첫 번째 매장 후보지만 못했다. 첫 번째 매장 후보지는 명품 시계 브랜드와 귀금속 브랜드의 대형 매장들로 가득 차 있었기에 입점하는 것만으로도 브랜드의 위상 수립과 기본 매출을 담보할 수 있는 장소였으나 두 번째 매장 후보지가 위치한 상권은 의류 브랜드 중심으로 구성되어 있어 조금은 뜬금없는 위치가 될 것으로 보였다. 거기에 중국 최대 백화점인 왕푸징 백화점이 딱 버티고 있어서 주변 유동 인구들을 빨아들이고 있었다.

귀 경리는 두 번째 매장 후보지에 도착하자마자 성큼 매장으로 들어섰다. 바짝 마른 시멘트 바닥에 아무런 인테리어가 되어 있지 않은 상태가 이전 매장을 철수하고 정리한 지 좀 지난 듯 보였다. 그리고 그 안에서 건물주 대리인이 매장만큼 무미건조한 얼굴로 귀 경리를 맞았다. 아마도 대부분의 조건은 이야기를 끝냈는지 별 이야기 없이 둘은 바로 임대료 협상을 시작했다.

"요구하신 스퀘어미터당 일비 5위안은 너무 낮습니다. 이쪽 시세가 7위안 정도이니 일 년 단위 지불을 해주신다면 6위안에 수용하겠습니다."

귀 경리는 건물주 대리인의 이 말이 떨어지기 무섭게 이상한 조건을 이야기했다.

"좋습니다. 그럼 7위안에 진행하죠."

"알겠습니다. 그럼 그 조건에 맞춰 작성된 임대차 계약서를

인센티브는 셀프

날인 후 사무실로 송부해드리도록 하겠습니다.”

그것으로 끝이었다. 둘은 악수 한 번 없이 그렇게 협상을 마무리했고 난 투명 인간처럼 역할 없이 어리둥절만 하다 나와서 귀 경리와 사무실로 돌아왔다.

‘뭐지? 뭐지? 이게 뭐지?’

절친한 중국인 중 가장 똑똑하다고 믿는 녀석을 찾아 도움을 청했다. 도대체 이게 무슨 일인지, 이 상식 밖의 협상은 어떤 경우인지 묻고 있는 나를 미소 만면한 얼굴로 물끄러미 바라보던 그 친구가 마치 어린아이 대하듯 차근차근 설명해주기 시작했다.

“그 경리가 자기 일을 잘 하고 온 거야. 아마도 그전에 몇 차례 협상이 있었을 것이고 그날 최종적으로 6위안까지 가격이 낮아진 것을 확인했겠지. 네가 봤듯이 브랜드 매장에 대한 조건은 너희 회사 내부적으로 이미 명확했고 임대 단가도 8위안 정도면 적정 수준이라고 정해놨다며. 근데 경리는 회사의 요구보다 훌륭한 7위안의 임대 단가에 회사에서 정한 조건에 맞는 매장을 구한 거고. 이미 회사엔 1위안의 경비 절감을 가져다줬고 상대는 6위안에 만족한다고 최종 조건을 제시했으니 자신과 자신이 속한 조직 구성원의 ‘인센티브’로 1위안을 챙긴 거야.”

“아마 지금쯤 그 경리와 건물주 대리인은 어디선가 술자리를 같이하며 경리의 ‘인센티브’ 중 일부를 선금으로 건네고 있을걸?"

그리고 며칠이 지나 내 상사의 호출이 다시 있었다.

"귀 경리와 잘 다녀왔었지? 어땠나? 별일은 없었고?"

혼란스러웠다. 날 감시자로 동반시킨 것이라면 지금 그날의 일을 고해바쳐야 마땅하고, 그렇게 되면 난 누구까지 연루된지도 모르는 '남의 나라 국영기업'의 부정행위를 고발하는 것이된다. 마치 태풍의 눈에 서 있는 허수아비처럼 아무런 대답도못 하고 가만히 있을 수밖에 없었다.

한참을 그렇게 날 세워놓은 내 직장 상사는 웃음을 머금고이야기했다.

"분명 별일이 있었겠지. 하지만 말이야, 그게 별일이 아니야. 로마에 왔으면 로마법을 따라야지入乡随俗, 새로운 지역에 가면 그지역의 풍속을 따름."

그때부터 시작되었다. 이들이 과연 어디까지, 얼마만큼, 어떤 식으로 이러한 풍속을 가지고 행하는지 파고들기 시작한 것은. 그것은 정의감에서 비롯된 것도 아니었고, 그렇기에 그것들을 파헤쳐 고발하거나 혹은 터득하여 동참하려는 목적은 더더욱 없었다. 단지 이들의 터전에서 이들과 같이 살며 나의 무지로당한 그날의 이방인 취급과 교육이 몹시 자존심 상했기 때문이리라.

　　　　　　　　　　　　　　　　　　인센티브는 셀프

중국의 '셀프 인센티브'는 다양하게 적용되어 아주 많은 곳에 녹아 있다. 개인은 개인대로 위의 사례와 같이 회사나 고객 등의 요구에 부합하는 성과 이상을 달성하고 그 이상의 것 중 일부를 다양한 방법으로 자신의 주머니 속에 챙긴다. 조직은 조직대로 그 상부 조직의 요구를 만족시킨 뒤 조직 전체와 조직 구성원의 복리후생 등을 명목으로 재분배한다. 우리에게 '보너스' 제도가 있듯이 비슷한 명목으로 분명 중국식 보너스提成가 존재하지만 이러한 '셀프 인센티브'는 전혀 다른 항목으로 자생한다.

이를테면 중국과 해외 관광지는 연말연시가 되면 중국인들로 가득 찬다. 개인 관광객은 적고 단체 관광객 일색인 이 관광 성수기를 만드는 주요 원인 제공자는 중국의 연휴도 아니고 바로 중국의 관공서들이다. 관공서의 대부분은 수익 조직이 아니라 지원 조직이다. 지원 조직이라는 특성상 정량적 KPI를 수립하기도 어렵거니와 KPI 달성에 따른 성과급 지급은 더더욱 어렵다. 그렇기 때문에 일 년간 근무하며 한 해의 업무가 무탈했고 목표한 성과가 달성된 관공서들은 조직의 예산 중 많은 부분을 남겨두었다 연말, 연초에 해외 연수(라 쓰고 여행이라 읽는다), 복리 지원(이라 쓰고 명품 상품권이라 읽는다), 연말연초 전체 회식(이라 쓰고 크루즈 파티라 읽는다) 등으로 소진한다. 그리고 무엇보다 중국 사회 전체에서 이러한 부분들이 지나치지 않은 정도라면 풍속 정도로 받아들이는 관대함을 가지고 대한다.

이러한 사회적 분위기는 비즈니스와 경영에도 고스란히 스며들어 있다. 중국의 영업직은 샐러리맨이라고 하기에는 너무도 박한 고정 급여를 받는다. 높지도 낮지도 않은 영업 목표가 존재하고 그 목표에 도달하지 못하면 급여를 차감 당한다. 목표 이상의 성과를 도출해도 생각보다 인센티브가 크지 않다. 하지만 직책에 따라 우리와 비교하면 상대적으로 큰 권한이 부여되고 재량껏 융통성을 펼칠 수 있는 의사결정 권한이 주어진다. 말 그대로 능력껏 '셀프 인센티브'를 이행할 수 있는 환경이 주어져 있는 것이다.

구매와 마케팅 등 외주 업무가 많은 부서의 경우도 마찬가지다. 연봉이 생각보다 높지 않고 연봉 인상률도 상대적으로 낮다. 회사에 손해를 끼치며 눈에 띄게 '해먹는' 경우는 당연히 해고 처리나 사법 처리당하겠지만 그게 아닌 경우는 적당한 '풍속'이다. 그러다 보니 한 회사에 오래 있었다 하여 충성도가 높고 기여도가 큰 직원이라고 여기지 않는다. '그 나름의 이유'가 있고 그 이유가 해당 직원의 삶에 수지 타산이 맞으니 여전히 이 회사에 남아 있다고 받아들인다.

중국인 대부분이 근본적으로 이러한 사고방식을 가지고 있기 때문에 이러한 생각은 바꿀 수 있거나 통제 가능한 것이 아니다. 더군다나 중국인이 중국 회사가 아닌 외국 혹은 다국적

기업에서 일하는 경우는 말할 것도 없다. 해외 기업들이 중국에 진출하며 자국의 도덕적 기준으로 수립된 사규와 관리 제도를 그대로 들고 와 적용하고 경영하다 부침을 겪는 사례가 적지 않다. 그렇다 보니 자체 감사와 경영 진단이 잦아지고 관리를 위한 관리에 소중한 업무 자원을 낭비하는 경우가 다반사다.

그 와중에 쾌속 질주하는 중국 기업은 이러한 자국의 풍속을 경영자, 협력자의 입장에서 역으로 잘 활용하는 중국만의 노하우가 있는 것이다. 채찍을 쓸지, 당근을 주된 도구로 쓸지는 마부의 선택에만 달린 문제가 아니라, 말의 특성도 충분히 고려되어야 한다는 것을 우린 간과하면 안 된다.

현지화

2003년부터 2005년 사이, 글로벌 브랜드 3사와 마케팅 부서, 그리고 그들의 광고대행사들은 큰 홍역을 치러야 했다. 한 회사의 매출을 반토막 내고 중국 사업 퇴출까지 논의될 정도로 사태가 심각해진 이 사건의 포문을 연 것은 도요타였다.

2003년 도요타는 신문 지면에 자신들의 사륜구동 차량의 신차 광고를 개재했다. 중국 문화에 익숙하지 않은 사람이 보기엔 전혀 문제를 발견하기 어려운 이 광고에는 돌로 만든 사자石獅子가 등장한다. 도요타의 신차가 지나가는 길목에서 경례를 붙이고 머리를 조아리며 서 있는 한 쌍의 돌사자는 사실 이들의 출연 자체부터 문제의 소지가 된다. 자금성紫禁城, 중국의 고궁, 이화원頤和园, 서태후가 만든 여름 궁전, 인민대회당 등에 놓여 액운을 쫓고 귀한 분을 지켜주는 신령한 길상물吉祥物로 우리의 '처용'이나 '장승'과 의미가 비슷하지만, 우리의 것이 민간의 것이라면 중국의 돌사자는 좀 더 국가적 지위를 가지고 있다. 왼편에 위치한

———— 프라도 광고(위)와 자금성의 돌 사자상.
(source: Baidu)

수사자는 한쪽 발밑에 수구绣球, 수를 놓은 공를, 오른 편에 위치한 암사자는 새끼 사자를 어르고 있어 마치 황제가 지구와 백성을 어르고 있는 형상을 하고 있다.

이렇듯 상서롭게 여기는 존재를 상업 광고에 버젓이 등장시킨 것만으로도 논란의 여지는 충분했는데, 그걸로 모자라 돌사자에게 경례를 시키고 '프라도도요타 신차의 이름, 당신을 존경하지 않을 수 없습니다'라는 카피까지 달아놨으니 중국인의 속이 부글부글 끓었을 만도 하다. 사태가 일파만파 커지고 심각해지는 와중, 설상가상 도요타의 다른 광고 하나에서도 문제가 생겼다. 이번에는 랜드크루저 광고가 사고를 친 것이다. 잡지에 실린 이 광고에는 엔진 동력을 부각하려는 의도에서였는지 차량 뒤에 자신의 덩치보다 큰, 고장 난 차를 매단 채 산을 오르는 랜드크루저의 사진이 실려 있었다. 문제는 스웨그에 심취한 랜드크루저에 있던 것이 아니라 그 랜드크루저에 끌려 처량하게 구조되는 차량이 다름 아닌 중국 팔로군八路军의 군용 차량이라는 데 있었다.

중국인들은 이 두 편의 광고에서 "우리의 문화와 군대가 너희 눈에는 이 정도로밖에 안 보이는구나!"라는 감정적 해석을 가져왔고 이쯤에서 당연히 굴욕의 역사까지 소환해 '역시 일본 회사'라는 느낌표를 찍었다. 이로 인하여 산악 지형이 대부분인 중국의 북부와 서남부, 사막 일색인 서부 등 오프로드 차량

—— 문제가 된 랜드크루저 광고. (source: Baidu)

이 필수인 중국 특정 지역에서 부동의 1위를 지키고 있던 도요
타는 중국 사업에 치명타를 입게 된다.

이후, 이 일을 겪으며 해외 브랜드의 광고에 민감해진 중국
인들은 자국의 위상을 해치고 중국인을 무시하는 색채의 광고
를 찾아내 격렬히 비판하기 시작했다. 2004년에는 쿵후 고수와
용 등 중국의 상징적 캐릭터를 적으로 상정하고 NBA 농구스타
레브론 제임스를 모델로 기용해 그들을 물리치는 내용으로 광
고를 내보낸 나이키가, 2005년에는 고객이 맥도널드 점장에게
가격을 깎아달라며 무릎 꿇고 애원하는 광고를 찍은 맥도널드
가 모두 도마 위에 올랐다. 물론 이 TV 광고는 논란이 된 직후
중국 정부에 의해 방영이 금지됐고 두 회사 모두 여론의 뭇매
를 한동안 호되게 맞아야 했다. 이 일들은 중국뿐만 아니라 해

─── 논란이 된 나이키 광고. (source: Baidu)

당 브랜드사의 자국인 일본과 미국에서도 큰 화제가 되었고 여러 의견과 분석들이 나오며 중국 현지에서의 마케팅에 대한 경각심을 만드는 계기가 되었다. 그리고 이 모든 일이 잊힐 만큼의 시간이 흘렀다.

십 년이 조금 넘은 2017년, 이번에는 유럽 브랜드들이 사고를 쳤다. 먼저 아우디와 이케아의 광고에 불이 붙었다. 아우디는 커져가는 중국 중고차 시장을 겨냥하여 자사 중고차 거래 플랫폼을 론칭했고 그 사실을 현지화된 재밌는 소재로 홍보하고 싶었다. 시대가 바뀌어 조금 나아졌다고는 하지만 여전히 남아선호 사상이 많이 남아 있는 중국에서 며느리에 대한 시어머니의 태도는 드세다. 잘 키운 아들을 장가보내는 중국 시어머니의 불안한 마음과 깐깐한 기준을 중고차 구매자의 마음으로 대입시

현지화

켜 만든 이 광고에는 결혼식 당일 신부를 불러 세운 시어머니가 신부의 코와 귀, 심지어 구강 상태까지 점검하여 과거 흑인 노예 구매를 연상시키기에 충분한 장면이 나온다.

이케아의 광고는 그나마 낫다. 명절을 맞아 오랜만에 고향 부모님을 찾은 묘령의 여성이 "남자 친구 하나 없이 혼자 왔으면 엄마라고 부르지도 마!"라며 역정을 내는 부모님 앞에 신랑감을 데려와 소개하고, 이에 부모님의 표정과 태도가 급반전되며 음식을 가득 차린 식탁과 이케아 가구로 다시 꾸며진 밝은 집에서 그들을 맞는다는 내용이다. 당연히 코믹하게 풀어보려 한 '필요하실 때 바로 밝은 분위기로 바꿔드립니다'라는 메시지는 보이지도 않았고 이 현실적인 소재만으로 중국 여성들은 분노했다. 어느 나라보다도 남녀평등, 선택의 독립과 개인의 자유가 발달한 스웨덴의 한 회사가 자신들의 아픈 현실을 꼬집었다 여긴 것이다. 고학력 젊은이들이 늘어나며 도시로 나가 고향의 결혼 적령기보다 훨씬 늦은 나이까지 싱글 라이프를 즐기는 여성들이 늘어나며 고향의 부모들이 자녀의 결혼에 집착하던 당시의 시대상을 반영하려 한 것이 화근이었다. 이케아는 서둘러 "중국 소비자들의 반응을 통해 이번 사태를 잘 인식하게 되었다. 이케아는 다양한 삶의 방식을 존중하고 성 평등이야말로 이케아 문화와 가치의 근본이다."라는 사과 성명을 발표했지만 성난 민심은 한동안 이케아를 괴롭혔다.

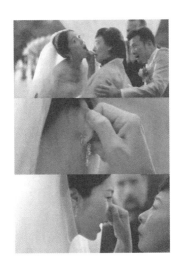

그래도 이 논란의 대미를 장식한 것은 역시 돌체 앤 가바나^{D&G}였다. 2018년 말, 상하이에서 대대적인 패션쇼를 준비 중이던 D&G 측은 중국 패션모델이 등장하는 영상을 자신들의 SNS에 게재했다. 그 영상 속에서 내레이터는 젓가락을 이용해 큼지막한 피자와 스파게티를 먹는 방법을 모델에게 설명하고 모델은 그 지시에 따라 우스꽝스럽게 이탈리아 대표 음식을 먹는다. 그 내레이션은 아래와 같다.

"오늘 저희는 우선 여러분께 보여드릴 것입니다. 어떻게 이 작은 막대기 형상의 식사 도구로 우리의 위대한 전통음식인 마가리타 피자를 먹는지 말입니다. 여러분은 한 손에 하나를 들고

현지화

—— 문제가 된 D&G 광고. (source: Baidu)

과도처럼 한 조각씩 써는 건 아니신가요? 아니, 아니, 아니, 이렇게는 아니에요! 음~ 맞아요. 이렇게 해야 하는 거죠. 그러니까 이렇게, 집게처럼 피자 한 조각을 집어서 바로 입안으로 넣는 거예요. 오! 치즈는 떨어뜨리지 마세요. 브라보, 잘했어요!"

　　내레이션과 자막에는 분명 젓가락筷子이라는 단어 대신 작은 스틱 모양의 식사 도구小棍子形式的餐具라는 표현을 썼고 내레이터는 마가리타 피자가 자신들의 위대한 전통이라고 말하고 있다. 그냥 이탈리아 모델을 써서 상하이의 황푸강黃浦江 야경을 배경 삼아 우아하게 산책하는 영상만 내보냈어도 될 일을 공연히 중국색 좀 넣어보겠다고 덤볐다가 소위 '약 빤 영상'이 아닌 '매를 부르는 영상'이 되어버린 것이다.

　　성난 중국 네티즌들은 D&G를 정말 '탈탈' 털었고 해킹을

—— 해외 명품 판매 플랫폼의 D&G 판매 취소 성명. (source: Baidu)

당했는지 누군가에 유출됐는지 모를 D&G의 창업자인 스테파노 가바나의 메신저 대화 내용이 공개되는 지경에 이르렀다. "우리 중국 지사 관리자들이 웨이보의 동영상을 삭제하라고 한 것은 정말 멍청한 짓이다. 앞으로 국제적 인터뷰 때마다 중국을 무시할 예정이고 우리는 무지하고 더러운 마피아와 같은 중국이 없이도 잘 살 수 있다."

이쯤 되면 벌어질 사태는 극에 달한다. 우선 쨩쯔이章子怡와 같은 유명 연예인들이 SNS를 통해 불매 운동을 촉구했고 매장은 난입한 군중으로 쑥대밭이 되었다. 당연히 상하이 행사는 취소되었고 중국 내 각 해외 명품 판매 플랫폼들은 서둘러 D&G의 브랜드 몰을 폐쇄하고 판매 취소를 선언했다.

"나는 중국과 중국 문화를 사랑한다. 일어난 일에 대해서는 정말 죄송하게 생각한다. 뚜이부치对不起, 죄송합니다!" 발등에 불이 떨어진 D&G 측은 스테파노 가바나의 사과 영상을 게재했으나 중국에서 D&G는 이미 사망한 상태였다.

물론 논란이 된 이 모든 광고가 중국이나 중국인을 조롱할 의도를 가지고 제작되었을 것이라 생각하는 이는 없을 것이다. 하지만 현지화라는 의도로 시도된 어설픈 중국색 가미가 얼마나 위험한 것인가를 교훈 삼기에는 충분한 사례들이다.

중국 사업에 오랜 관록이 있는 모 그룹사의 명함에는 한자 성명과 함께 알파벳으로 중국식 발음 표기가 달려 있었다. 이를테면 洪吉童홍길동 밑에 Hong, Gildong이 아닌 Hong Ji Tong으로 표기한 것이다. 중국 사람들 입장에서는 당연히 상대가 중국인일 것으로 생각할 것이고 그가 중국인이 아닌 한국인임을 알게 되면 속으로 상당히 재밌어할 것이 뻔하다. '왜 저 사람은 영문 성명이 우리 식 발음이지?'

어설픈 것은 어색하다. 어색한 것은 매끄럽지 못하고 자연스럽지 않다. 차라리 "이게 나아!"라고 외치며 스스로가 할 수 있는 것에 집중하고 자신 없는 것은 실력이 생기고 확신이 생길 때까지 기다릴 줄 아는 것이 현명한 생존 방식이다.

'韬光养晦도광양회, 자신을 드러내지 않고 때를 기다리며 실력을 기른다.'
_덩샤오핑의 외교철학

홀로서기

K씨는 며칠 전 실직했다. 평생직장으로 생각했던 한국의 대기업에서 주재원으로 발령받아 신혼살림을 전부 중국으로 옮긴 지 불과 4년 만의 일이다. K씨는 실직한 직장에서 소위 '에이스'였다. 한국에서 평사원으로 입사한 후 부단한 노력을 해온 K씨는 탄탄한 실력까지 겸비한 탓에 남들보다 빨리 진급했고 해외 주재원 발령도 누구보다 빨랐다.

기쁘고 감사한 마음을 안고 찾은 중국에서 낮에는 업무를, 밤에는 중국어 공부를 게을리하지 않으며 중문과 졸업생들보다 빠르게 현지에 적응했고 팀원들도 그런 그를 어느 순간부터는 다녀가는 주재원이 아닌 진정한 직장 상사로 받아들이고 따랐다. 하지만 회사의 중국 사업 자체가 그간 워낙 엉뚱한 길로 헤맸던 탓에 한국에서만큼의 실적을 이루기 어려웠고 그것은 누가 봐도 K씨의 잘못이 아니었다.

그런 회사가 용단을 내렸다. K씨가 속한 법인 자체를 중국 회사에 매각키로 한 것이다. 오를 줄 모르는 매출과 그간 누적된 적자가 한국 본사를 짓눌렀고 방만한 출점으로 중구난방 운영 중인 매장들은 하루하루가 부담이었다. 그런 본사를 구원해 줄 중국 회사가 나타난 것이다. 전 직원의 승계 및 중국 브랜드 라이선스 이전을 조건으로 부채 가득한 중국 사업 전체를 매입해주겠다는 조건을 거절할 여유가 없던 본사는 서둘러 매각을 진행했다. 그 과정에서 인수 측 중국 회사는 중국 주재원의 일괄 승계를 요구해 왔다. 그들에게는 본사에서부터 해당 브랜드의 운영 경험이 풍부한 주재원의 노하우와 업무 기술이 필요했고 본사는 그들의 요구에 부합하기 위해 최선을 다해 주재원 한 명 한 명을 면담하며 설득했다.

그중 K씨는 설득이 필요 없는 한 사람이었다. 큰 결심을 가지고 온 중국에서 이렇게 돌아가기도 싫었을 뿐 아니라 자신의 자식과도 같이 공들여 가꿔온 이 브랜드를 떠날 생각이 추호도 없었다. 거기에 그간 정들고 서로 간에 신뢰가 쌓인 현지 팀원들만 인수 측 회사로 보낼 수도 없는 노릇이었다. 그렇게 K씨는 계획에 없던 중국 회사의 직원이 되었고 주재원이 아닌 외노자^{외국인 노동자}가 되었다.

매각된 회사는 한동안의 조율 과정을 거쳐 안정화되었다. 인수 측 중국 지주사는 그간 K씨가 수행해오던 원래의 사업 전략과 실무 프로세스를 그대로 유지해주었고 그 덕에 K씨 및 모든 직원들에게는 회사가 매각된 사실조차 실감하기 어려운 일상이 주어졌다. 심지어 그간 본사의 원칙과 반대에 부딪혀 시도조차 못 해봤던 수많은 아이디어들이 다시 논의될 기회가 생겼고 지주사는 기꺼이 그것들의 실행을 허락해주었다. K씨와 팀원들은 오히려 날개를 단 것과 같은 기분으로 업무에 임했다.

하지만 그렇게 행복했던 업무 속 일상은 채 일 년을 채우지 못했다. 지주사 측에서 인수한 법인으로 관리자를 보내온 것이다. 그렇게 부임한 중국 회장의 딸과 사위는 법인의 대표로, 마케팅 부서의 부서장으로 근무하기 시작했다. 그리고 그들은 그들의 방식대로 사업을 조정할 새로운 전략과 프로세스를 만들어냈다.

K씨는 그들의 새로운 전략과 프로세스를 알 것 같았다. 자신이 한국에서 경험했고 수많은 동종 업계 회사들이 사업 초창기 대부분 거치는 시행착오의 한 케이스라는 것을. 이 브랜드는 이미 그 과정을 졸업한 지 오래였고 그 과정을 반복할 이유가 전혀 없었다. K씨는 조심스럽지만 단호하게 그들에게 자신의 의견을 전했다. 그리고 말없이 경청하던 그들이 다음 날 보내온 것은 해고 통지서였다. 영화에서나 보고 말로만 듣던 '즉각 해고', 그것을 K씨가 당한 것이다.

하루아침에 실직자가 된 K씨는 몹시 당황했다. 염두에 두고 있지 않던 사태에 망연자실할 뿐이었다. 우선 이 상황을 어

홀로서기

떤 식으로 받아들일지를 결정해야 했다. '불법 해고 여부를 따져 법적 대응을 할 것인가, 아니면 그냥 이대로 얼마 되지 않는 위로금을 받고 조용히 물러날 것인가?' 짧은 인맥이지만 주변에 수소문해 얻은 결론은 중국에서의 법적 대응은 그다지 긍정적이지 않다는 것이었다. 중국 대기업을 상대로 외국인 노동자가 노동법 분쟁을 시도한다는 것이 말처럼 쉬운 일도 아니거니와 대기업 인사팀에서 불법성 여부를 따지지 않고 K씨의 해고를 진행했을 리도 없기 때문이라는 것이다. 그렇다면 이제 여기서 물러난 뒤 K씨 스스로의 일신에 대한 결정을 해야 했다. '한국에 돌아갈 것인가, 중국에 남을 것인가?' 자신만을 믿고 생면부지 중국 땅으로 따라나선 부인, 중국으로 오기 전 막 태어난 아이, 그리고 그들을 건사해야 할 K씨는 지금 직장이 없는 실직자 상태다. 스스로의 처지가 해외 난민과 다를 바 없이 느껴졌고 기댈 곳 없는 이 타지가 더더욱 못마땅해졌다.

이런 그에게 힘을 준 것은 다름 아닌 그의 처였다.

"당신을 믿고 한 결혼이고 당신을 믿고 온 이 땅이니 당신의 결정을 존중하고 따르겠습니다. 하지만 절대 당신이 우리로 인해 후일 후회할 결정을 하지 않았으면 좋겠어요."

그는 깨달았다. 당장 밀려오는 컴컴한 미래에 대한 압박보다 후일 찾아올지 모르는 오늘에 대한 후회가 더 두렵다는 것을. 공포영화에서 무서운 것은 귀신이나 괴물이 아니라 그들이 나타나기 전의 그 어둠과 긴장감이듯, 그는 지금의 압박이 단지 나를 앞으로 나아가지 못하게 하는 허상에 대한 두려움이라는 것을 알게 되었다. 그리고 그는 결정했다.

"반년의 시간을 줘봐. 지금과 같지는 않더라도 최소한 내가 중국에서 내 뜻한 바를 이루며 우리 가족이 모두 행복하게 살 수 있는 방법을 모색해볼게."

반년의 시간을 준비하기 위해 꼬박 한 달이 걸렸다. 우선 더 작고 저렴한 임대료의 집으로 이사를 했다. 주재원 생활에서는 한국에서 살던 집보다 두 배는 넓은 집을 임대할 수 있는 주택 보조금이 있었고, 법인의 매각 후에도 기존의 연봉에 보조금을 더한 만큼의 금액이 임금으로 책정된 만큼 그들은 크고 따뜻한 집에서 안락하게 생활하기에 부족함이 없었다. 하지만 이제 그런 것들은 사라졌고 새로이 구할 직장에서 그러한 조건이 지속되리라는 보장도 없었다. 아이의 어린이집도 옮겼다. 그간 다니던 어린이집은 영어로 운영되는 고가의 국제 유치원이었고 일 년 학비가 웬만한 한국 중소기업 연봉에 맞먹었기 때문이다. 걱정은 되지만 아이가 잘 적응해주길 기대하며 중국의 일반 사립 어린이집을 선택했다. 일반 사립 어린이집의 학비는 기존의 어린이집에 반의반도 못 미쳤다. 모든 지출을 줄이고 최대한 웅크리는 작업을 마쳤다. 이제 새로운 직장을 찾아 나설 차례다.

다행히도 K씨는 기존 직장의 중국 사업 부서를 운영하며 새로운 인재를 영입하기 위해 부단히 헤드헌터들의 도움을 받아왔다. 이제 그 헤드헌터들에게 구인자의 신분이 아닌 구직자의 신분으로 도움을 받아야 할 때가 온 것이다. 우선 한국인, 교포들의 구인, 구직에 일가견이 있는 헤드헌터에게 연락했다. K씨 정도의 스펙이면 최고의 조건으로 일자리를 구할 수 있다 장담하며 전화를 끊은 그는 2주간 연락이 없었다. '실직자라 그런가? 이전 조건을 맞추기 위해 너무 무리한 조건을 내세우고 있는 것은 아닐까?' 하루하루 애가 탔다. 2주 후 먼저 연락한 K씨에게 헤드헌터는 그전의 자신감 넘치던 목소리는 오간 데 없이 초라한 단어들을 연결해나갔다.

"한국 회사들 사정이 여간 그렇다 보니… 더군다나 지금은 코로나 발병 기간이라 있는 직원도 감원하는 사정들이고… 조건이 높은 한국 인력의 경우는 더더욱…."

맥이 빠진 K씨는 다시 밀려오는 어둠을 느꼈다.

중국인 인력을 충당하기 위해 간간이 연락하던 현지 인력 소개소의 중국인 헤드헌터에게 연락해보기로 했다. 조건 따위는 따질 것 없이 일단 하루라도 빨리 일자리를 찾아야 할 터였다. 해볼 수 있는 것은 다 해보기로 한 것이다. 연락을 받은 중국인 헤드헌터는 "중문 이력서를 위챗 메신저로 보내달라."는 짧은 대답만이 있었고 큰 기대를 할 여지가 보이지 않았다.

중국인 헤드헌터에게 회신이 온 것은 불과 사흘 만이었다.

"푸지엔福建, 의류와 신발 등 패션 쪽 제조가 활발한 타이완에 인접한 중국 남부 연안 도시에서 근무하는 것에 문제가 있습니까?"

K씨는 그곳을 가본 적조차 없다. 하지만 어쩌랴. 다 같은 중국일 텐데.

"회사와 업무만 괜찮다면 문제없습니다."

"그럼 내일 당장 면접을 위해 이동하실 준비를 하시지요. 비행기 표, 호텔 숙박 등 이동에 필요한 일체는 그쪽에서 준비할 예정이고 소정의 면접비도 책정되어 있습니다."

K씨는 그렇게 면접자로 대면할 회사에 대한 사전 조사도, 어떠한 준비도 없이 푸지엔으로 향했다.

"각 SKU^{Stock Keeping Unit}, 단품별 재고 관리용 식별 코드. 통상 단품 모델을 의미함별 매장 내 유통 재고는 어느 정도가 적당할까요?"

간단한 인사말이 오간 뒤 면접관으로 만난 중국 회사의 대표는 대뜸 질문을 시작했다.

"주력 SKU의 경우 해당 매장의 기대 매출에 150% 정도라고 생각합니다. 시즌 내에 인기를 얻을 경우 충분히 소진이 가능한 수량이며 예상보다 부진해도 이월 상품 특판이나 온라인을 통해 해당 지역 내에서 충분히 소진이 가능합니다. 매장 재고가 모자라 잃게 되는 기회매출을 생각해본다면 이쪽이 더 효율적입니다."

"너무 공격적이지 않나요? 직영점의 경우는 상관이 없지만, 가맹점은 재고 파악도 용이하지 않고 온라인으로 재고떨이를 해도 가맹점에게 발송시키기가 어려울 텐데요."

"시스템과 가맹점 혜택이 없다면 어렵겠지요. 저희 SCMS-Supply Chain Management System, 공급망 관리 시스템와 연동된 PRMS Partner Relationship Management System, 협력사 관리 시스템를 만들고 재고 정보가 업데이트된 가맹점에 한해 시즌이 지난 재고를 본사가 소진해주기 위해 나서는 겁니다. 본사가 통일적으로 온라인을 통해 판매하고 구매자의 주소지 부근의 직영, 가맹점에서 재고를 배송케 하는 거죠. 물론 이로 인한 수익은 브랜드사와 가맹점 사이에 나누어 가맹점 입장에서는 개별적 할인 행사와 엇비슷한 수익을 보장해준다면 마다할 이유가 없을 겁니다. 더군다나 개별적 할인 행사가 저희 브랜드사와의 계약 위반이기에 위약금 부담을 가져가며 재고떨이를 할 바에는 브랜드사에서 진행해주는 온라인 판매가 훨씬 편안할 겁니다."

그는 숨을 고르고 자신감에 넘치는 목소리로 대답을 이어갔다.

"물론 가맹점주가 관리를 못 하고 게을러서 PRMS에 판매 현황을 업데이트 안 하는 경우도 많겠지만 한 시즌, 두 시즌 자신들의 매장에만 재고가 쌓여가고 다른 매장들은 재고를 깔끔히 소진하는 것을 보고 나면 분명 그들도 부지런히 따라오게 될 겁니다."

지금 K씨는 푸지엔에서 근무하고 있다. 이전 직장보다 대우는 더 좋지만 미래는 전혀 알 수 없다. 먼 미래가 아닌 한두 해 뒤에도 여기서 근무할 수 있을지 미지수지만 K씨는 이전의 안락함과는 또 다른 기분을 느낀다. 바로 탄탄한 자신감이다. 일단은 상하이에 남겨놓고 온 가족들을 격주에 한 번씩 만나러 가는 고되고 외로운 삶이지만 이 삶에는 예측 가능한 것이 한 가지 있다. 중국에서 K씨에게 어떠한 시련이 다시 찾아온다 하더라도 그 시련이 절대 그를 이 땅에서 내몰 수는 없다는 것이다.

홀로서기

유행과 타이밍

2020년, 중국 우한武汉시를 시작으로 코로나19 바이러스가 전 세계로 퍼져갔다. 한국의 설날, 중국의 춘지에春节를 기점으로 중국의 바이러스 전파 속도는 극에 달했고 확산 방지와 방역을 위해 도시 봉쇄, 위생 강화, 출/입국 금지 등의 조치가 시작되었다. 초유의 사태를 맞이한 중국인들은 완벽한 패닉 상태에 빠졌고 중국 정부의 사회주의적인 강압적 중앙 통제조차 없었더라면 사회의 혼란은 국가 기능 상실이라는 파국의 국면까지도 충분히 이를 만한 상황이었다. 그 와중, 티 내면 안 되기에 숨어서 웃고 즐거워하던 사람들이 있었다.

J사는 한국의 용기 제작 전문 중견 업체다. 화장품, 세정제 등에 사용되는 압축 펌프 제조 전문 기업으로 20년 가까이 된 업력과 전문성으로 한국에서 나름의 입지를 구축했으며 고객사의 수요에 따라 중국과 미국에도 진출하여 사업을 전개하고

있다. 압축 펌프는 다른 부자재에 비해 진입 장벽이 높다. 압축이 가해지지 않는 평상시에는 밀폐를 유지해야 하며 매번 가해지는 압축에서 각 부품의 내구성과 안정성이 보장되어야만 설계된 만큼의 용량이 배출된다. 상상해보라. 한동안 사용하지 않은 알코올성 제품이 기화되어 막상 사용하려 했을 때 텅 비어 있거나, 어제까지 적량이 나오던 에센스 로션이 손바닥 넘치도록 뿜어져 나오는 광경을. 제품의 지속적 사용과 직결된 기계적 부자재이기에 사업 초기 괜찮은 부가가치를 창출할 수 있었다.

하지만 꽤 오래전부터 중국 동종 업계의 제조 기업들이 난도 높은 압축 펌프를 제대로 만들어내기 시작하고 가격 경쟁력까지 겸비한 탓에 사업이 어려워지기 시작했다. 낮아지는 단가, 쌓여가는 재고와 자금난으로 몸살을 앓던 J사 대표는 때마침 나타난 유럽 화장품 회사의 매수 제의에 J사를 매각하기로 내심 결정했다. 조건도 생각 외로 훌륭했던 탓에 서둘러 매각을 진행하려 했으나 늘 그렇듯 재무와 기술력 등에 대한 실사는 더디기만 했다. 그렇게 실사의 결과가 좋게 나오기만을 애타게 기다리고 있던 그 겨울, 애꿎게 코로나19 바이러스 사태가 터져버린 것이다.

메르스나 신종 플루 때와 같이 통제되고 곧 끝날 것이란 예상과는 다르게 한 달, 두 달, 그리고 한 분기가 지났다. 시간이 갈수록 정지된 상태 속에 한정된 산소가 고갈되어가는 듯 숨이

막혀 왔다. '이젠 진짜 끝이구나.' 수많은 위기를 구렁이 담 넘듯 해쳐온 J사지만 이 시점의 이 사태는 해결책이 없었다. 그리고 그때, 중국 지사 지사장으로부터 연락이 왔다.

"대표님, 저희 펌프 재고가 얼마나 있죠?"

'이 녀석이 이제 날 약 올리는구나. 욕이나 한바탕 해줄까?'

하지만 영업력이 워낙 훌륭한 탓에 지사 운영을 홀로 떠안다시피 하며 그간 흑자 운영을 해온 지사장이기에 대표는 욱하는 마음을 꾹 누르고 대답했다.

"삼사 년 전 악성 재고에 엉뚱하게 클레임 맞은 불량성 재고까지 합치면 백만 개는 족히 되네만 그건…."

흥분한 듯한 지사장이 숨 돌릴 틈도 없이 이야기를 끊고 들어왔다.

"전부 바로 중국에 보내주세요! 개당 단가는 저희 정상 단가의 120%입니다."

대표는 귀를 의심했다.

"자네 장난하나! 보관 상태도 엉망이고 포장도 제대로 안 되어 있을 뿐 아니라 그것들이 그간 어떤 불량이 생겼을지도 모르는데 그걸 보내라니?"

"중국 바이어가 상관없답니다, 전부 보내세요! 중국은 지금 난리가 났습니다! 모든 병원, 관공서뿐만 아니라 학교와 사업체까지도 의무적으로 손 소독제와 같은 개인 소독 용품을 일정량 비치하지 않으면 문을 못 열게 하는 통에 이미 생산된 제품들은 전부 동이 났습니다. 다시 생산을 해야 하는데 그 양이 엄청나고 메틸알코올과 같은 원료는 충분한데 부자재가 없어서 생산을 못 하고 있습니다. 비치해야 할 손 소독제의 경우, 압축 펌프가 필수인데 중국 압축 펌프 공장들의 생산량이 너무 느려서 이대로 가면 2년 뒤에도 지금 당장의 수요를 맞출 수가 없어요."

압축 펌프에 부르는 게 값인 '공급자 우위 시장'이 열린 것이다. 뒷일은 다음에 생각하기로 하고 지사장의 요청대로 재고 전량을 중국으로 보냈다. 그리고 몇 주 뒤, 본사 은행 계좌에는 수년 만에 처음으로 마이너스 표기가 사라진 잔고가 찍혔다. 그것도 매각 결정을 철회할 만큼 꽤 높은 단위의 잔액이.

코로나19 바이러스로 숨어서 미소 지은 기업은 J사만이 아니다. 방역 마스크뿐만 아니라 일반 마스크, 의료용 방호복 제조 기업들은 악성 재고가 다이너마이트에서 다이아몬드로 변하는 것을 경험했고, 그것들의 원단인 부직포 제조 기업들 역시 하루 24시간 공장 가동으로도 맞출 수 없는 수요와 숨 쉬고 돌아보면 올라가 있는 판매 단가에 심장이 멎는 듯한 짜릿함을 경험했을 것이다.

일본 수출 전문 마스크 제조 기업 N사는 고가의 나노 원단 마스크를 생산하고 있다. 회사 설립 초창기, 나노 원단의 제조 기술 특허를 자산으로 차량용 배터리 밴트캠, 기능성 의료의 원단 등 B2B 사업만을 염두에 두었으나 다른 기술을 가진 기존 업체들을 뚫고 들어가야 하는 시장 자체가 단시일 내 개척이 어렵다는 결론을 내리고 자체 상품을 만들어 동시에 진행하는 듀얼 사업 모델로 방향을 바꿨다. 그리고 세련된 디자인과 고사양의 원단을 무기로 한 나노 원단 마스크로 일본에서 작지 않은 시장을 점유하며 '나노 생리대', '나노 기저귀' 등 후속 상품을 계획하고 있었다. 그런 N사 역시 이번 코로나19 바이러스의 수혜자가 되었다. 자체 공장도 없이 제조 특허 하나에 기대어 위탁 생산을 하고 고가 제품인 탓에 일본 외의 해외 시장 진출에 부진했던 N사는 이번 사태를 겪으며 주식시장 상장의 기회를 노린 투자사의 대대적 투자를 받았고 덕분에 자체 공장을 마련할 수 있었다. 불과 몇 달 전만 해도 상상할 수 없는 일이었다.

위기는 도태된 자에게는 저주이지만 생존한 자에게는 축복이다. 이러한 재해 속에서 '존재만으로도 가치'를 인정받은 기업들과 다른 방식으로 스스로에게 때 이른 '축복'을 내린 이들도 적지 않다. 바로 유통사들이다. 연일 뉴스에 대대적으로 보도되었고 〈그것이 알고 싶다〉와 같은 탐사 프로그램에서도 빠지지 않고 다뤘던 이러한 특수 상품들의 '폭리', '사재기', '불법 거래', '해외 밀수' 등이 그들 스스로에게 내린 '자체 축복'이었다. 이러한 이들이 기승을 부리며, 멀쩡히 사업을 운영하던 도중 바이러스 재해로 인한 임시 폐업 상태에서 고통 받던 모범적 유통사들조차 유혹 받고 흔들리기 시작했다. 그들로부터 하루에도 십여 통 이상 걸려오는 전화와 문자 메시지를 통한 문의에 내가 해야 할 답은 정해져 있었다.

"원래 다루고 있던 품목이 아니라면 시작하지 마세요. 원래부터 아주 잘 알고 있고 모든 것이 갖추어져 있더라도 승리를 확신하기에 어려운 시기입니다. 카지노에 들어가는 사람들에게 하나하나 물어보세요. 오늘은 얼마를 잃고 나오실 건지. 아마 뺨을 맞을 겁니다. 어느 사람도 오늘 스스로가 돈을 잃고 나올 것이라 기대하지는 않을 테니까요. 당연히 도박은 확률 게임인 만큼 매번 카지노를 이길 수 있는 플레이어는 없습니다. 하지만 분명 그들에게 기회가 찾아오죠. 돈을 따는 겁니다. 돈을 딸 타이밍이 찾아온다면 차분히 적게 배팅하며 좋은 패와 큰 배팅의 기회를 기다리면 되는데 왜 다들 결국은 돈을 잃고 나올까요? 카지노가 꼼수를 부리거나 판을 조작해서가 아니라 정작 본인 스스로가 돈을 딸 타이밍은 알면서 그 타이밍이 언제 끝나는지를 모르기 때문이에요. 그 타이밍이 끝나감에도 흥분에 사로잡혀 판돈을 올리고, 그 타이밍이 끝났음에도 미련이 남아 그 자리를 못 떠나고 계속 배팅하기 때문입니다. 이 타이밍 비즈니스에서 당신은 과연 그 들어가고 나가야 하는 타이밍을 알 수 있을까요?"

충언을 따른 이도 있고 따르지 않은 이도 있다. 그리고 그 결과는 지금의 그들이 더 잘 알고 있을 것이다. 불가항력적이고 예측 불가능한 유행은 그 정도에 정비례하여 단기적 수익이 크고 그만큼 리스크도 크다. 그리고 그 업종과 품목에 능숙한 경험을 가지고 있지 않은 사업가에게는 수익보다 리스크의 비중이 더 클 수밖에 없다. 다시 말해, 유행은 예측 불가능하지만 결과는 뻔하다는 것이다.

심지어 노련한 해당 업종의 사업가도 자신의 노하우를 믿다가 함정에 빠지기 십상이다. 타이밍이 왔다 싶으니 사업을 확대하고 애초에 불가능한 수요 예측을 만들어내 투자를 심화한다. 우후죽순 생겨난 마스크 공장이 그러하고 이미 존재하는 공장들에 급격히 늘어난 생산 라인이 이를 증명한다. 너도나도 진입하고 확대한 이 시장의 공급자에 대한 계산이 빠진 것이다.

'늦었다고 생각할 때가 최적기다'라는 말이 있다. 이 말에 상반되는 말이 '내가 알면 너도 알고, 또 모두가 알고 있으니 이미 늦었다'이다. 앞의 말도 맞고 뒤의 말도 맞지만, 상황에 따라 둘의 적용 결과는 하늘과 땅 차이다. 그리고 특히 유행과 관련된 비즈니스에는 처음의 말이 독배와 다름없다.

그렇다고 절대 아무것도 하지 말라는 말은 아니다. 중국은 크고 시장은 세분화되어 있으며 그 세분화된 각 시장의 규모는 세분화됐다고 표현하기 미안할 정도로 크다. 그리고 유행은 돌고 또 돈다. 본인 스스로가 선택한 사업 모델, 아이템을 신앙하고 증거하며 꾸준히 진행하다 보면 분명 활로가 생기고 시류와 유행을 따라 기회는 찾아온다. 차분히 기회를 맞이하고 기회를 최대한 활용하는 동시에 이로 인한 리스크를 어떻게 최소화할지, 기회가 지나간 다음의 운영은 어떠해야 할지를 함께 고민해야 한다. 중국 사업에서 '일희일비⁻喜⁻悲, 매번 상황에 따라 기쁘고 슬프고의 감정 기복을 반복함'는 최대의 적이다.

유행과 타이밍

시국 라이더

밀레니엄에 들어서며 활황을 맞은 중국 시장과 축복과도 같았던 한국 기업, 제품들의 선전은 우리가 맛보지 못한 엄청난 포만감을 가져다주기에 충분했다. 그리고 찾아온 2017년 한국의 사드 배치와 이로 인한 중국의 한한령은 모두에게 악몽과도 같았다. 대국의 풍모를 느끼기에 충분한 주문과 매출이 무색하게 한순간 돌변한 중국은 수틀린 아이처럼 아주 작고 먼 것까지 놓치지 않고 심통을 부렸다. 중국 의존도가 높았던 기업과 관련 산업들은 물질적 타격을 넘어서 공포의 시간을 보내야 했다.

중국은 우리에게 늘 그런 시장이었다. 일본과는 댜오위다오釣魚島로 인한 영도 분쟁을 인민의 반일감정으로 전이시켜 일본산 제품의 불매 운동에 스위치를 켜고 그것만으로는 성에 안 찼는지 군중을 거리로 끌어내 일본산 차량을 불태우는 지경까지 방관하기에 이르렀다. 중국의 정치 상황을 이해한다면 차량을 불태우고 일본 대사관에 오물을 투척하는 행위의 불법성을 떠나 집회, 시위 자체가 이루어졌다는 것에 놀랄 수밖에 없다. 베트남과는 늘 있는 국경 분쟁 때마다 관광객 송출 제한, 대 베트남 투자 제한, 중국 내 베트남 기업에 대한 겁박 등이 단골 메뉴로 활용된다.

그렇기 때문에 G2라 불리며 국제 정세를 좌지우지하는 그 위상이 무색해지고 우리에게는 가장 큰 해외 시장임에도 든든한 파트너로 마음에 자리할 수 없다. 하지만 그렇다고 또 멀리하거나 배제할 수 있는 경제의 규모와 지정학적 위치가 아니기에 늘 이러지도 저러지도 못하는 불안한 동거가 이어져왔던 것이다. 이러한 와중에도 모두에게 찾아온 시국의 위협을 마치 기다렸다는 듯이 올라타고 그것을 역으로 이용하는 놀라운 플레이어들이 있다.

서핑은 파도를 극복하거나 헤쳐나가는 운동이 아니다. 자연의 위협적인 힘을 담은 파도를 즐기는 서퍼들은 맨몸과 얇은 판때기 하나를 이용해 그 파도의 힘을 자신의 즐거움으로 바꾼다. 그러기 위해 그들은 민첩한 순발력과 교본에 없는 균형감각으로 매번 크기와 모양이 다른 파도를 올라탄다. 그리고 그 파도 위에서 자신이 즐기고 보일 수 있는 퍼포먼스들을 해내며 그 파도를 이용한다. 파도가 없다면 그들도 없는 것이다.

한국의 사드 배치 전까지 L사는 화장품 시장에서 만년 2등이었다. 매년 엄청난 투자와 노력을 아끼지 않았음에도 부동의 1등인 A사를 이길 수 없었다. 그럴 만도 한 것이 A사는 한국 화장품 근현대사의 증거라 할 만큼 오랜 역사와 명맥을 지니고 있었고 사장과 임직원들 중 장인의 반열에 들 만한 화장품 마스터들이 다수 포진해 있었다. 반면, L사는 대기업의 계열사로 지주사의 눈치를 봐야 했고 지주사는 화장품에 대한 전문성이 전혀 없었기에 늘 현실과 엇박자 나는 사업의 방향성과 전략이 주어졌다.

그럼에도 대기업 특유의 까라면 까내고야 마는 저돌성과 자본의 힘으로 A사를 따라 했고 또 따라갔다. 훌륭한 2등이 되기에는 충분한 것이었지만 챔피언이 되기에는 모든 것들이 A사에 비해 아직 일렀다. 하지만 사드 배치로 인한 한한령이라는 위기 속에 그들이 내린 결정이 그들을 전혀 예상치 못한 위치까지 끌고 갔고 이제는 당당히 대한민국 화장품 업계의 챔피언이 되었다.

한한령의 시작은 콘텐츠부터 시작되었다. 한국 드라마, 예능, 음악 등 모든 무형의 상품들이 TV와 동영상 사이트 등에서 자취를 감췄다. 한국 연예인 역시 예외는 아니었다. 그들을 모델로 선정한 중국 기업들은 앞다투어 그들의 광고 속에서 한국 연예인들을 중국 연예인들로 교체했고 한국 연예인이 등장하는 모든 광고, 영상 등이 플랫폼에서 게재를 거부당했다. 달리 대안이 없는 한국 기업들은 광고 속에서 모델들을 지워내야만 했다.

그다음은 관광이었다. 매년 대거 한국을 찾는 단체 관광객을 모객하고 관광 상품을 운영하던 여행사들이 모든 한국 관광 상품들을 취소했다. 일순간 중국인들로 가득하던 명동과 시내 면세점이 비어가기 시작했다. 그리고 그곳들이 텅 비기까지는 그리 오래 걸리지 않았다. 이러한 상황 속에서 가장 큰 피해자는 당연히 중국 관광객을 대상으로 생업을 운영하던 관광 명소의 자영업자들과 현지 여행사, 호텔, 면세점이었겠지만 그곳에서 불타나게 팔리던 화장품 브랜드사들과 관련 업종들도 국내 매출의 절반 가까이를 잃어야 했다.

그리고 찾아온 것이 불매 운동이었다. 중국 시장에서 한국산 제품들에 대한 보이콧이 이루어지기 시작한 것이다 국가 차원에서 이루어진 것은 아니지만 그 분위기를 만들고 달군 것은 누가 봐도 중국 정부였다. 말 잘 듣는 중국 인민들은 그 분위기를 받아들여 한국산 제품에 대한 소비를 줄여가기 시작했고 분위기를 감지한 유통사들은 한국산 화장품의 대체품으로 일본산 화장품, 자국산 화장품을 앞에 내놓기 시작했다. 하나 건너 또 하나, 계속되는 제한 속에서 줄어가는 매출을 바라보며 한국 화장품 기업들은 망연자실할 뿐이었다.

하지만 그러한 단계별 악재 속에서도 우리의 편에 서길 희망했던 이들이 있었다. 한국산 제품임을 떠나 특정 브랜드와 제품에 충성하는 열성 소비자들이 존재했고 중국 시장이 큰 만큼 희소해 보이는 그들의 숫자를 합쳐놓으니 적은 것이 아니었다. 그리고 그들로 인해 시장을 포기할 수 없던 유통사, 소매상들이 있었다. 특정 판매자들은 여전히 한국산 특정 제품에 대한 수급이 필요했고 그들에게는 그것이 그들 고객과의 관계, 고객의 신뢰를 지켜내는 가장 확실한 해결책이었던 것이다.

그러나 그들에게는 방법이 많지 않았다. 수입되는 제품마다 한국산이라는 이유로 중국 세관에서 사사건건 시비를 걸어대는 통에 물건을 제시간에 빼는 것은커녕 제대로 통관시키기조차 어려웠고 개인 판매자들은 다이고우, 관광객들로부터 수급하던 면세품들이 틀어막힌 한국 여행으로 씨가 말라버렸다. 다급해진 그들은 브랜드사, 제조사들에 손을 벌렸다. "중국 내에서 제품 수급이 너무 어렵습니다. 비록 저희를 모르시겠지만 저희는 그간 열심히 귀사의 제품을 판매하던 사람들입니다. 규모는 크지 않지만 꼭 필요하니 공급을 부탁드릴게요. 한국에서 공급만 해주시면 중국으로는 저희가 방법을 찾아 가져오겠습니다." 유명 화장품 브랜드사가 과거에는 알 수 없던, 알 필요조차 없던 소규모 영세 판매자로부터 끊임없는 연락이 폭주했다. 물론 A사와 L사가 그 연락을 가장 많이 받은 기업임은 의심의 여지가 없다.

그 상황에서 A사는 양반이었고 선비였다. A사는 과거 자사의 고가 제품들이 중국인들에게 환호 받으며 명실공히 최고의 인기를 구가할 때에도 마냥 달갑지가 않았다. 면세점에서 사재기하는 중국 관광객, 다이고우 덕에 공급은 늘 수요를 맞출 수 없었고, 그렇게 중국으로 넘어온 제품들이 중국에서 정식 유통되는 제품보다 낮은 가격으로 재판매되며 A사가 그어놓은 경계를 흔들고 있었다. A사는 과감하게 '면세점 인당 구매 수량 제한'이라는 정책을 내놓으며 '많이 사준다고 꼭 감사한 것은 아님'을 알렸다. "저희는 각 국가마다 정해진 총판이 있습니다. 그 총판 이외의 기업, 개인과는 거래를 하지 않습니다."

하지만 L사는 다른 선택을 했다. 총판의 통관이 어려워지고 재고부족으로 판매 가능한 물품이 줄어드는 현실적인 난관을 L사는 인지하고 있었다. 물론 그 기간 총판으로부터의 주문은 들어오지 않았고 천천히 총판이 거래하는 중국 소매상들도 줄어들고 있을 것이 분명했다. 대기업으로서의 원칙과 브랜드의 위상을 생각한다면 연락 온 소규모 업자들, 소매상들과 거래해서는 안 되는 것이었다. 그럼에도 그들은 과감히 모든 것을 내려놓고 후일 과오로 남을지도 모를 선택을 했다. 총판에게 양해를 구하고 혹 문제가 될 시 그에 대한 책임도 지겠다는 약속과 함께 연락 온 소매상들에게 제품을 공급하기로 한 것이다. "고객이 왕이다. 총판도 고객이지만 진정한 고객은 소비자들이다. 그들이 구매를 원한다면 우리는 공급해야 할 책임이 있다."

길고 긴 진통 끝에 사드로 인한 한한령이 조금씩 누그러들기 시작했고 사드 사태가 과거형이 되기까지는 꽤 긴 시간이 흘렀다. 그간 A사와 L사의 중국 매출은 큰 차이가 없었다. 막혀 있던 제재들에 L사의 선택이 눈에 보일 만한 현실적 이익은 가져다주지 못한 것이다. 하지만 진짜 성적표는 사드가 끝나며 명확히 드러나기 시작했다. 직영점 이외의 소매점에서 찾을 수 없던 A사의 제품들은 소비자들에게 잊히기 시작했다. 잊힌 그 마음속을 L사와 다른 국가 제품들이 비집고 들어와 자리했고 제약이 사라진 시장에서 L사는 과거와 같은 소비자들의 환영을 받았으나 A사는 이전과 같지 못함을 느껴야 했다.

소비자뿐만 아니라 판매 플랫폼들 역시 마찬가지였다. 한한령 기간 내내 눈엣가시와도 같고 뜨거운 감자와도 같던 L사 제품들이 계속해서 자사 플랫폼에서 판매가 이루어지고 있고 그 주범인 L사는 골칫거리로 여겨졌지만 상황이 바뀌니 의리 넘치는 '중국 친화적인 기업'으로 비춰진 것이다. 한국산 제품들을 다시 메인으로 끄집어내며 플랫폼들은 L사 제품들을 제일 먼저, 제일 앞단에 올려놓았다. L사의 위상이 바뀌고 매출이 바뀌는 순간이 찾아온 것이다.

중국에서 가장 많이 팔리는 고가 화장품은 여전히 유럽, 미국, 일본산 제품들이다. 비싸서 부담스럽지만 너도나도 사고 싶어 하고 또 무리해서 구매하는 제품을 우리는 명품이라고 부른다. 한국산 화장품이 중국에서 명품의 반열에 오르기에는 아직도 여전히 시간이 필요해 보인다. 아니, 명품이 될 수 있을지를 판단하기에는 이르다고 보는 것이 맞겠다. 하지만 분명한 것은 L사의 브랜드, 제품은 그 기회가 있다는 것이다. A사는? 큰 기업이고 멋진 브랜드, 좋은 제품을 만드는 것은 맞지만, 그 기회가 있는지 나는 잘 모르겠다.

청년 창업

2010년 이후, 한국은 창조경제라는 새로운 바람이 불었다. 불황기를 타개하기 위해 새로운 패러다임이 절실했던 당시의 정부에 의해 주창된 이 대명제는 4차 산업 혁명과 결합하며 일거리 창출의 원동력이 되었고, 그중에서도 청년 일거리 창출에 가장 크게 기여했다. 대학을 졸업해도 취업이 어려운 현실 앞에서 학자금 대출 상환에 짓눌리며 노동판으로, 편의점 아르바이트로 내몰리던 젊은이들이 정부가 주도하는 '청년 창업 지원 정책'을 발판 삼아 너도나도 대표님이 되었다.

은행은 정부의 권고에 따라 '청년 창업 지원 대출'과 같은 조건이 간결하고 금리가 낮은 또 다른 빚덩이를 준비했고 국가에 대한 믿음이 부모에 대한 믿음만큼 크고 단단했던 젊은이들이 그 손길에 팔을 뻗었다. 그들은 그 빚을 종잣돈 삼아 창업을 했고 그 창업 아이템들은 상대적으로 소자본, 소규모 창업이 가능한 IT 분야 일색이었다. 물론 나라도, 은행도 전통적 사업 분야보다는 IT 분야의 창업을 선호했고 대충 짜깁기한 사업 계획서 하나로도 손쉽게 그 지원의 문을 열 수 있었다.

빅 데이터와 데이터 마이닝의 본질적 의미를 이해할 수 없었던 젊은 대표와 직원들은 모두 프로그램 개발에만 몰두했다. 그리고 그 프로그램의 프로토 타입이 완성될 즈음엔 얼마 안 되는 창업 지원금은 이미 고갈 상태가 되어 있었다. 온라인 쇼핑몰이건, 모바일 서비스건, 빚을 지고 시작한 일이기에 결과 없이 포기할 수는 없는 노릇이었다. 밤잠을 설치며 고심한 대표에게는 단 한 가지 대책밖에 떠오르지 않았고, 그것은 옆 사무실의 아무개와 앞 건물의 아무개도 모두 선택한 대책이었다.

'추가 투자 확보', 그것이 유일한 살길이었다. 이전의 사업 계획서를 적당히 업데이트해 프로그램의 프로토 타입 시현 위주의 투자 제안서를 준비해 찾아간 VC^{Venture Capital}에서는 주어진 30분이 채 안 되는 시간 동안 제대로 혼만 나고 돌아오기 마련이다. 준비된 제안서를 대충 훑어본 VC 투자역은 능숙한 어조와 빠른 속도로 질문을 쏟아낸다.

"수익 모델이 검증됐나요?"

"사용자 확보 계획이 빈약하지 않습니까?"

"한국에서 이 많은 데이터를 만들어낼 수 있나요?"

"BEP^{Break Even Point, 손익분기점}가 너무 멀리 있지 않나요?"

창업 당시, 정부와 은행에서 높은 점수를 주었던 아이디어의 참신함과 프로그램 개발 능력은 투자역에게 관심사가 아니었다. 청년은 그렇게 '수익 창출을 위한 시장'을 보여주고 그 비전을 제시해야만 VC의 투자금을 확보할 수 있다는 것을 깨닫게 된다.

짧은 시간 내 그 많은 사용자와 데이터를 어떻게 확보하란 말인가? 한정된 인구, 치열한 경쟁의 반도 시장을 백 번, 천 번 이야기해봤자 VC의 마음을 흔들 수 없다. 결국 숫자의 나라 중국을 소재 삼아 미래를 그려야 한다. 그렇게 '중국몽中国梦'을 비전으로 그려진 청사진이 눈앞에 펼쳐져야 VC 투자역은 그나마 고개를 끄덕이게 된다. 실제로 당시 신규 회사들은 중국에 한 번 와보지 못한 대표와 중국 사업 비전이라는 어색한 조합이 대부분이었다.

"투자금으로 탄창만 채워주시면 이 서비스로 중국 대륙을 싹 쓸어 담고 오겠습니다!"

말하는 대표도 모르고 듣는 투자역도 모른다. 탄창이 가득 찬 대한민국 국군이 총알도 없는 빈총을 들고 밀려오는 중공군에게 어떻게 당했는지. 그 상황에서는 탄창을 가득 채우고 온 몸을 중화기로 휘감아도 그들은 절대 람보가 될 수 없다. 그리고 그렇게 내몰리듯 중국으로 온 수많은 창업 기업들이 전장의 이슬로 소리 없이 사라졌고, 지금 이 순간에도 사라지고 있다.

H양은 중국어 교육학 석사를 마친 뒤 전공을 살려 중국어 학원 강사로 일했다. 수입이 그다지 좋지는 않았지만 자유로운 시간 배분과 학생들의 늘어가는 중국어 실력에서 느끼는 보람으로 이 일이 지루하지 않았고 회의 같은 것을 느껴본 적도 없었다. H양의 모친은 장성한 자녀들에게 누를 끼치고 싶지 않아 스스로가 작은 커피숍을 운영하며 생활하고 있었고 H양은 개인적 시간에 모친의 커피숍에 나가 일을 도왔다. H양 모친의 커피숍은 프랜차이즈 브랜드도 아니었고 규모가 크지도 않았지만, H양이 가진 트렌드에 대한 센스와 빠른 실행력의 도움을 받아 동네에서 인정받는 소위 '인싸 카페'가 되었다.

그런 어느 날, 동네 어귀의 작은 가게인 그들의 카페에 두 쌍의 중국 관광객 부부가 들어섰다. 한국어로만 쓰인 메뉴에서 어쩔 줄 모르는 그 부부에게 능숙한 중국어로 말을 건네는 H양을 그들은 고국 사람 만난 듯 반가워했고 자리에 동석을 청해 왔다.

"길을 잘못 들어 헤매다 눈에 띈 이 커피숍이 너무 예뻐서 들어왔어요. 이걸 내가 사는 도시에서 운영하면 정말 인기 최고일 텐데."

그들 부부는 보물을 찾은 선장처럼 홍조를 띠고 격한 어조로 말을 이어갔다.

"언제고 중국에 오게 되면 꼭 우리가 사는 도시에 들러주

세요. 투자금은 저희가 책임질 테니 이 커피숍 그대로만 만들어
주시면 됩니다."

그날 이후 H양은 신열에 들뜬 듯 일이 손에 잡히지 않았
고 강습에 집중할 수가 없었다. 그리고 어릴 적 친구가 중국에
생활하고 있으며 그 친구가 마침 자신보다 더 오랜 시간 중국에
서 생활한 사람과 결혼하여 함께하고 있음이 떠올랐다. 그녀의
실행력이 빛을 발했다. 그녀는 어느새 베이징행 비행기에 몸을
실었고 그녀 친구의 신혼집에 자리하고 있었다. 모친의 커피숍
디자인과 운영에 많은 기여를 했다고는 하지만 체계적인 커피숍
업무를 해본 적이 없던 H양이 준비해온 사업 계획서는 빈약하
기 그지없었다. 이걸로는 당시의 그 부부들에게 실질적 투자를
끌어낼 가능성이 전혀 보이지 않았다. 다행히 컨설팅 회사에서
다년간 일해온 친구의 도움을 받아 밤새 손을 본 사업 계획서를
쥐고 그녀는 자신을 초대한 두 부부가 있는 도시로 향하기 위해
다시금 비행기에 올랐다.

베이징으로 돌아온 그녀의 안색은 몹시 어두웠다. 확신에
가득 차 열을 띠며 그녀를 흔들어놓았던 두 부부는 그들의 도
시에서 사뭇 달랐다. 반갑게 맞는 얼굴도 잠시, 냉정한 표정과
차가운 눈으로 그녀의 사업 계획을 바라봤다. 그리고 그들의 구
체적인 질문에 그녀는 단 하나 시원스럽게 대답하지 못했다. 좀
더 무르익으면 꼭 다시 만나자는 그들을 뒤로하고 허탈한 심정

으로 귀국을 위해 잠시 베이징에 돌아온 그녀는 이미 이전의 그녀가 아니었다.

망가진 자존심과 허무한 상실감보다 더 크게 그녀를 감싸고 있는 것은 다름 아닌 '음료 프랜차이즈'에 대한 꿈이었다. 학원 강사 H양에서 사업가 H양으로 거듭 태어난 순간이었다. 그러한 꿈과 희망에 신이 나 떠들고 있는 그녀에게 그녀 친구 남편이 말했다.

"진짜 이 일을 하고 싶다고? 이게 너의 평온했던 인생을 망칠지도 모르는데? 한번 들어가면 다시 이전으로 돌아가는 것이 불가능할 수도 있다고."

크게 고개를 끄떡이는 그녀에게 지령이 떨어졌다.

"그럼 한국에 돌아가 동네 부근의 대형 프랜차이즈 T사의 커피숍에 아르바이트생으로 취업하도록 해. 그만두라고 할 때까지 계속해야 하고 중간에 포기할 거면 이 진로 자체를 포기하는 거야. 알았지?"

그녀는 이력서에 그녀가 졸업한 고등학교까지만 기재했다. 커피숍 아르바이트생을 뽑는 점장의 입장에서 그녀의 학력이 부담일까 걱정됐기 때문이다. 그렇게 그녀는 서울의 어느 T커피숍 매장에서 일을 시작했다. 처음에는 쓸고, 닦고, 씻기만을 반복하는 업무였다. 부단히 반복되는 업무를 두어 달 했을 때, 주문을 받고 커피를 내리는 일도 할 기회가 주어졌다. 소위 '바리

스타'의 길에 입문한 것이다. 목표가 있었기에 누구보다 열심히 했지만, 매장 일들이 완전히 손에 익어 부점장의 역할까지도 맡게 된 반년의 시간 동안, 이 지령을 내린 베이징의 친구 남편으로부터는 아무런 연락이 없었다. '나를 잊은 게 아닌가?' 두렵고 지쳤다.

그녀가 T커피숍 구석구석을 외우고 익히고 있던 그 시기, T사는 중국에 법인 설립이 한창이었다. 중국 지사장으로는 커피숍이나 프랜차이즈와는 거리가 멀지만 오랜 중국 생활과 성실한 태도, 원만한 인간관계로 T사 대표에게 일찌감치 신뢰를 쌓은 이가 낙점된 상태였다. T사 중국 지사장은 법인 설립과 함께 베이징에 직영 1호점을 오픈하고 대대적인 중국 사업 진출을 알릴 계획이었다. 그런 그에게 중국 시장 개척에 함께할 인력 수급은 쉽지 않은 일이었다. 마땅한 인재를 구하지 못해 전전긍긍하던 그에게 그의 학교 선배인 H양 친구의 남편이 때마침 전화를 걸어와 넌지시 한마디를 건넸다.

"모르고 있겠지만, 중국어에 능숙한 한 젊은이가 지금 한국의 자네 본사 가맹점 중 하나에서 아르바이트 중이야. 아마한 반년 넘었지? 묵묵히 일하고 있나 보던데 자네가 쓸 만한 인재인지 기회 되면 한번 보도록 해봐."

상상하기 힘든 이야기에 T사 지사장은 한국 본사의 대표에게 연락하여 그녀에 대해 이야기했다. 역시 믿기 힘든 이야기를 건네 들은 한국 본사 대표는 그녀가 일하는 매장의 가맹 점주에게 전화했다. 마침 대표의 친구가 가맹 점주였기에 가감 없는 이야기를 들을 수 있을 터였다.

"갑자기 그 친구는 어떻게 알게 돼서 물어보는 거야? H양은 우리 가게의 최고 선수지. 이미 내 몫의 일까지 다 뺏어간 통에 내가 할 일이 없어. 정직원 제안을 여러 번 했는데 자기는 다른 계획이 있다며 매번 퇴짜를 놓더라고. 근데 도대체 그 친구는 왜?"

이래서 점주는 가맹 본사 대표에게 H양을 뺏기고 말았다. 반년이 넘는 시간 동안 소림사 동자승처럼 마당만 쓸던 H양은 이제 본사 해외 사업팀 소속으로 출근을 시작하게 된 것이다. 물론 그녀에게 취업의 특혜는 있었지만 업무의 특혜는 주어지지 않았다. 수습사원에서 말단 사원까지 온갖 궂은일들과 잡무들이 그녀의 몫이었다. 그렇게 한국에서의 시간이 하염없이 흘러갔다. '중국은 도대체 언제 갈 수 있는 것일까? 이러다 결국 중국도 못 가고 이 일만 하다 끝나는 게 아닌가?' 또다시 두려움에 사로잡힌 그녀는 스스로가 마음을 다시 다잡기를 반복했다.

그러길 일 년여, 그녀를 기다리던 중국 지사장이 폭발했다.

"대표님, 여기 모두 업무가 이미 턱까지 올라와 있습니다. 중국 지사 때문에 채용한다고 하셨던 H양은 도대체 언제 보내주실 생각이세요? 저희 다 쓰러지고 난 뒤에 보내주시면 그땐

소용없습니다!"

마침내 H양은 소속을 바꿔 T사의 중국 지사에서 근무를 시작할 수 있었다. 그녀를 애타게 기다리던 중국 지사장은 그녀를 제대로 쓸 줄 아는 사람이었다. 매장의 인테리어, 오픈, 교육, 운영, 현지 물품 소싱까지 딱 그녀가 죽지 않을 만큼의 업무가 주어졌다. 그리고 지사장은 부드럽게, 하지만 단호하게 그녀를 이끌어갔다.

그녀의 손을 거쳐 중국 전역에 신규 매장들이 들어서고 때로는 허물리며 사업이 이어져갔다. 반복적인 그 루틴 안에서 늘 새로운 사건, 사고들이 생겼고 그녀는 그때마다 스스로의 부족함에 자괴감을 느끼고 합리적 해결 방안을 보고하기 위해 고민에 빠져야 했다. 날이 갈수록 그녀는 자신감을 잃어갔다. '과연 내가 세운 목표에서 출발선에나 설 수 있을까?' 맥이 빠진 그녀에게는 결단이 필요했다. 좀 더 배우며 기다릴 것인가, 아니면 도전할 것인가? 배우면 배울수록 그녀는 남은 자신감마저 신기루처럼 사라질 것만 같았다. 조금이나마 의지가 남았을 때 도전을 하는 방법밖에 없을 것 같았다.

2017년 4월, 상하이의 한 골목에 그녀의 아주 작고 예쁜 테이크아웃 커피숍이 열렸다. H양만의 커피숍을 열기에는 자금도 부족했고 중국 현지에 대한 자신감이 부족한 탓에 T사 업무를 하며 알게 된 중국인 한 명을 파트너로 하여 매장을 낸 것이다. 그간 연마한 바리스타로서의 노하우와 원두에 대한 소싱 정보를 바탕으로 최고의 커피 맛을 내기 위해 모든 노력을 바쳤다. 상하이 일대에 소문이 나며 소위 줄을 세우는 커피숍이 되기까지는 얼마 걸리지 않았다. 마케팅을 모르거니와 그쪽으로 투자할 자금도 없었기에 매장 운영에만 집중했지만 고맙게도 상하이의 내로라하는 인플루언서들이 스스로 찾아와 셀카를 찍고 라이브 방송을 하며 부탁하지도 않은 매장 홍보에 열심이었다. 그간의 마당 쓸기가 결과를 만들어내는 순간이었다. 적극적이고 공격적인 H양과 달리 중국인 파트너는 보수적이고 신중했다. 2호점 오픈에 대한 H양의 의지를 들으며 서로 간의 의견이 극단적으로 갈렸지만, 파트너는 결국 H양에게 결정을 양보했고, 사업 시작 반년 만에 2호점이 문을 열었다.

하지만 불행히도 결과는 파트너의 판단이 옳았다. 서둘러 구한 2호점 매장의 상권은 유동 인구와 주변 소비 수준을 잘못 계산한 곳이었고 두 매장 모두 '원숙한 가게'로 만들기에는 H양 직원들의 충성도와 트레이닝이 부족했다. 오픈 이후 나아질지 모르는 2호점 운영에 매달리는 H양으로 1호점은 온전히 직원들에 의해 운영되어야 했고 급기야 잘나가던 1호점의 매출마저 줄어들기 시작했다. 그러면서 성과와 이익이 하늘을 향해 선을 그리고 있을 때에 없던 문제가 생기기 시작했다. 두 파트너 사이의 잦은 의견 충돌이 바로 그것이었다.

계속되는 충돌로 깊어간 서로 간의 골은 결국 자금 운용의 어려움에 처하자 더 이상 버티지를 못하고 파국으로 몰렸다. 50 대 50으로 출자하고 운영된 커피숍은 둘 사이 원만한 결론을 내지 못하고 어느 누구의 것도 아닌 자체 정리, 즉 자멸을 택해야 했다. 매일매일 생겨나고 또 사라지는 중국의 왕홍디엔網红店, 핫플-핫플레이스 중 하나로 사람들의 기억 속에서 잊히는 길로 들어선 것이다.

하지만 H양은 아직 포기하지 않았다. 중국에 너무나도 많이 생겨버린 커피숍, 중국인들이 가장 사랑하고 또 넘쳐나는 밀크티, 그 사이에서 그녀는 차별화된 그녀만의 음료 사업을 구상해냈다. 바로 '생우유'였다. 탈지, 전지분유 가루와 차를 섞어 만드는 밀크티와는 다르게 한국인에게는 익숙한 고급 생우유에 딸기, 바나나, 꿀, 홍삼 등을 갈아 만든 엄마표 우유 음료 매장을 그녀의 새로운 사업으로 시작한 것이다. 사람들은 매장 앞에 줄을 섰고 유명세는 또다시 쉽게 찾아왔다. 하지만 실상의 수익은 별 볼 일 없었고 찾아온 가맹사업 투자사들은 변죽만 울리고 사라지기 일쑤였다. 더군다나 요식업 매장들이 하나하나 문을 닫는 코로나 시국이 오자 운영의 어려움은 더해졌다.

그럼에도 그녀는 절대 포기할 생각이 없다. 단지 한 가지만 후회될 뿐. 'T사에서 일할 때 왜 좀 더 노력해서 배우지 않았을까? 왜 좀 더 절박하고 깊게 경험하지 못했을까? 목숨도 포기할

───── H양의 생우유 음료 매장. (source: Baidu)

각오로 했었어야지…' H양은 이제야 알 것 같다. 지금의 창업과

사업 운영을 생각하면 그녀의 취업과 직장 생활은 너무도 쉬운

것이었다는걸. 그렇기에 그 둘은 서로 간에 대안이 될 수 있는

것이 아니다.

제5장

비즈니스 매너

식사

이제 막 중국에 발을 디딘 주 연구소장은 한국 화장품 OEM/ODM 업계에서 꽤나 유명한 인물이다. '동동구리무해방 이후 행상들이 북을 동동 치며 크림의 일본식 발음 구리무를 외치며 팔았다 하여 붙은 콜드크림의 옛 이름'로 대표되는 한국의 화장품 근대사 이후 지금의 K-Beauty 신화를 만들어낸 화장품 현대사 주역 중 한 명이다. 그런 그를 한국인이 설립한 중국 화장품 회사에서 영입한 것이다.

중국으로 오기 전, 주 소장은 생각이 많았다. 낯선 땅에서 새로운 회사의 연구소를 맡아 운영하기 위해 필요한 모든 업무들을 나열했고 그에 대한 구체적 계획도 수립해두었다. 하지만 중국에 도착한 주 소장에게 주어진 첫 번째 업무는 다름 아닌 '출장'이었다. 회사 사람들과 첫인사를 나눌 틈도 없이 주어진 출장이 당혹스러웠지만, 회사 입장을 생각한다면 기꺼이 따라나서야 했다. 회사는 자신들의 주요 고객들에게 주 소장의 영입을 대대적으로 홍보했고 주요 고객사들은 자신들의 제품이 한국의 유명 연구소장의 손을 통해 만들어진다는 사실을 내세워 마케팅하기 위한 준비를 마친 상태였다. 거기에 회사는 당시 아직 확정되지도 않은 주 소장의 영입을 밑천으로 신규 고객사까지 확보한 터라 주 소장을 데리고 고객들을 만나러 가는 시간이 더 이상 지체되면 안 되었다.

광저우廣州 바이윈 공항에 도착한 주 소장 일행은 바로 고객사가 정해놓은 식당으로 향했다. 중국 산해진미 중 가히 최고라 불리는 광저우 음식을 현지에서 맛볼 생각에 주 소장은 한껏 들떠 있었다. 한국의 중화요리 집에서 파는 전가복全家福과는 무엇이 다를까? 저녁 메뉴로 불도장佛跳墻은 나올까? 딤섬点心들이 좋은데 저녁에는 나오지 않겠지?

식당에 들어선 주 소장은 식당의 규모에 일단 놀랐다. 족히 10층은 되어 보이는 건물이 전부 이 식당이라는 것이다. 수산시장을 방불케 하는 식당 1층 수족관에는 랍스터부터 전복, 각종 조개류, 생선들과 생전 본 적이 없던 희한한 생물들도 보였다. 방금 지나가며 본 생명체는 아쿠아리움에서 본 적이 있던 투구게가 분명했다. 그 외에도 일반인들이 관상용으로조차 키우기 힘들 법한 희귀 생물들이 눈에 띄었고 그것들은 아무리 다시 보아도 먹거리로는 보이지 않는 것들이었다. 그렇게 눈요기를 하며 입구를 거쳐 엘리베이터를 타고 6층에 도착했다. 1층은 요리

—— 중국 식당의 다이닝룸. (source: Baidu)

의 재료를 선정하기 위한 수족관과 선정된 재료를 요리하는 조리실이 위치하고 있고 2~3층의 홀에는 테이블들이 있으며 4층부터는 모두 개별 방으로 이루어져 있다고 했다.

방으로 들어서니 테이블 옆 소파 쪽에 모여 있던 고객사 일행이 주 소장 일행을 반겼다. 유일하게 알아듣는 중국말인 니하오你好밖에 들리지 않는 주 소장의 눈에 선반 위 가득 올려진 마오타이주茅台酒, 고량주 중에 중국을 대표하는 백주가 먼저 들어왔다. '오늘 이 자리에서 멀쩡히 걸어나가기는 글렀구나….'

연구원 출신이라 수줍음이 많은 주 소장이 창가 쪽 구석 자리로 다가가자 고객사 직원들이 달려와 주 소장을 이끌었다.

"소장님, 자리가 이미 배정되어 있습니다. 이쪽 주빈석主賓席

에 앉으셔야 해요."

통역의 설명을 들으며 고객사 대표로 보이는 인상 좋은 분 옆자리로 옮겨갔다. 식사 참석자 모두가 자리에 앉기까지도 꽤 시간이 걸렸다. 빠른 눈짐작으로 보니 우리 쪽 다섯 명, 고객사 쪽이 열 서넛 정도, 도합 스무 명이 안 되는 숫자였다.

정갈하게 세팅이 이루어져 있는 테이블에는 특이하게 한 사람당 젓가락이 두 쌍씩 놓여 있었고 유리컵과 숟가락, 빈 그 릇, 빈 접시 위에 또 작은 접시 하나가 포개져 놓여 있었다. 그리 고 마치 백설 공주의 일곱 난쟁이나 쓸 만한 안약 용기 크기의 술잔 하나와 작은 투명 호리병도 함께 있었다. 한 명이 테이블 위의 보온병을 집어 유리컵에 뜨거운 물을 담으니 너도나도 유 리컵을 채우기 시작했다. 그리고 갑자기 말없이 모두가 분주해 졌다.

그 유리컵에 젓가락 두 쌍을 담그고 숟가락도 담그고 술잔 도 담그고. 식기들의 온탕 입수라는 놀라운 광경에 주 소장은 눈만 크게 뜨고 지켜볼 뿐이었다.

"자신이 쓸 식사 도구들을 소독하는 중이에요. 깨끗이 설 거지되어 나오는 것들이겠지만 여기 사람들은 예전부터 해오던 이 습관을 버리지 못하거든요."

설명을 듣고 난 주 소장은 자신도 하나하나 따라 해보기로 했다. 다른 부분은 다 따라 할 만했지만, 마지막에 컵에 담긴 물을 접시에 옮겨 소독하는 과정은 그리 쉽지 않았다. 마치 여우에게 식사 초대를 받은 두루미처럼 낯선 과정에 버벅거리는 자신이 우습기도 하고 어이없기도 했다.

웨이트리스가 가져온 대야에 모두가 그 물들을 따라 내고서야 그 의식과 같은 과정은 끝이 났다. 그리고 웨이트리스가 몇 개의 작은 그릇에 담긴 음식들을 내오기 시작했다. '식사가 시작되는구나!' 한국에서 중국, 중국 상하이에서 광저우까지 주 소장은 길었던 하루의 여정에 시장기를 느꼈다. 하지만 아무도 젓가락을 드는 이가 없었다. '뭐가 또 남았나?'

주 소장 옆자리의 고객사 대표가 입을 열었다.

"오늘 저희를 위해 친히 광저우를 방문해주신 주 소장님을 진심으로 환영합니다. 우선 저희 직원들을 소개해드리겠습니다."

맙소사···. 저 많은 인원을 한 명 한 명 소개하겠단 말인가? 밥은 도대체 언제 먹을 수 있는 것인가? 주 소장이 절대 기억 못할 한 명 한 명을 호명하며 그들의 직책과 업무를 간단히 소개하는 동안 고객사 직원 중 한 명은 자리를 돌며 투명 호리병에 술을 채우고 있었다. 의외로 소개는 짧고 간단했다. 모두의 호리병이 채워졌을 무렵, 대표의 직원 소개 시간은 끝이 났다. 대표가 호리병의 술을 술잔에 따르자 모두 각자의 술잔을 채우고 잔을 들어 건배했다. 그리고 누군가가 드디어 젓가락을 들었다. 마

식사

침내 식사가 시작된다!

젓가락을 들어 자신이 처음 맛볼 음식을 고르는 와중, 바로 뒤에서 인기척을 느낀 주 소장은 흠칫 돌아봤다. 고객사 직원 중 한 명이 자신의 뒤에 호리병과 술잔을 들고 서 있는 것이 아닌가?

"주 소장님께 술을 한 잔 권하고 싶다고 합니다."

주 소장은 황망히 자신의 술잔을 챙겨 자리에서 일어났다. 하지만 정작 술잔을 부딪치기 전에 그는 무언가를 열심히 떠들고 있었다. 통역이 따라갈 수 없을 만큼의 빠른 말과 많은 단어들을 쏟아낸 그의 이야기는 한마디로 "잘 부탁합니다."였다. 그리고 드디어 그와 술잔을 비웠다. 다시 자리에 앉으며 보니 그는 이미 주 소장 일행 중 한 명에게 다가가 똑같은 자세로 마주보며 많은 말들을 쏟아내고 있었다. '이제 좀 먹자.' 젓가락을 들고 맹수와도 같이 음식을 향하는 주 소장을 통역이 제지했다.

"소장님, 까만색 젓가락은 개인용 젓가락입니다. 그 젓가락으로는 본인의 접시에 담긴 음식만 드셔야 해요. 테이블에서 음식을 본인의 접시로 가져오실 때는 하얀색 젓가락인 이 공용 젓가락公筷을 쓰셔야 합니다."

'아 진짜, 뭐가 이리 복잡해!' 손에 있는 까만색 젓가락을 내려놓고 하얀색 젓가락으로 손이 향하는 와중 뒤에서 또 서늘한 인기척이 느껴진다. '아… 또 왔구나.' 이번에는 고객사의 다

른 이가 와 있었다. 자신의 업무에 대한 소개 반, 자랑 반으로 역시 한참을 떠들던 그가 떠나자 갑자기 불안감이 엄습해 왔다. 설마, 저기 앉아 있는 고객사 직원 전부가 내 뒤에 나타나지는 않겠지?

빙고! 저 직원들은 단 한 명도 빠지지 않고 주 소장과의 단독 건배를 준비하고 있었다. 물론 주 소장 일행 모두와 한 번에 한 명, 그렇게 모두와 대작하며 자신을 소개하고 덕담을 주고받을 예정이었다. 자포자기. 주 소장은 식사도 못 한 빈속으로 술독에 빠져 허우적거릴 자신을 상상하며 '올 테면 오라지'의 각오로 차분히 앉아 기다렸다. 그렇게 몇 명이 다녀갔을까. 대략 절반 정도의 고객사 직원이 주 소장 뒤를 다녀간 뒤 주 소장은

식사

취기를 느끼기 시작했다. 그리고 다음 직원의 등장을 기다리고 있던 순간, 고객사 대표가 부처님과 같은 온화한 표정으로 한마디를 건넨다.

"주 소장님, 술보다는 식사를 좀 하시지요. 우선 앞자리에 놓인 샥스핀 수프부터 좀 드시면서 속을 달래세요. 그리고 이 식당의 시그니처 메뉴인 전복과 해삼 요리가 곧 나옵니다. 그 맛이 아주 기가 막혀요."

'빨리도 말한다….' 테이블에는 언제 올라왔는지도 모를 엄청난 양의 음식이 쌓여 있었다. 분명 또다시 몰려오겠지만 그전에 시도라도 해볼 요량으로 주 소장이 숟가락을 들었다. 입안에 들어간 샥스핀 요리는 기가 막혔다. 진하고 담백한 국물에 홍초가 곁들여져 상큼하기까지 한 그 맛은 감탄사를 절로 불러냈다.

"음식이 입에 맞으시나요? 안 맞으시면 말씀해주세요. 다른 식으로 만들어 오라고 하면 되니까."

그리고 거짓말처럼 주 소장은 이십여 분 정도의 평화로운 식사를 즐길 수 있었다. 물론 그 와중, 식탁을 둘러싼 곳곳에서는 대작이 벌어지고 있었고 웅성웅성한 소리가 큰 방안을 맴돌며 묘한 혼돈을 만들고 있었다. 주 소장 접시 위의 전복과 해삼 요리가 사라진 그때, 주 소장은 다시금 인기척을 느꼈다. '올 것이 다시 왔구나.' 고객사 직원의 절반이 남은 터였다.

주 소장은 대학 입학 오리엔테이션 이후로 그렇게 많은 술을 마셔본 적이 없었다. 이제는 천장이 돌고 바닥이 덤벼들기 시작했다. 특히 막판에 나타난 고객사 직원들은 이미 자신들도 취기가 올라 막무가내였다. 술잔을 치우고 호리병을 잔 삼아 건배를 하자고 달려드는 통에 주 소장은 마지막 남은 주량을 바닥내야 했다. 과한 취기에 느껴지는 허기도 심해져, 찾아온 고객사 직원을 잠시 기다리라 양해를 구한 뒤 볶음밥과 국수까지 한 그릇 해치웠다. 포개진 그릇 위로 옮겨놓은 음식은 대작을 마치고 돌아오면 어느새 그릇과 함께 사라져 깨끗한 새 그릇으로 바꿔놓는 탓에 이젠 음식을 옮겨놓고 자리를 비울 수도 없었다. 그런 그를 옆자리 고객사 대표는 흡족한 표정으로 바라보고 있었다.

'결국 다 이 양반의 계략인 게야. 내가 취하니 저렇게 즐거워하는 것 봐. 저 양반 뜻대로 나만 취해서 갈 순 없지. 내가 UDT 출신 물귀신이라고 이 사람아.' 주 소장은 가득 찬 호리병을 들고 호기롭게 대표를 향해 몸을 돌렸다. 그리고 통역에게 큰 소리로 말했다.

"전달해주세요. 초대해주셔서 진심으로 감사드리고 오늘의 술자리, 아니, 아니… 저녁 자리 너무도 즐거웠다고요. 귀사의 제품은 제가 책임지고 열심히 개발해보겠다고. 그런 의미에서 대표님과 건배하고 싶습니다!"

통역의 전달을 모두 들은 대표는 정말 환한 웃음과 감사의 눈빛으로 자리에서 일어났다. 그리고 입을 열었다.

"感谢感谢！以茶代酒敬您一杯！"

돌아보는 주 소장에게 통역이 말했다.

"대표님께서 주 소장님께 몹시 감사하답니다. 그리고 자신은 술을 잘 못하니 찻잔으로 술잔을 대신하겠답니다."

가만 보니 내표의 손에 들린 것은 술잔이 아니라 하얀색 찻잔이었다.

비즈니스와 연관된 중국인의 식사 자리는 정말이지 유별나다. 만약 중국인에게 처음 초대받아 참석하는 한국인이라면 혼돈의 콜로세움과도 같은 그 분위기와 요란함에 둘 중의 하나의 결과를 맞이하게 된다. 먹은 것을 고스란히 체하거나, 주는 대로 먹고 마셔서 변기와 조우하거나. 중국인의 만찬 자리는 여러 번 참석해도 습득이 빠른 사람을 제외하고는 여전히 익숙해지기 어려운 난이도를 가지고 있다. 그러한 이들의 문화를 배우기에는 교본 중심의 학습보다는 반복 체험이 가장 효율적이다. 하지만 그 체험이 충분하지 않은 상태라면 그들을 따라잡느라 고생하는 것보다 상대의 양해를 구하고 본인이 수용할 수 있는 정도만 순차적으로 시도하는 것이 맞다. 다민족, 다문화 국가인 중국은 개개인 사이에서만큼은 강권하고 토라지는 배타성보다 상대의 다름과 처지를 이해하는 포용성이 훨씬 크기에 양해만 구한다면 편안한 본인 위주의 자리를 즐길 수 있다.

직위와 직책

중국에서 대학 졸업을 앞둔 수인은 여느 또래와 마찬가지로 진로에 대한 고민이 시작되었다. 중국 대학 4년의 시간이 길다면 길었지만 중국 생활로 본다면 그녀에게는 이제 막 시작과 같았기에 한국으로 귀국하여 취업하는 선택이 그다지 달갑지 않았다. 하지만 그녀에게는 중국에 남을 수 있는 기회가 조건에서부터 허락되지 않았다. 학생 비자가 만료되면 취업증, 취업비자로 중국에 남아 있어야 하지만 중국에는 취업증 취득에 대한 '대학 졸업 외 2년 근무 경력'이라는 허들이 존재했기 때문이다. '한국에 돌아가야 되는구나…' 아쉽지만 방법이 달리 없었다.

때마침 지원한 한국 대기업 현지 법인의 인턴 과정이 통과되며 수인은 졸업 논문과 함께 3개월의 인턴사원 과정을 경험할 수 있었고 그 과정에서 선배 언니의 반가운 조언을 들을 수 있었다.

"수인이 너는 고등학교 졸업 후 바로 진학한 것이 아니잖아? 한국에서 2년 정도 면세점 아르바이트를 했었다며. 그것도 아르바이트 활동에 대한 증명서만 있으면 충분히 경력으로 인정받을 수 있어. 근무했던 면세점에 연락해서 아르바이트 활동에 대한 증명을 부탁해보렴."

생각지도 못한 방법이었다. 대학과 학과에 대한 뚜렷한 확신이 없던 고등학교 졸업반 시절, 사회부터 경험하고 대학에 진학해도 이 시대에 늦지 않을 것이라 생각하고 선택한 그 2년이 지금에 와서 이렇게 고마운 해결책이 돼주다니. 아르바이트생 당시 그녀를 아껴주던 면세점 팀장 언니에게 연락해 증명서를 요청했다. 그리고 그녀는 그 2년의 시간을 증명하는 서류 한 장을 손에 쥐게 되었다.

'이제 중국에서 취업만 하면 된다!' 자신감에 찬 수인은 인턴 생활 중이던 대기업부터 우선 염두에 두었다. '열심히 일하면 정직원으로 뽑아주지 않을까? 나 정도면 훌륭하지 않나?' 3개월의 인턴 과정이 끝나고도 정직원으로의 전환에 대한 기미가 보이지 않자 수인은 추가 인턴 과정을 신청했다. 6개월. 졸업은 이미 코앞으로 다가왔고 저 6개월이 끝나면 수인은 직장인이 되어야만 한다. 학생 비자는 이미 인턴 비자로 변경되었지만 만료일은 여전히 졸업 예정일이었기 때문이다.

추가 인턴 과정이 한 달 남짓 남았을 무렵, 수인은 속이 타기 시작했다. 대기업의 현지 정규직 채용은 코로나19로 올해 건너뛰는 분위기였고 자신에 대한 정직원 전환은 이야기조차 나오지 않았다. '직접 물어보는 수밖에!' 수인은 심기일전하여 팀장을 찾아갔다. "절 정직원으로 채용하실 생각이 있으실까요? 있으시겠죠? 있을 것 같은데…" 동그랗게 커진 팀장은 눈은 이미 대답을 하고 있었다. 한국인은 경력직, 전문직만 채용한다는 이 현지 법인의 원칙을 그간 왜 나만 몰랐을까…. 수인은 좌절했다.

얼마 전까지의 자신감은 물 내려가듯 빠져나가고 자괴감과 패배감에 사로잡혀 남은 인턴 기간조차 마칠 의욕이 없었다. 딱 삐뚤어지기 좋은 때가 바로 이런 상태다. 기숙사 구석에 틀어박혀 하루하루 멍하니 천정을 바라보며 졸업만을 기다리고 있는 수인은 자신이 한심했지만 그렇다고 딱히 뭘 해야 할지도 몰랐다. 나라 탓, 사회 탓, 부모 탓, 중국의 취업 조건 싫어! 뭐 이런 류의 남 탓들로 하루하루를 보내고 있던 그녀에게 전화 한 통이 걸려왔다.

"대기업은 아니지만 나름 규모가 좀 있는 중국 회사인데 한국어가 되는 직원을 채용 중이네. 조건은 뭐 그다지 좋지 않지만 사업도 탄탄하고 꽤 성공하고 있는 회사라 일 배우고 직장을 경험하기에는 훌륭할 것 같아. 어때? 지원해볼래?"

상하이에 거주하고 있는 형부였다.

"한국인이라고 중국인 직원보다 특별대우를 해준다거나

더 좋은 조건이 있는 것은 아니야. 하지만 중국을 더 경험하고 싶어 중국에 남겠다고 했다면 중국 회사만큼 좋은 환경이 어디 있어? 안 그래?"

일리 있는 말이다. 밑져야 본전인데 응시해보기로 했다.

상하이에서 진행된 면접은 꽤나 순조로웠다. 심지어 자괴감에 빠져 있던 수인의 자신감을 회복시켜줄 정도로 친절하고 우호적인 분위기 속에 진행되어 합격을 자신했다. 하지만 결과는 턱걸이였다.

"3개월 수습 기간을 통해 지켜본 뒤 정직원으로의 채용을 결정하겠습니다." 이유는 냉정했다. "수인 양의 중국어가 부족해 보입니다. 저희는 수인 양의 중국어가 저희와 같거나 비슷한 수준일 것이라 생각했는데…. 그러니 중국 회사에서 잘 적응할지도 의문이 드네요. 언어는 문화의 매개체이자 문화 그 자체인데 수인 양의 그 부분에 저희는 아직 의구심이 듭니다."

직무에 대한 전문성과 경험을 가지지 못한 신입사원을 채용하는 회사의 입장에서는 당연한 걱정일 것이다. 나름 중국어가 다른 외국 학생들보다 월등하다고 자신했던 수인은 기준이 바뀐 이 평가에서의 스스로가 원망스러웠다. 그리고 그 원망은 중국 회사에 몸을 던져야 한다는 결연한 각오로 바뀌었다.

중국은 자기보다 윗사람을 친근하게 부르는 통칭이 있다. 라오반老板이 그것인데, 영어의 Boss와 상당 부분 유사하다. 식당이나 옷가게 같은 점포에서도 '사장님'을 부르는 호칭으로 쓰이며, 직장에서는 사원에게는 대리와 과장 등 자신의 윗사람을 부르는 통칭으로도 쓰인다. 원 의미대로 따지면 '사장님'이지만 자신보다 높은 직급의 사람에게 친근하게 부를 수 있는 호칭이다. 하지만 현대화되었고 까다로운 직장이라면 이야기가 달라진다.

수인은 입사 첫날부터 전부 윗사람뿐인 이 회사에서 호칭부터 난감했다. 들리는 호칭들이 너무 낯설었기 때문이다. '팀장 Team长'까지는 알겠는데 온통 성에 '종總'을 붙여 부르고 서로 '종'을 넣어 부르는 그들끼리도 한쪽은 긴장 가득한 반듯하고 깍듯한 모습을 보이며 다른 한쪽은 상대적으로 편안하게 아랫사람을 대하는 기세가 분명해 보였다. '직위 체계부터 배워야지 안 그랬다가는 나 사고 치겠다…' 잔뜩 겁을 먹은 수인은 "회사 생활에 궁금한 것이 있으면 언제든 나에게 오라" 했던 인사팀 언니를 찾아 나섰다.

"언니, 여기 직위 체계가 궁금해요. 전부 라오반들뿐인데 라오반이라고 부르는 직원은 아무도 없고… 그렇다고 저 혼자 저분들을 전부 라오반이라고 부를 수도 없잖아요. 좀 알려주세요."

주눅이 바짝 들어 있는 수인을 바라보며 언니는 웃음을 터뜨렸다.

"어머, 넌 중국 드라마도 안 봤니? 난 한국 드라마 몇 편 보

직위와 직책

니 한국 직위를 싹 알겠던데. 그런 것도 미리 공부 안 하고 덜컥 회사부터 지원한 거야? 호호호!

너처럼 수습사원이거나 일반 사원의 경우는 직위나 직책이 없기 때문에 연배가 많으신 분들은 샤오리小李, 너 또래들끼리는 라오리老李라고 불러주게 될 거야. 처음 직위를 달게 되면 그건 징리经理가 될 거야. 한국의 과장이라고 생각하면 돼. 우리 회사는 없지만 간혹 몇몇 회사들은 푸징리副经理라고 해서 한국의 대리 직위가 있기도 하고. 징리에서 진급하면 그때부터는 종总의 호칭을 들을 수 있어. 첫 종总으로 종지엔总监이 있는데 그건 한국의 부장 정도가 되겠다. 그다음의 종总은 종징리总经理이고 우리 회사 같은 경우는 법인별 대표에게 붙이니 한국 남자들이 그렇게 듣고 싶어 한다는 대표님~ 정도가 될 거야. 우리 회사는 법인도 여러 개고 사업 단위들도 많이 쪼개져 있는 편이라 그 사이사이 푸종副总이 존재해. 종지엔 바로 전 직위로 푸종지엔副总监, 종징리 바로 아래에 푸종징리副总经理가 있는 거지. 근데 헷갈릴 거야. 푸종지엔이건 종징리건 전부 성 뒤로 종总만 붙여서 부르니까. 눈치껏 누가 더 위구나 하고 알아채야 해."

"그럼 제 최종 면접 마지막에 잠깐 들어오신 그분은 직위가 어떻게 돼요?"

수인은 미소 가득한 얼굴로 면접실로 들어섰던 어른이 떠올랐다. 면접실에 앉아 있던 모두가 벌떡 일어나 공손히 그를 맞았고 몇 마디 없는 그의 말 속에서 온화하면서도 강건한 카리스마가 느껴졌기에 단번에 제일 높은 분임을 직감할 수 있었다.

"아… 그분은 종징리셔. 네가 지금 입사한 법인의 법인 대표시지. 하지만 그분이 제일 높은 분은 아니야."

"더 높은 분이 계세요?"

"그럼! 그분 위로 법인들의 실소유주로 계시는 동쓰장董事长이 계시지. 근데 아마 넌 마주치기 힘들 거야. 회사에 늘 계시는 것도 아니고 종징리 분들과 일주일에 두세 번 정도 회의하시는 것이 다니까. 근데 종징리 분들도 그분을 부를 땐 왕동王董이라고 부르지 않고 왕종王总이라고 부르니 네가 마주치더라도 그분이 동쓰장인 걸 모를 수 있지."

"언니… 너무 머리 아파요. 눈치 게임도 아니고…. 있을 직위는 다 있으면서 호칭은 왜 또 그렇게 단순하데요?"

"이게 머리 아프면 넌 큰일났다. 난 아직 너한테 직책별 호칭과 우리 고객사들의 직위별 호칭은 알려주지도 않았는데."

"네? 그게 또 회사별로 틀려요?"

"회사별로 틀린 것보다는 직장의 성격별로 다른 거지. 우리 회사의 가장 큰 고객이 상하이 위생국과 도로국이니 결국 관공서인 거잖아. 공무원의 호칭은 또 틀려.

보통 직위를 얻기 전 일반 공무원 같은 경우는 주안위엔专员이나 수우庶务인데 우리는 전부 라오스老师, 선생님라고 부르

직위와 직책

지. 그 위로 올라가면 커장科长, 추장处长, 쓰장司长, 뿌장部长 등이 있는데 단어만 보면 한국의 과장, 부장, 사장과 비슷해 보이지만 직위의 높낮이는 한국과 다르니 조심해야 해. 그리고 직책에 따라 주런主任, 미수秘书, 수지书记 등이 또 있는데 이 역시 한국에서의 주임이나 비서와 단어는 똑같아도 직책은 완전 다르니 이것도 조심해야 하고."

"와… 이걸 다 어떻게 외워요? 말도 안 돼…."

순식간에 다크서클까지 올라오는 수인을 바라보며 인사팀 언니는 위로 아닌 위로를 건넸다.

"걱정하지 마. 시간이 지나면 업무를 통해 익숙해질 테니까. 여하간 잘 공부해둬. 나도 한국 드라마를 보며 꽤나 헷갈렸으니까. 한국에서의 멋지고 이쁜 비서를 기대하고 중국 미수秘书를 만나는 자리에 나갔다가 나이 지긋하고 직책 높은 분이 나와서 당황하는 일 없도록 말이야."

노트 한가득 메모를 채워 자리로 돌아온 수인은 넋이 나가 있었다. 멍하니 노트의 필기들을 바라보며 어떻게든 머릿속에 넣어보려 끙끙거리고 있던 그때, 수인의 팀장이 수인을 불렀다.

"샤오리小李! 이 자료들을 정리해야 하는데 엑셀 표 만들 줄 알지?"

"네. 해볼게요. 근데 팀장님…."

"응. 왜?"

"저… 팀장님은 직위가 어떻게 되세요?"

눈이 동그래진 팀장은 수인을 올려봤다.

"작년부터 징리経理로 있었어. 근데 그게 왜 궁금한데?"

수인은 방긋 웃으며 말했다.

"아뇨. 그냥 궁금해서요. 우리 왕 팀장님王Team长은 그러니까 왕 징王経이시기도 한 거네요. 그죠? 왕 징~"

사무실 전체에서 웃음이 터져 나왔다. 다들 고꾸라질 듯 배를 잡고 키보드 위로 쓰러져 한참을 정신 못 차리는 그 와중, 얼굴이 벌게진 수인만 우두커니 팀장 옆에 서 있을 뿐이었다.

"야! 막 가져다 붙이지 마. 누가 징리를 잘라서 불러. 왕 팀장이면 왕 팀장, 왕 징리면 왕 징리라고 불러야지. 그리고! 네가 날 왕 징리라고 부를 짬밥은 아니지. 안 그래? 수습생!"

그렇다. 갈 길이 멀다.

직위와 직책

파티와 술자리

취 사장의 '특별한 초대'를 받은 박 부장은 몹시 들떠 있었다. 중국 주재원으로 발령받아 현지 근무 일 년 남짓이 흐른 박 부장의 생활은 가히 '취 사장 오리엔티드'였다 해도 과언이 아니다. 모 대기업의 1차 벤더인 박 부장의 직장은 절대 고객사인 그 대기업과 함께 중국에 진출했다. 한국에서 15년, 중국에서 5년, 그 대기업과 생사고락을 함께하며 회사는 성장하고 발전해왔다.

하지만 몇 년 전부터 고객사인 대기업의 제품들이 시장에서 밀려나기 시작했다. 기반 시장인 한국에서는 수입산 제품들이 보편화되고 한국의 소비자는 몇 안 되는 자국산 제품들을 외면하기 시작한 것이다. 애국심에 호소해보고 소비자와의 소통도 강화해보았지만 세대가 바뀐 소비자들은 눈길조차 주지 않았고 그렇게 한번 떠난 소비자의 마음은 돌아올 기미가 보이지 않았다. 해외 최대 매출처였던 미국에서는 현지 제품의 가격 하락 및 남미산 제품의 공격에 이미 수년 전부터 고전이 시작됐고, 차선책으로 선택했던 중국에서는 중국산 제품들이 높아진 기술력과 가성비로 그들을 밀어내고 있었다. 그렇게 진퇴양난에 빠진 고객사와 함께 박 부장의 직장 역시 동반 침몰의 운명에 놓인 처지였다.

박 부장의 대표이사는 일 년 전 박 부장을 불러 간절한 눈빛과 함께 간청에 가까운 지시를 내렸다.

"자네만큼 우리의 기술과 실력에 대한 이해, 그리고 영업력까지 갖춘 이는 회사에 없었네. 자네도 잘 알다시피 우리는 지금 추락 일로에 놓여 있어. 그나마 희망이 있다면 몇 년 전 진출한 중국에서 요즘 새로이 뜨고 있는 중국 브랜드들을 고객사로 영입하는 것뿐일 것 같네. 비록 자네가 중국어도 안 되고 중국 영업에 대해 아는 바도 없겠지만 그건 큰 문제가 될 거라 난 생각하지 않아. 사람 사는 게 다 비슷하고, 사람이 하는 일도 거기서 거기일 테니 중국에서도 진심은 통하겠지. 자네가 우리 회사의 구원 투수가 되었으면 하네. 가능하겠나?"

어려운 가정 환경에 지방의 공업고등학교를 졸업하고 미래가 막막했던 젊은 시절, 한줄기 빛과도 같았던 박 부장의 첫 직장이자 그를 뽑아준 직장의 대표가 그를 절실히 필요로 하고 있었다. 자신 없는 도전이었지만 그는 늘 그래왔듯 '죽기 살기'로 해본다면 기회는 있지 않겠느냐는 마음으로 크고 힘차게 대답했다.

파티와 술자리

"네! 그렇게 하겠습니다!"

대표는 박 부장의 쪼그라드는 심장을 눈치채지 못한 채 믿음이 가득한 눈빛으로 박 부장의 중국 지사 발령을 확정했다.

박 부장은 가족을 모두 남겨놓고 홀로 중국으로 향했다. 가족들까지 데리고 간다면 온전히 업무에 집중하기 어려울 것 같았고 자신의 가족들 생활까지 그곳에 옮겨와 안정시키기에는 무엇보다 주어진 시간이 절대적으로 부족했다. 박 부장은 중국 지사 생활을 딱 두 가지 패턴으로 한정했다. 중국 지사 숙소에서 공장 사무실을 오가는 평범한 일상과 한 달에 서너 번 1박 2일로 떠나는 중국 내 출장이 그나마 일상 밖의 특별한 일정이었다.

중국 지사는 수급과 생산, 출고 등 다양한 공장 업무가 일상적으로 벌어졌지만, 영업직의 업무는 단일하기 그지없었다. 영업 대상이라고 해봤자 오롯이 옆 건물에 위치한 고객사 하나였기 때문이다. 영업 임원과 직원들은 고객사 임직원의 스케줄을 완벽하게 파악하고 있었고 고객사 임원에게 특별한 일정이 없는 날이라도 되면 꼼짝없이 사무실에서 대기해야만 했다. 그가 언제 부를지, 혹시 퇴근하며 저녁 식사라도 같이하자 호출이 있을지 몰랐기 때문이다.

그런 그들에게 박 부장은 이단아였다. 박 부장은 한국에서부터 그토록 친했던 고객사 주재원들이 준비해준 환영식조차

마다했다. 고객사 직원들이 박 부장의 동료들과 식사하며 "우리가 힘들다고 저 사람은 안면몰수하고 남이 되었다."는 볼멘소리들이 들려왔지만 아랑곳하지 않았다. 심지어 언제부턴가는 박 부장의 동료들과도 소원해지고 중국 지사의 회식조차 참석을 꺼리게 되었다. '그들의 업무는 그들의 업무고, 나의 업무는 나의 것이다. 공통의 화제는 없다.' 이것이 바로 박 부장의 결론이었다.

그리고 박 부장은 한국어가 가능한 현지 직원 한 명과 사무실에 틀어박혀 미친 듯이 중국 브랜드사들을 조사하며 예상 고객사 명단을 만들고 또 업데이트해나갔다. 그리고 그중 한 회사라도 연락이 닿고 회신이 오는 날에는 어김없이 그곳을 향하는 교통편부터 예약했다. 무작정 찾아가 문을 두드리길 수십 번, 그중 친분이 쌓여가는 곳도 생기고 문전박대를 당한 곳도 여럿 있었다. 그렇게 친해지려 노력한 브랜드사 중 이번에 박 부장을 초대한 취 사장의 회사는 중소 규모의 신규 업체였다.

취 사장이 처음부터 박 부장을 환대한 것은 아니었다. 세 번째 방문이 되어서야 취 사장 쪽 담당자는 박 부장을 취 사장에게 소개했다. 명함을 건네며 인사를 하는 박 부장에게 취 사장이 대뜸 한 말은 "우리 따위가 눈에 들어오겠습니까? 어쩐 일로 이런 누추한 곳까지 행차하셨습니까?"였다. 비아냥이 가득 담긴 이 말 속에서 박 부장 회사의 고객사에 대한 적대감과 이

파티와 술자리

미 자신을 그들과 '한통속'으로 분류해놓은 취 사장의 고정관념을 느낄 수 있었다. 하지만 이것은 이미 예견한 일이었다. 아랑곳하지 않고 그의 눈을 바라보며 이야기했다.

"저흰 어느 특정사에 독점 공급을 하거나 고객사와 지분 관계가 섞여 종속된 회사가 아닙니다. 무엇보다 저는 중국 고객을 발굴하기 위해 본사에서 이 업무만을 배정받아 파견된 직원입니다. 취 사장님의 회사가 저의 고객이 된다면 전 그것에 전념하려 합니다."

그런 박 부장의 눈을 한동안 노려보던 취 사장은 "다음에 오면 식사나 한번 합시다. 한국 쪽 업계의 동향이나 들을 겸"이라는 말을 툭 뱉고 사라졌다.

그 뒤로 박 부장은 매번 찾아갈 때마다 한국과 글로벌의 업계 동향을 스크랩하고 정리한 자료를 준비해 취 사장을 만났다. 식사 때마다 취 사장은 술기운이 오르면 박 부장 회사의 고객사에 대한 정보를 얻고자 여러 차례 캐물었지만, 박 부장은 아는 바 없다고 끝까지 버티며 오히려 다른 회사들의 동향을 전달했다. 사실 그간 본사에서의 업무와 중국 지사 동료들 간의 업무가 단절되어 박 부장 역시 그들의 최신 소식을 알 길이 없었기 때문이기도 하다. 속 편히 "난 모릅니다."라는 말을 솔직히 전달하고 새로운 정보들을 쏟아내며 매번 식사 자리마다 취 사장으로 하여금 '수확'이 있는 시간을 만들어주는 것에 집중했다.

그렇게 둘 간, 여러 차례의 식사 자리가 있은 뒤 취 사장의 비서에게서 연락이 왔다.

"이번 연말에 저희 회사에서 연회年会가 있습니다. 저희 전 직원뿐 아니라 주요 협력사들과 대리상들이 참석하는데 저희 사장님께서 박 부장님도 꼭 부르라네요. 협력사는 아니지만 그래도 시간이 되시면 참석해주셨으면 좋겠습니다."

'혹시 우리가 이미 예비 협력사?' 기분 좋은 김칫국부터 한 모금 들이켜며 박 부장은 흔쾌히 초대에 응했다.

취 사장 회사가 위치한 도시의 가장 큰 호텔 연회장에 마련된 연회는 들어서면서부터 그를 깜짝 놀라게 만들었다. 입구부터 호화롭게 깔려 있는 레드 카펫을 지나 대형 백월Back Wall에 입장객들 한 명 한 명이 마치 셀러브리티인 양 사인을 하고 기념 촬영을 하고 있었다. 대형 브랜드의 신제품 발표회장을 방불케 하는 엄청난 규모와 세트, 심지어 행사 전문 도우미들까지 섭외되어 박 부장을 자리로 인도했다. 박 부장의 자리는 앞쪽이기는 했으나 우측 끝의 테이블이었다. 가운데 위치한 듯한 취 사장 쪽 자리와는 꽤 거리가 있었다. 내심 섭섭하지만, 이 자리에 초대받았다는 것만으로도 그간 충분히 노력했다며 스스로를 위안했다.

입장객이 모두 착석하자 무대가 어두워지고 연회가 시작되었다. 턱시도와 화려한 드레스를 입은 전문 사회자가 마치 시상식을 연상케 하는 시작을 알린 뒤 웅장한 회사 소개 영상이 화면을 가득 메웠다. 취 사장의 직원들은 자신들의 부서나 동료의 얼굴이 나올 때마다 함성을 터뜨렸고 흥분을 주체 못 해 자리에서 벌떡 일어나는 이들도 있었다. 곧 이은 공연은 몹시 의아했다. 한 무더기씩 춤을 추고 노래를 하고, 심지어 마술쇼에 콩트까지 선보이는데 그게 어딘가 약간 어설펐다. 그리고 군무의 합이 잘 맞는 공연 팀이 올라와서야 박 부장은 눈치챌 수 있었다. 박 부장과 연락하는 담당자의 얼굴이 그 무대에 있었던 것이다. '아! 취 사장님 직원들이구나.' 이들이 누군지 알고 나니 내심 다시 놀랄 수밖에 없었다. '업무를 하며 이렇게 전문적인 공연을 준비할 수 있었다니…'

그들의 무대가 끝나고 누가 봐도 유명인인 것 같은 가수와 연주가가 무대에 올라 축하 공연을 이어갔다. 참석자 모두가 일어서서 휴대폰을 치켜들고 그들의 모습을 카메라에 담기 바빴고 손을 흔들며 소리치는 모습이 콘서트장과 다를 바 없었다. 그러한 공연이 모두 끝난 뒤 사회자에 의해 취 사장이 호명됐다. 참석자들은 여태껏 없던 큰 환호와 박수로 취 사장을 연호했다. 무대에 올라선 취 사장은 직원들의 성과와 협력사의 노력, 회사의 비전을 설명하며 확신에 찬 목소리로 감동의 연설을 마쳤다. 취 사장의 건배 제의로 시작된 만찬은 의외로 차분했다. 자리간의 이동도 거의 없었고 방금까지의 열기와 흥분은 찾을 수 없을 만큼 조용히 이루어졌다. 박 부장은 자신의 테이블에 함께한 사람들이 낯선 만큼 함께 온 자신의 직원과 조용히 음식만 입에 넣고 있을 뿐이었다.

"한국 사람이신가 봅니다?"

옆 좌석의 중국인이 말을 걸어왔다.

"네. 옌청盐城. 장쑤성 동부에 위치한 연안 도시에 있는 부품 제조사 직원입니다. 중국에 온 지는 얼마 되지 않았고요."

박 부장은 명함을 건네며 어눌한 중국어로 대답했다. 의외의 중국어와 어색한 중국어가 재밌었던지 그 중국인은 계속해서 말을 걸어왔고, 만찬이 끝날 무렵 박 부장은 테이블을 함께한 참석자들 모두와 인사를 나눌 수 있었다.

"박 부장님, 이렇게 와주셨군요! 고마워요!"

직원을 한 무리 이끌고 박 부장 테이블로 나타난 춰 사장은 가장 먼저 박 부장을 찾았다.

"이 사람이야, 내가 말한 그 한국인. 대단한 사람이라니까. 내가 요즘 이 바닥 돌아가는 사정을 좀 빨리 안다고들 했지? 그게 다 박 부장님 덕분이라고!"

직원과 주변 참석자들을 향해 호쾌히 웃으며 박 부장을 추켜세워주는 춰 사장에 박 부장은 적잖이 부담스럽기도 하고 감사하기도 했다.

"왕 사장, 오늘 저녁에 끝나고 뭐해? 뭐 늘 그랬듯 한잔 더

하고 갈 것 아니야? 난 오늘 저기 시 정부 사람들 챙겨야 해서 힘드니까 우리 박 부장님은 자네가 알아서 잘 챙겨줘. 알았지?"

크게 고개를 끄떡이는 사람을 보니 테이블에서 박 부장에게 처음으로 말을 건 옆자리 중국인이었다.

"죄송해요, 내가 오늘 정신이 없어서. 왕 사장이 보기에는 저래도 꽤 재밌는 사람이에요. 왠지 박 부장님하고 잘 맞을 것도 같고. 하하하!"

뻘쭘함을 무릅쓰고 직원과 함께 따라간 왕 사장의 술자리는 노래방이었다. 들어선 방은 왕 사장과 왕 사장의 지인 둘, 그리고 박 부장과 동료 직원 한 명이 있기에는 너무도 큰 방이었다. 어림잡아 스무 명은 더 들어와도 문제없을 듯한 이 방이 몹시 휑하게 느껴졌다. '하여간 큰 것 참 좋아해…' 중국인들의 허세 정도라 생각하며 왕 사장 곁에 앉은 박 부장은 자신의 남은 주량을 계산하며 이 자리에서 얼마나 마셔야 할지를 가늠하고 있었다.

"오늘 한국인의 노래 실력을 한번 봐야겠습니다! 우리 딸이 어찌나 한국 가수들을 좋아하는지… 하다못해 저번에는 그들 콘서트를 보겠다고 한국을 보내달라는 통에 그 콘서트하나 때문에 한 달 벌이를 날렸다니까요, 글쎄. 하하하!"

호쾌해 보이는 왕 사장과 술잔을 주고받으며 노래를 두세 곡 불렀을 즈음, 노랫소리가 가득 찬 방의 문이 열리며 다섯 명의 낯선 이들이 우르르 들어왔다.

"왕 사장! 오랜만이야!"

들어선 사람들은 왕 사장과 반갑게 인사를 나눴다. 왕 사장은 그들에게 박 부장을 소개했다.

"옌청에서 오신 한국인, 박 부장님이셔. 취 사장과도 꽤 친한 분이지. 인사들 나눠."

그들과 인사를 나누며 서로 간에 술잔을 따르고 그들의 이름을 기억하기 위해 열심히 눈을 굴리고 있는 박 부장의 눈에 다시 열리는 문이 보였다. 이번에는 일곱 명. 우르르 들어와 왕 사장과 인사를 나누고 다시 박 부장을 소개했다. '어어어… 이러면 내가 누가 누군지를 기억할 수가 없는데…' 계속되는 소개와 계속되는 인사, 그리고 문은 그 뒤에도 수차례 열렸다. 이름들의 기억을 포기할 정도로 술이 얼큰히 올랐을 때 보이는 광경은 대략 스무 명 이상의 사람들이 노랫소리와 웃음소리에 뒤엉켜 서로 간 어깨동무로 얼싸안고 자신들끼리 술에 취해 신이 난 모습이었다. 박 부장은 살짝 약이 오르며 언짢게 느껴지기 시작했다. '이럴 거면 뭐 하러 날 데리고 온 거야? 처음 보는 나를, 그것도 취 사장이 잘 챙겨주라고 부탁한 사람을 자기들 술자리에 끼워놓은 거잖아, 결국. 왕 사장 이 사람, 참 예의가 없네!'

술기운에 자리에 털썩 주저앉은 박 부장의 곁으로 '무례한 왕 사장'이 다가왔다. 염치 좋게 박 부장의 손 위로 자신의 손을 포개 올리며 왕 사장이 말했다.

"사실 오늘 전 박 부장님이 오시는 것을 알고 있었습니다. 취 사장이 여러 차례 저에게 박 부장님을 이야기했고 박 부장님을 높이 사고 있더라고요. 제 자리 옆으로 박 부장님 자리를 만들어놓은 것도 다 취 사장 생각이었습니다."

그는 말을 이어갔다.

"박 부장님 회사 제품을 취 사장 회사가 바로 구매하기에는 무리가 있습니다. 여기도 나름의 프로세스가 있고 그간의 협력 관계들이 있으니까요. 전 취 사장과 고향 친구이기도 하고 사업 초기부터 함께해서 제 회사가 취 사장 회사의 자회사쯤 된다고 생각하시면 됩니다. 박 부장님 회사가 취 사장 회사와 정식적 협력 관계를 가질 수 있는 단계가 되기 전까지 저희 회사를 통해 진행하는 방법을 취 사장과 고민 중입니다."

그는 웃으며 말했다.

"그래도 사업은 사업이고 사람끼리 성격과 뜻이 맞아야 사업도 할 수 있는 것 아니겠습니까? 우리 박 부장님이 저처럼 노래도 좋아하시고 심지어 노래도 저보다 잘하시니 우리가 같이 사업을 못 할 이유가 없겠네요. 내일 일어나시면 옌청으로 돌아가시기 전 저희 회사에 들려주세요. 앞으로 어떻게 함께할지 논의해봅시다."

박 부장의 눈앞에는 방금까지의 무뢰배가 사라지고 공자

님이 앉아 있었다.

중국 사람들은 서로 간의 인간관계에서 나이와 출신을 따지지 않는다. 오히려 열린 사고, 열린 관계를 지향하며 우리의 눈에는 능청스러울 정도로 붙임성 많은 모습을 보인다. 하지만 사업적인 부분과 연관 지어지면 그들은 냉철하게 돌변하여 정보에 의한 1차 검증, 테스트와 같은 2차 검증 등 다양한 검증의 절차가 이루어지게 된다. 이 검증 과정 중 하나라도 문제가 되고 기준에서 벗어나는 순간, 사업의 가능성은 물거품이 되고 중국인의 가치관 속 '무례'를 범하기 십상이다. 또한 사라지기 쉽다고 그 가능성이 쉽게 만들어지는 것도 아니다. 중국인은 긴 시간, 여러 과정을 통해 서로의 관계 속에서 가능성을 만들어낸다. 무엇보다 어려운 것은 이것들이 순서나 절차를 가지고 분리되어 벌어지는 것이 아니라 동시다발적, 유기적으로 벌어진다는 것이다. 한국인이 좋아하는 중국 백주 중 소호도선小糊涂仙이라는 술이 있다. 그리고 그 술병에 보면 이런 문구가 적혀있다.

'聪明难 糊涂更难똑똑하기 어렵지만 어리바리하기는 더 어렵다.'

어리바리함도 기술이어야 하는 땅이 바로 중국이다.

관광

김 변호사는 당시만 떠올리면 지금도 아찔한 기분을 느낀다. 지금은 그때의 기지로 자신이 파트너로 있는 로펌 대표 변호사와 가장 가까운 관계를 유지하고 있지만, 만약 그때 그의 순발력과 그 선택이 없었더라면 아마 대표 변호사와는 소원한 관계가 됐을 것이고 오늘날 자신의 위치도 담보하기 어려웠으리라.

때는 한참을 거슬러 올라간 2010년, 당시의 김 변호사는 중국에 갓 돌아온 새내기 변호사였다. 중국에서 대학을 마치고 미국 뉴욕에서 로스쿨을 졸업해 막 뉴욕 변호사 시험에 합격한 김 변호사는 두 가지의 선택지가 있었다. 미국의 작고 영세한 로펌에 취업하는 것, 그리고 한국의 유수 로펌에 취업하는 것. 취업이 가능한 미국의 로펌은 그의 캐리어에 큰 도움이 될 것 같지는 않았지만 몇 년간 숨죽여 근무하며 시간을 보내면 미국 영주권이 주어진다. 거기에 반해, 중국어와 영어가 동시에 가능한 김 변호사의 특수성에 뉴욕 변호사라는 타이틀이 더해져 이미 한국의 대형 로펌에서 김 변호사에게 러브콜을 보내온 상태였다. 변호사 초임임에도 연봉은 훌륭했고 다른 한국 변호사들이 꿈의 로펌이라고 말하는 그곳은 김 변호사가 감히 거절하기 쉽지 않은 조건들을 제시해 왔다.

하지만 젊고 꿈 많던 김 변호사는 그 모든 선택지가 마음에 들지 않았다. 그는 그만이 갈 수 있는 새로운 미래를 개척하고 싶었다. 그때였다. 함께 공부하며 가까이 지냈고 이번의 뉴욕 변호사 시험도 함께 통과한 중국인 친구가 중국 베이징의 로펌한 곳을 이야기한 것은. 십 년이 훌쩍 지난 지금의 중국 K 로펌은 세계 5대 로펌 안에 들지만, 당시만 해도 별 볼 일 없는 중국 로컬 로펌에 지나지 않았다. 당연히 김 변호사 역시 들어본 적 없는 그 로펌은 제시한 조건도 터무니없는 것이었다. 월급 8,000위안당시 한화 100만 원에 주거, 차량 등의 현지 생활에 대한 지원은 전무했으며 3개월의 수습 변호사 기간까지 있었다. 김 변호사는 중국 로펌에서 근무하는 최초의 한국인 변호사라는 기회가 몹시 탐이 났으나 열악한 조건에 선뜻 선택할 수가 없었다. 그간의 미국 유학으로 부모님의 노후 자금을 거덜낸 김 변호사로서는 당분간 스스로의 생활만 꾸리기에도 빠듯한 그 조건을 가지고 자신의 꿈만 좇기에는 너무도 염치가 없었기 때문이다. 도전에 대한 욕심과 양심이 붙잡는 현실 속에 갈등하던 김 변호사

관광

는 당시에는 특이한 케이스로 중국에서 중국 회사에 근무하던 한국 친구를 떠올렸다. 그리고 이러한 자신의 상황을 허심탄회하게 털어놓고 친구의 의견을 들어보기로 했다.

"당장의 상황을 생각한다면 한국에 돌아가는 것이 맞겠지. 맏아들과 너무 오래 떨어져 살아온 너희 부모님을 생각해서도 말이야. 근데 너의 재능과 능력을 생각한다면 중국에서의 기회가 너무 아까운 것 같아. K로펌이 어떤지는 정확히 알 수 없지만, 너도 알다시피 중국은 경력 연차와 나이 같은 것을 따지지 않잖아. 네가 한국에 돌아가 그 보수적인 사회와 업계에서 보조를 맞추며 살아가는 것보다는 여기서 저돌적으로 미래를 만들어보는 것이 너한테는 더 어울릴 것 같은데.

일반화되는 것은 너에게 맞는 옷이 아닌 것 같아. 너 마음이 가는 데로 결정해봐. 우린 그렇게 해도 될 만큼 젊고 여전히 아무것도 없잖아."

정말 아무것도 없을 때부터 함께했던 친구였다. 그런 그 친구가 여전히 아무것도 없다는 자신에 대한 이야기에 마음이 꽂힌 김 변호사는 본인 마음이 향하는 길을 따라나서보기로 했다.

중국에 온 김 변호사는 예상했던 대로 변호사로서는 곤궁한 삶이 이어졌다. 허울만 변호사지 주머니가 비어 있던 그는 매번 대학교 후배들에게 '성공한 변호사 선배'로 비쳐 월급날에 맞춰 찾아오는 그 녀석들 덕에 빈대떡 신사를 면하기 힘들었다. 그래도 인정 많고 폼 잡기 좋아하던 김 변호사는 생활고에 허덕이는 와중에도 술 잘 사주는 멋진 선배의 자격을 포기하지 않았다. 학교 선후배들 사이에서, 로펌에서, 그리고 고객들에게 늘 그렇게 호방하던 김 변호사는 납작한 주머니와는 다르게 나날이 두둑해져가는 주변의 호평과 인심을 쌓으며 나름의 중국 생활을 이어나가고 있었다.

중국에 온 지 2년여 만에 드디어 휴가라는 것을 누릴 수 있게 된 김 변호사는 고민 없이 한국행 비행기 표를 구매했다. 그간의 불효도 만회하고 한국에서 어릴 적 친구들을 만나 고국의 정취를 만끽할 생각에 휴가 일주일 전부터는 일도 제대로 손에 잡히질 않았다. 그리고 휴가 하루 전, 정말 일을 손에 잡을 수 없을 정도의 제대로 된 고민거리가 김 변호사 앞으로 굴러들어 왔다.

"내일부터 자네 휴가지? 한국에 간다고 들었네만. 마침 나도 다음 주부터 휴가라 가족들과 함께 한국에 가려고 해. 나나 가족 모두 한국은 초행길이라 아는 바가 없으니 난감했는데, 오늘에서야 자네 직속상관인 파트너 변호사가 자네의 휴가 일정을 귀띔해주지 뭔가. 괜찮다면 휴가 기간에 하루이틀 정도 우리와 함께해준다면 참 고맙겠네만."

한 공간에서 근무하지만, 최종 면접 이후 긴 대화 한번 섞

관광

어본 적이 없는 하늘 같은 대표 변호사의 부탁에 김 변호사는 본능적으로 "그럼요! 문제없습니다!"라고 대답했지만 머릿속은 아득해져갔다. 도대체 이런 분은 한국의 어딜 모시고 가야 즐거워할 것이며, 무엇을 대접해야 좋아할 것인가? 김 변호사 본인조차 제대로 모르는 한국의 볼거리, 먹거리를 중국인 VIP에게 맞춰 계획해야 한다는 생각에 엄청난 부담을 느낄 수밖에 없었다.

김 변호사가 계획하고 있던 가족, 친구들과의 상봉과 그들과 하고 싶던 모든 일정은 머릿속에서 이미 가출했고 그때부터 다음 주의 대표 변호사 일정에 모든 신경을 집중하기 시작했다. 그리고 인터넷을 통한 조사와 주변 탐문을 통해 꽤 그럴싸한 일정을 마련했다. '이거면 됐다. 대표 변호사도 이 정도면 충분히 만족하겠지!' 스스로의 계획에 만족한 김 변호사는 편안한 마음으로 한국에 돌아가 다음 주에 한국에서 맞을 대표 변호사 가족 일행을 기다렸다.

S호텔에 묵고 있는 대표 변호사와 그의 가족을 아침 일찍 차로 마중해 그들을 처음으로 인도한 곳은 '경복궁'이었다. 베이징에 자금성紫禁城과 이화원頤和園이 있다면 서울에는 경복궁과 비원이 있다. 이번 한국 방문의 첫 목적지에서 중국의 것과는 다른 우리 역사 속의 섬세하고도 우아한 아름다움을 보여주고 싶었다. 경복궁을 돌아본 뒤 미리 예약해놓은 비원까지 들

른다면 오전 내내 그들의 탄성을 듣게 되리라 김 변호사는 굳게 믿고 있었다.

하지만 경복궁을 돌아보고 나오는 대표 변호사 일행과 김 변호사의 얼굴은 어색하게 굳어 있었다. 사전에 준비한 역사적 사실과 각 건축물마다의 사연을 자랑스레 설명하는 김 변호사와는 달리 그들은 그 흔한 감탄사조차 내뱉지 않은 것이었다. 결국, 마지막 문을 나서며 혼잣말처럼 튀어나온 대표 변호사 어린 딸의 한마디가 김 변호사의 맥을 탁 풀어버리고 말았다.

"뭐야? 벌써 끝난 거야? 정말 작고 수수하다…."

애써 수습하려 한 대표 변호사의 헛웃음과 "좋네, 좋아! 한국인들의 검소함은 서민만이 아니라 왕부터 실천했던 것이었어!"라는 뒤늦은 감탄사도 왠지 김 변호사의 빈정을 상하게 하기에는 충분했다.

중국어로 설명하는 가이드와 함께한 비원에서는 대표 변호사조차 수습을 포기한 듯 보였다. 딸은 이미 자신의 휴대전화에서 눈을 떼지 않았고 인증 사진과 같은 기념촬영은 생각조차 않는 것 같았다. 어느 순간부터 김 변호사 역시 그들이 원망스럽기보단 그들의 마음을 이해할 것만 같았다. 부용정芙蓉井의 처마가 가진 곡선이나 자연과 조화된 관람정觀覽亭의 설계가 중국의 대형 유물에 익숙해져 있고 건축학 전공자나 문화재 애호가가 아닌 그들의 눈에 들어올 리 없었다. 김 변호사는 한시라도 빨리 그들을 데리고 이곳을 벗어나고 싶었지만, 개인 관람이 허락되지 않은 비원에서 그들만 빠져나올 방법은 보이지 않았다.

어색해진 오전의 관광을 만회할 점심시간이 찾아왔다. 김 변호사는 한국의 로펌에 수소문하여 나름대로 해외 고객, 해외 파트너들에게 호평 받는 최고의 한정식 식당을 예약해둔 터였다. 대표 변호사와 그의 가족들은 식당에 들어서며 이미 방금의 모습과 달라져 있었다. 작은 정원에 아기자기 꾸며놓은 분재와 연못, 그리고 반갑게 인사를 건네는 한복 차림의 종업원들에 계속해서 탄성을 자아냈다. 안내를 받아 들어선 방에 자리하며 대표 변호사가 입을 열었다.

"아까 지나오며 보니 식당들이 꽤나 북적북적하던데, 여기는 사람이 별로 없고 전부 방으로 이루어져 있나 보군?"

고급 식당인 탓에 손님이 별로 없지만 외국인들이 한국 최고의 한정식집으로 꼽는 곳이라는 설명을 들은 대표 변호사는 실망이 섞인 얼굴로 말을 이었다.

"난 출장 중이 아니라 휴가 중이네만. 굳이 이런 식당을 고생해 잡아준 김 변호사에게 실례하고 싶진 않지만, 혹시 가능하다면 이 점심 식사 이후부터는 한국인들이 즐겨 찾고 김 변호사가 즐기는 것들을 함께 즐기고 싶네. 가능하겠나?"

김 변호사는 머리를 크게 한 대 얻어맞은 기분이 들었다. 대표 변호사는 어디를 가든 자신이 접대하는 주체로, 자신이 접대를 받는 객체로 늘 최고의 것들만 누렸을 터였다. 이런 그에게 사실 무엇을 준비하든 고급스러운 것으로는 신선하고 새로운 이국의 정취를 만끽토록 하기에 무리가 있었던 것이다. 생각이 맑아진 김 변호사는 이제부터 무엇을 해야 할지 알 것 같았다.

식사를 마치고 나온 김 변호사는 그들과 광화문 광장을 향했다. 넓은 길에 높은 건물로 둘러싸인 그곳에 들어선 대표 변호사와 그의 가족들은 얼굴 가득 아까의 시큰둥한 표정 일색이었다.

"저기 앉아 있는 분은 세종대왕이십니다. 한글을 만드신 분이고 가장 존경받는 역사 속 임금이시죠. 그 뒤로 저 멀리 산을 끼고 있는 건물이 청와대입니다. 대통령 집무실이 위치한 관저예요.… 하지만 전 그것들보다 여기가 더 좋습니다."

김 변호사는 그들을 이끌고 청계천을 향한 계단을 내려갔다.

"제가 어릴 때만 해도 여기는 코를 막고 지나가야 했던 하천이었어요. 서울에서 제일 더러운 거지는 청계천 다리 밑 거지라고 할 정도였으니까요. 근데 장성한 제가 돌아온 고국에서 다시 찾은 이곳은 지금과 같은 별천지가 되어 있었습니다."

끝나가는 점심시간에 꽤 많은 직장인과 관광객들이 뒤섞여 산책하고 있었다.

"여기 앉으세요. 그리고 신발과 양말을 벗어보세요."

관광

깜짝 놀라는 그들에 아랑곳없이 김 변호사는 천연덕스럽게 본인부터 양말을 벗어젖혔다. 물은 시릴 정도로 차가웠고 오전 내내 더위와 어색함에 찌든 몸과 마음이 한순간 정화되는 것 같았다. 김 변호사를 따라 나란히 앉아 청계천에 발을 담근 그들 역시 경험해본 적 없는 도시 속 피서의 체험 속에 어색함보다는 놀라움과 즐거움이 가득해 보였다.

한참을 그렇게 물장구치며 담소를 나누던 그들은 자리를 옮겨 광장시장을 찾았다.

"절 잘 따라오셔야 합니다. 놓치면 미아가 되시는 거예요!"

시장은 온갖 음식들의 냄새와 둘러보는 사람들로 북새통이 따로 없었다. 한참을 안으로 들어온 그들은 드럼통을 붙여 만든 은색 탁자에 자리를 잡았다. 떡볶이와 어묵, 붕어빵과 닭강정 등을 잔뜩 사서 자리로 돌아온 김 변호사는 그것들을 탁자 위에 올렸다.

"저희들만의 길거리 음식입니다. 식당에서 파는 것들은 도대체 이 맛이 안 나요. 한번 드셔보세요."

인상을 잔뜩 찌푸린 대표 변호사의 딸에게 닭강정 하나를 건넸다.

"한번 먹어보렴. 한국 아이돌 가수들도 즐겨 찾는다는 그 닭강정 집에서 사 온 거야."

표정이 바뀐 딸은 큼직한 닭강정 한 꼬치를 순식간에 삼켰다.

"맛있어요! 베이징의 한국 식당에서 먹던 맛과 정말 다른데요!"

화려한 네온사인들의 거리를 지나며 호텔로 돌아가는 차 안에서 운전 중인 김 변호사 옆에 앉아 창밖을 바라보던 대표 변호사가 입을 열었다.

"서울은 정말 이제 뉴욕이나 도쿄와 비교해도 별 큰 차이가 없는 선진 도시가 되었구면. 하기야 베이징도 그간 참 많이 변했으니⋯. 딱 내 딸 녀석 나이만 할 때 처음 온 베이징은 길거리에 말똥이 굴러다니고 창안지에長安街, 베이징 도심을 가로지르는 중앙대로 말고는 포장된 도로도 딱히 하나 없었다네. 그래도 그게 얼마나 좋아보였는지 돌아오는 길 산하이관山海关, 만리장성의 동쪽 끝, 바다 안으로까지 들어가는 성벽으로 유명하다에서 난생처음 보는 일출을 부친과 함께하며 나중에 베이징에 가서 꼭 성공하리라 호언 장담을 했는데."

순간 김 변호사의 머릿속에 떠오르는 곳이 있었다.

"대표 변호사님! 혹시 바닷가 일출을 보실 생각 없으세요? 한국인들에게는 새해가 되거나 연인이 생기면 꼭 가야 하는 곳 중 하나로 손꼽는 일출의 성지가 있어요."

대표 변호사는 난감한 표정으로 대답했다.

"그 여행 이후 일출을 본 적이 없어서 몹시 구미가 당기기는 하네만, 서울 한복판에서 바닷가까지 간다는 것도 그렇고….
자네도 알다시피 내일모레면 난 베이징으로 돌아가야 하네."

"걱정 마세요. 한국은 중국에 비해 땅덩어리가 작은 대신
둘러싸인 바다 어디건 하루 만에 다녀올 수 있어요. 몸은 좀 피
곤하겠지만, 차에서 좀 주무시다 일어나시면 바다 한가운데에
서 떠오르는 태양을 볼 수 있다고요."

"우리야 괜찮지만, 자네가 몹시 피곤할 텐데… 괜찮겠나?"

"네! 괜찮고말고요. 저는 대표 변호사님 귀국하시고 나면
남은 휴가 기간 내내 푹 쉴 수 있는걸요."

그렇게 그들은 호텔에서 간단한 옷가지만을 챙겨 정동진
을 향했다. 새벽이라 차가 없던 탓에 다행히 다섯 시간 남짓하
여 도착한 정동진은 아직 어둠이 한창이었다.

"모두 일어나세요. 곧 해가 뜰 시간입니다."

눈을 비비며 일어난 대표 변호사의 딸은 시커먼 차창 밖을
바라보며 여전히 졸린 눈으로 하품을 해댔다. 몇몇 고기잡이배
들이 불을 밝힌 어두운 바다를 향해 모래사장에 자리를 잡고
뜨는 해를 기다리던 그들에게 드디어 저 바다 끝에서 오렌지색
빛이 보이기 시작했다. 수평선을 타고 퍼져가는 서광은 김 변호
사의 마음을 벅차오르게 했다. 기억도 가물가물한 어린 시절 마
주한 일출 이후 김 변호사 역시 성인으로서는 처음 보는 일출이
었다. 타오르듯 떠오르는 태양 덕분에 피곤에 지친 몸과는 달리

정신은 맑아졌고 몇 년간 뒷걸음질 없이 앞으로만 내달았던 자신의 시간들이 주마등처럼 스쳐지나갔다. 딸의 어깨를 감싸 안고 있는 대표 변호사와 그의 부인 역시 붉은 태양을 눈 가득 담고 그 일출을 바라보고 있었다.

"아빠, 내가 세상에서 본 것 중 가장 아름다운 광경인 것 같아요. 아빠가 왜 컴퓨터 배경 화면으로 해 뜨는 사진을 설정해놓았는지 정말 이해가 안 갔거든요. 이걸 보고 있으니 이제서야 좀 이해가 되네요."

딸을 물끄러미 바라보던 대표 변호사가 김 변호사를 돌아보며 눈을 맞췄다. 그리고 작게 끄덕이며 말없이 건네는 그의 감사 인사 속에서 김 변호사는 느낄 수 있었다. 김 변호사는 본인이 건넬 수 있는 최고의 선물을 선사한 것이 확실했다.

사람은 아는 만큼 생각하고 기대하게 된다. 중국인들이 관광지로 찾는 한국 역시 그들의 천편일률적인 정보 안에서 일정이 계획된다. 개별 여행이 아닌 여행사를 이용한 단체 관광이라도 된다면 그 일반화의 오류는 더욱 심해질 수밖에 없다. 불고기, 냉면, 한정식과 같은 보편적 식단과 한국의 문화유산, 관광객 유치를 위해 개발된 명소들이 그들의 행선지로 정해진다. 하지만 지인이 있는 한국을 밟는 이들에게는 '기대 이상'의 서프라이즈가 필요하다. 그리고 그들의 그러한 서프라이즈를 충족시킬 만한 것들은 사실 아주 멀리 있지도, 혹은 대단한 희소성을 가지고 있는 것이 아니다. 우리의 일상 속에 숨어 있지만, 그들에게는 일상이 아닌 것들이 그들로 하여금 이전에 없던 여정을 만들어줄 수 있고 평생 잊지 못할 추억이 될 수 있다. 그러한 안배를 만들어내는 재료를 우리는 '고민'과 '정성'이라고 부른다. 사실 그것만 있으면 가능한 것이다.

골프

꼬꼬마 이 대리는 직장 내에서 골프 여제로 통한다. 남들보다 어린 나이에 취미로 시작한 골프 덕에 단신에 50kg도 채 안 되는 체구지만 드라이버로 가뿐히 200야드를 넘기고 아이언 스윙도 안정적인 탓에 파 4홀에서의 2온은 어렵지 않다. 그렇다 보니 남자들과 골프 라운드가 있을 때마다 동반 남성 플레이어들은 골머리를 썩여야 했다. 중국의 특성상, 시니어 이하의 남성 아마추어 플레이어는 티샷이 블루티에서, 여성 아마추어 플레이어는 레드티에서 진행되니 티샷 이후 이 대리의 공은 남성 플레이어들의 공보다 50야드 이상 앞에 놓여 있는 경우가 다반사였다. 혼신의 힘을 다해 쳐봐도 2온은 힘들고 3온이면 다행인 남성 플레이어들에 비해 티샷 이후 웨지만 잡아도 되는 이 대리는 늘 안정적 2온이었다. 그러한 이 대리는 직장 내에서 언제나 남성 골퍼들의 도전 대상이었다.

이 대리는 대기업 중국 지사의 현지 채용 사원이었다. 일찍이 부모를 따라 유학 온 중국에서 중, 고등학교를 졸업하고 베이징에서 대학을 졸업한 이 대리는 당시의 중국 상황을 적극 활용한 예이다. 지금이야 천정부지天井不知 오른 중국의 물가이지만 이 대리의 학창 시절만 해도 한국의 반에 가까운 물가로 생활에 여유가 있었다. 학창 시절, 중국어 과외와 같은 아르바이트로 번 돈을 전부 취미 생활에 투자할 수 있었던 것도 중국이 준 이 대리의 행운이었다. 테니스, 스노보드, 웨이크보드 그리고 골프. 그중에 골프는 이 대리의 가장 큰 관심사였다. 지금까지도 한국 골프장을 경험해보지 못한 이 대리에게 싸고 여유로운 중국의 골프장은 마치 눈 내리는 들판의 강아지처럼 깡충깡충 뛰어다닐 수 있는 놀이터였다. 그리고 자연스럽게 이 대리의 골프 실력은 나날이 늘어갔다.

부모의 도움 없이 어렵게 구한 대기업 인턴사원의 자리를 잘 수행한 덕에 정직원의 자리에 오른 뒤, 동년배의 중국인 직원들과 어울리는 일은 어렵지 않았으나 나이 차 많은 주재원들과의 부담스러운 소통에는 골프가 적지 않게 도움이 됐다. 한창 활기차고 재치 있게 떠들 나이의 신입사원이 골프에 꽤나 열정적이니 나이 지긋한 과장, 부장의 눈에는 귀엽기 그지없었고 이제 막 골프 강습을 시작한 자신의 부인과의 골프 라운드에 자극제까지 되어줄 이 대리는 늘 인기 많던 초청 플레이어였다. 그렇게 업무와 골프를 잘 섞어놓은 이 대리는 대리의 신분임에도 지사장, 임원, 심지어 한국 본사에서 휴가 오신 사장님과의 골프 라운딩도 심심치 않게 참여할 수 있게 되었고 회사 안팎으로 꽤나 유명세 있는 여성 아마추어 골퍼가 되었다.

그러던 어느 날, 회사에서 이 대리에게 골프백을 멘 출장을 지시해 왔다. B2B 업무를 담당하는 이 대리의 주요 고객사에서 규모 큰 콘퍼런스와 함께 협력사를 초청한 골프 대회를 준비한 것이다. 보통은 협력사의 사장이나 지사장이 참가하는 연례행사지만 이 대리의 지사장은 다른 업무로 자리를 비울 수 없었고 사실 이 자리는 회사를 대표해 그 자리를 빛내주는 것에 더 큰 의의가 있던 터라 지사장이 굳이 일정을 조정하며 무리할 필요까지는 없었다. 그런 지사장에게 이 대리는 탁월한 묘책이었다.

"이 대리, 가서 콘퍼런스에 무슨 주제들이 나오는지 잘 듣고 정리해 보내주세요. 무엇보다 다음 날 골프로 고객사와 다른 협력사들 앞에서 우리 회사 자존심을 바짝 세워주고 돌아오시면 좋겠네요. 이기고 돌아와야 합니다!"

마치 특명과 같이 주어진 출장 지시에 이 대리는 소풍 전날의 아이처럼 들떴다.

도착한 광저우 날씨는 폭염이 한창이었다. 푹푹 찌는 날씨에 건물 밖에 잠시만 서 있어도 어느새 등 뒤로 땀방울이 흘렀다. '너무 덥네. 이 날씨에 골프 치면 일사병은 빼박이겠는데…' 상하이에서 광저우까지의 두 시간 비행이었지만 지사에서는 그 사이 많은 업무가 벌어지고 있었다. 휴대폰을 다시 켜기 무섭게 쌓여 들어오는 업무 메시지들을 처리하기 위해 콘퍼런스가 개최되는 행사장까지의 차 안에서 노트북을 켜고 업무에 매달렸다. 한 시간여 달렸을까? 도착했다는 말에 고개를 드니 조금 전까지와는 다른 새로운 세상이 눈앞에 펼쳐졌다. 푸른 하늘 밑으로 야자수와 분수, 그리고 하얀색 건물들이 조화를 이루고 있었다. 주변으로 전동 카트들이 분주히 사람들을 실어 나르고 있었고 직원인 듯한 네이비블루의 제복을 입은 사람들이 반갑게 맞아주었다. 정중앙의 가장 큰 건물에 걸린 'XXX사 제약 원료 콘퍼런스에 오신 여러분을 환영합니다'라는 플래카드만 없었다면 이것은 영락없는 동남아 휴양지였다.

짐을 챙겨 콘퍼런스 리셉션 앞에 서자, 또다시 제복의 직원들이 나타나 골프백을 들고 사라진다. '어라? 어디에 따로 보관해주나?' 알고 보니 이 행사장은 콘퍼런스 홀과 숙소, 36홀 정규코스 골프장이 함께 있는 다목적 리조트였던 것이다. '아주 효율적인데!' 경험해본 적 없는 호사에 이 대리는 입이 다물어지지 않았다. 리셉션의 등록을 마치고 콘퍼런스 행사장으로 들어서니 컴컴한 좌석과 밝은 조명이 비치는 무대에서 건조한 에코의 마이크 소리가 퍼지고 있었다.

"착석해주세요. 곧 행사가 시작됩니다."

시작된 콘퍼런스의 진지한 분위기 속에 이 대리는 내일의 골프를 위해 바쁘게 노트북 자판 위로 손을 움직였다. 콘퍼런스 주제와 내용을 잘 정리해 오늘 저녁까지는 지사로 보내야 한다. 그래야 다음 날 골프에 집중할 수 있을 테니.

콘퍼런스와 만찬이 끝나고 다음 날의 골프 대회 참석자들은 일찍이 잠자리에 드는 분위기였다. 하지만 이 대리는 밤새 들려오는 아래층 음악 소리와 사람들의 웃음소리에 잠을 설쳐야 했다. 또 잠이 들 만하면 문을 뚫고 들어오는 복도의 술 취한 참석자들의 발소리에 다시 또 잠이 깨기를 반복하며 뜬눈으로 밤을 지새웠다. 광저우의 해는 유난히 빨리 떴다. 어차피 포기한 잠이었기에 일찍이 조찬 장소를 찾은 이 대리는 조찬 좌석이 정해져 있다는 것을 알게 되었다. '어라… 만찬도 아니고 조찬이 지정석이라니.' 희한한 기분에 좌석에 앉아 커피 몇 모금과 베이글을 깨물고 있는 이 대리 앞으로 몇몇 중국인들이 나타나 자리에 앉았다.

"K사 이 대리님 맞죠? 같은 조에서 경기할 저우입니다."

그 유명한 저우 사장! 중국 제약 원료 업계 선진화의 주역으로 평가받는 저우 사장은 원료의 재배, 선별, 가공까지를 모두 일원화하여 악명 높은 일본의 제약 원료 수입 표준을 넘어선 원료를 만들어낸 주인공이다. 그리고 그 원료를 가지고 일본 원료 시장에 중국산 원료를 수출하며 중국산에 대한 선입견을 깨고 위상을 다시 세운 인물로 유명하다. 그 저우 사장이 나와 같이 골프 라운드를 하다니. 이 대리는 꿈만 같았다. 그리고 다른 한 명의 중국인 남성과 여성이 착석하자 저우 사장은 이미 잘 아는 관계인 듯 반갑게 인사했다.

"여기는 K사 이 대리님입니다. K사 지사장이 아주 무서운 골퍼라고 자랑이 대단했던 분이에요."

"이 대리님, 여기는 주하이珠海, 광둥성 중남부 연해 도시에서 오신 꿍 사장님과 그의 부인 덩 여사입니다. 덩 여사도 아주 매서운 골퍼세요. 오늘 두 분의 중한 여성 매치가 아주 흥미진진하겠는데요. 하하하!"

무표정도 웃는 표정 같은 좋은 인상에 풍채도 좋은 꿍 사장과 달리 호리호리한 그의 부인은 날카롭고 이지적으로 보였다. 자리에 앉기 전부터 "허허허! 허허허!"를 입에 달고 있는 꿍 사장과 달리 덩 여사는 가벼운 눈인사 후 별다른 말이 없었다.

"공 많이 준비하셨어요?"

꿍 사장이 말을 걸어왔다.

"가방에 네댓 개 있을 거예요. 충분할 것 같은데요."

이 대리의 대답에 꿍 사장이 특유의 웃음과 함께 구찌골프에서 상대방에게 심리적 위축감을 주기 위해 하는 말과 행동의 은어로 일본어 '입으로 하는 견제 구찌 젠세이, ちけんせい'에서 유래가 들어왔다.

"스무 개도 부족할 텐데…. 제 가방에 이전 라운드에서 주운 공들이 많이 있으니 부족해지면 말해요. 허허허!"

이 대리에게는 꿍 사장의 말보다 그 대화가 오가는 와중 그녀를 말없이 지켜보는 덩 여사의 눈빛이 더 신경쓰였다. 차분해 보이나 무언가 노려보는 듯한 그 눈빛에서 그녀가 자신을 의식하고 있다는 것이 느껴져 조금씩 불편해지던 터였다.

카트에 골프백을 싣고 첫 홀 티 박스로 향하니 사람들이 한가득 모여 있었다. 1인 1캐디로 진행되는 경기에서 티샷을 위해 첫 홀에 플레이어와 캐디들이 한곳에 뭉쳐 있다 보니 인산인해가 따로 없었다.

"캐디, 지금 비어 있는 홀이 몇 번 홀이지? 그곳으로 바로 갑시다."

저우 사장이 이끄는 대로 그들은 중간 홀인 5번 홀로 이동했다. 블루티에서 시작된 저우 사장과 꿍 사장의 티샷은 생각보다 별 볼 일 없었다. 스윙 자세가 나름 멋진 저우 사장의 공은 190야드 정도 날아가 페어웨이에 안착하고 야구 번트를 연상시키는 꿍 사장의 공은 150야드도 못 날아가 페어웨이 벙커에 빠졌다. '흠… 이 아저씨들 오늘 고생 좀 하시겠구나.' 레드티로 이동한 이 대리의 티샷은 깔끔한 포물선을 그리며 190야드 전방의 페어웨이 중앙에 안착했다. 선선한 아침 바람에 생각보다 덥지 않았던 탓에 부드럽고 가벼운 스윙이 어렵지 않았다. 이제 덩 여사의 차례다. 이 대리는 자신이 티샷 할 때보다 더 큰 긴장감을 느끼며 그녀의 티샷을 바라보고 있었다. 가볍게 던진 드라이버를 맞고 날아간 공은 140야드 앞에 떨어졌다. '어라… 뭐지? 생각보다 별것 없는데?' 이 대리는 예상 밖의 의아한 결과에 고개를 갸우뚱거리며 두 번째 샷을 위해 이동했다.

역시 공을 툭 치고 나간 덩 여사와 두 번째 샷이 좋지 않았던 저우 사장은 그린 주변에서 웨지로 3온 시켰고 벙커에서 우드를 잡고 허우적거린 꿍 사장은 4온 했다. 이 대리는 그 와중 9번 아이언으로 두 번째 샷을 온 그린에 성공시키며 공을 홀 가까이 바짝 붙여놓았다. 첫 번째 홀 아웃 결과는 이 대리 버디, 덩 여사와 저우 사장은 보기, 꿍 사장은 더블 보기였다. 첫 번째 홀을 마치고 카트로 향하며 저우 사장과 꿍 사장은 이 대리의 실력에 찬사를 보내기 바빴다.

"이런 실력으로 회사 생활을 하다니 너무 아깝습니다! 지금이라도 프로 데뷔를 준비해보는 것은 어때요? 우리 회사에서 후원할 테니 한번 도전해봅시다!"

우쭐해진 이 대리는 표정 관리가 힘들었다. 나오는 웃음을 참지 않은 채 이러다 일등 트로피를 안고 상하이에 돌아가는 것 아닌가 하는 기대도 생겼다.

"대회가 뭐 중요해요? 우승한다고 뭐 대단한 것도 없는데. 이렇게 게임을 하니 재미도 없고 긴장감도 없고 그런데. 우리 늘 치던 대로 치면 안 될까요?"

덩 여사가 입을 열었다. 꿍 사장이 난감한 표정으로 이 대리의 눈치를 살피며 그런 덩 여사를 만류했다.

"아이고, 우리 마나님께서 또 왜 이러실까? 오늘은 이 대리 님도 있고 하니 그냥 대회 규칙대로 칩시다. 뭘 또 여기서까지 늘 치던 대로 치시려고…."

"재미가 없다고요, 재미가!"

덩 여사가 쏘아보며 말했다. 이 대리는 귀를 쫑긋 세우고 들어봤으나 도대체 덩 여사가 뭘 하려고 하는지 도무지 감을 잡을 수 없었다. 슬그머니 저우 사장에게 다가가 이 사태에 대해 물어보았다.

"우리는 매번 라운드 때마다 작게 내기를 합니다. 나름의 경기 규칙에 맞춰 소소하게 타당 50위안^{한화 8,000원} 정도의 내기를 하는데 덩 여사가 아마도 내기 없는 경기는 긴장감이 없는지 저 난리네요. 하하하!"

이 대리의 빠른 계산에 타당 50위안 정도면 그리 큰 부담이 없을 것 같았다.

"하시죠! 규칙은 제가 배워가며 하면 되니까 큰 문제 없을 것 같고요."

호기로운 이 대리의 대답에 덩 여사가 처음으로 미소를 띠고 반겼다.

"거봐요! 여자들이 하자는데 남자들이 빼는 게 맞는 것 같아요?"

골프

"처음 보는 이 대리님과 처음부터 돈이 오가는 내기를 하기는 그러하니 우리 캐디피 내기 정도로 진행하는 것이 좋겠습니다. 안 그래요?"

저우 사장이 조율에 나섰다.

"그래요, 그럼! 꼴찌가 우리 모두의 캐디피를 내는 거예요. 그럼 룰은 라스베이거스로 하고, 작은 깡패小流氓로 할까요? 아니면 큰 깡패大流氓로 할까요?"

신이 난 덩 여사가 이 대리는 알아듣기 어려운 이야기들을 쏟아냈다.

"아마 한국의 라스베이거스는 룰이 간단할 거예요. 이 대리님이 우리 계산 방식을 이해하기 어려울 테니 그냥 스트로크 플레이에 작은 깡패로 진행하죠."

저우 사장의 의견에 따라 두 번째 홀부터 내기를 적용하기로 한 뒤에야 일행은 다음 티 박스로 이동할 수 있었다.

"이 대리님, 작은 깡패의 룰은 어떠냐면요, 우선 티샷에서는…."

"그만해요!"

꿍 사장이 설명을 시작하려 하자 다시 또 덩 여사가 나섰다.

"얼른 빨리 티샷이나 하세요! 이 대리님이 공만 똑바로 보내면 룰도 별 의미 없는 거고 두세 홀 돌고 나면 자연스럽게 다

알 수 있는 것들을 뭘 그리 설명해요!"

시무룩해진 꿍 사장이 티 박스를 향했다. 이번에는 꽤 멀리 날아간 공이 170야드 전방의 오른쪽을 향했다. 카트 길을 맞은 공은 운 좋게 30야드는 족히 더 튀어 올라 카트 길 오른편에 떨어졌다. '꿍 사장님 운 좋은 분이네!' 이 대리는 저멀리 떨어진 하얀 공을 바라보며 "하오치우!好球!. 굿샷!"을 외쳤다. 웬일인지 더욱 시무룩해진 꿍 사장이 티를 꽂으며 공을 다시 얹고 있었다.

"카트 길 밖으로 나가면 무조건 OB예요."

저우 사장이 설명해주었다.

"네? 그럼 OB 말뚝이 의미가 없는 거네요?"

의아해하는 이 대리에게 저우 사장이 말을 이어갔다.

"OB 말뚝은 OB 말뚝대로 유효합니다. 근데 카트 길이 우선이에요. 작은 깡패 룰에서는 카트 길을 넘어가면 무조건 OB이고 해저드도 OB 처리됩니다. 해저드 티가 있더라도 제자리에서 다시 샷을 해야 하고요."

"그럼 큰 깡패 룰에서는 어떻게 돼요?"

겁에 질린 듯한 이 대리는 작은 깡패도 이러하면 큰 깡패 룰은 도대체 얼마나 무시무시할지 가늠이 되질 않았다.

"큰 깡패 룰에서는 러프도, 벙커도 OB 처리됩니다. 1벌타 이후 무조건 제자리에서 다시 샷을 해야 하는 거죠."

골프

저우 사장의 설명을 모두 들은 이 대리는 티 박스에 서며 전에 느껴본 적 없는 서늘한 긴장감을 떨쳐낼 수 없었다. 전의 홀과는 사뭇 다르게 페어웨이가 좁게 느껴졌고 그녀의 눈에는 카트 길만 보였다. 드라이버의 그립을 고쳐 잡아보았지만, 유난히 채가 무겁게 느껴졌다.

티딕….

빗맞은 그녀의 공이 120야드 언저리의 카트 길 안쪽으로 굴러갔다. '다행이다!' 빗맞은 공이 그렇게 고마울 수 없었다. 그녀의 캐디는 "안추엔安全, 안전합니다, 안추엔!"을 연발하며 얼른 그녀의 드라이버를 챙겨갔다.

겨우겨우 네 번 만에 올라온 그린에서 캐디와 퍼팅 라인을 상의하고 있는 이 대리 옆으로 덩 여사가 다가왔다.

"큰 깡패 룰로 하지 않은 것을 다행으로 알아요, 이 대리님. 저우 사장님은 에이밍 라인 없이 하는 퍼팅에 최강자라고요. 아마 오늘 퍼팅에서 최소 열 타 이상은 버신 거예요."

이건 또 뭔 소린가? 퍼팅에서 공의 라인을 맞추지 않다니?

"큰 깡패 룰에서는 티샷 이후 그린에서 홀 아웃 할 때까지 공에 손을 대면 안 돼요. 진흙이 묻든, 땅에 파묻히건 그 상태 그대로 쳐야 하는 거예요. 그린에 올라와서도 마찬가지지요. 심지어 높게 떠서 그린에 박힌 공도 마킹 없이 그대로 재주껏 알아서 쳐야 한답니다. 더군다나 더블 파 이후에도 계속해서 카운

팅이 되는지라 OB라도 나온 홀이라면 파 4홀에서 +9, +10은 심심치 않게 나올 수 있어요. 타당 50위안짜리 내기더라도 몇 백 위안은 한 홀에서 쉽게 잃을 수 있는 거죠."

그렇게 플레이해본 경험이 없는 이 대리로서는 상상하기도 어려운 상황이었다. 그 상상을 거듭하던 이 대리는 평소와 같이 퍼팅하기 위해 잡은 퍼터가 작게 떨리는 것을 느낄 수 있었다.

"휴…."

어드레스를 풀고 뒤로 나와 긴 한숨을 쉬는 이 대리를 동반자 셋은 웃으며 지켜봤다. 그리고 저우 사장이 이야기했다.

"일본 사람과 처음 비즈니스할 때 그들이 우리 중국 사람들은 허술하고 느리다고들 하더군요. 돈 욕심만 많고 게으르다며. 사실 우리가 그런 면이 없진 않습니다. 쉽게 돈 벌 수 있는 것을 좋아하고 또 그러면서 많이 버는 것도 좋아하고. 하지만 우리는 그렇지 않은 그들과 또 다른 면이 하나 있어요. 바로 모험을 즐기는 것이죠. 욕심을 부리다 보면 위험한 상황들에 맞닥뜨리기도 하는데 우리는 그 위험 앞에서 공포심을 느끼고 피해 가는 것에도 몹시 게을러요. 오히려 그 상황을 반갑게 맞이하며 거기서 오는 긴장감을 즐기죠. 꼼꼼하지 못하고 허술한 우리에게 그러한 것들이 집중할 기회를 주는 것인지도 몰라요.

골프도 결국 물과 모래, 언덕과 나무 같은 자연의 장애물을 해쳐가는 모험의 게임이 아니던가요? 우리는 그 장애물을 온전한 장애물로 받아들이고 그것에 모험의 위험 요소를 더 많이 추가해 즐기는 것뿐입니다. 이 대리님도 저희의 룰을 맛보았으니 이제 곧 푹 빠지실 거예요. 하하하!"

긴 한숨을 몰아쉰 이 대리는 저우 사장의 이야기가 끝나자 다시 공 앞으로 다가가 어드레스했다. 그러자 퍼터를 당기는 이 대리의 눈 속에 스스로가 방금 잡아놓은 에이밍은 사라지고 가파른 그린 라인을 타고 홀로 빨려 들어가는 공이 환영처럼 보였다.

도박, 내기, 경합을 좋아하는 사람들은 어느 사회에나 존재한다. 하지만 중국인만큼 보편적으로 그것들을 좋아하는 국민도 없을 것이다. 하다못해 술집을 가더라도 술잔을 들고 조용히 담소하거나 술에 취해 열변을 토하는 한국인들과는 달리 중국인들은 삼삼오오 모여 게임을 한다. 주사위 게임, 포커 게임, 가위바위보 게임, 숫자 게임…. 도구를 이용한 게임이건 빈손으로 하는 게임이건 그들은 계속해서 무엇인가를 타이틀로 걸고 내기와 경합을 즐긴다. 그리고 그 엄정함과 진지함은 우리의 장난스러운 친선 게임과는 사뭇 다르다. 그렇다 보니 한국의 〈런닝맨〉같은 예능 프로그램이, 〈프로듀스 101〉과 같은 경합 프로그램이 인기인 것이고 회사 워크숍의 단골 메뉴로 서바이벌 게임이나 부서별 극기 훈련 대결과 같은 것들이 여전히 유행인 것이다.

중국의 심장을 물어라

기생과 공생의 차이는 명확하다. 숙주에게 피해를 입히며 이득을 얻는 기생체가 살아가는 삶을 기생이라 하고 숙주가 사라지면 기생체 역시 그 존재가 소멸된다. 공생은 두 개의 다른 종種이 여러 형태로 서로 간 영향을 주고받으며 살아가는 것을 말한다. 이렇게 따진다면 한국과 한국인들은 국제사회에서 잘해야 공생 객체, 대부분 숙주 신세였다. 그리고 우리는 그것이 자랑스러운 것이라 배워왔다.

우리끼리 치고받는 사이, 어느새 눌어붙은 기생체에게 쭉쭉 빨리기만 한 역사를 이토록 길게 이어간 우리의 생명력 역시 대단한 것이다. 하지만 굳이 이 대단한 생명력의 존속을 계속 이어가며 시험해볼 까닭은 없다.

구약성경에 나오는 유태민족의 가련함은 사라진 지 오래

다. 세상을 떠돌고 핍박받으며 이 나라 저 나라를 떠돌던 그들은 각 지역에 정착하고 그곳에서 특유의 처세와 재리로 그 나라와 주변국을 빚더미에 앉혔다. 그리고 나치의 등장으로 또다시 죽음의 문턱을 넘나드는 시간이 흘렀다. 그 생사의 고비도 사라진 지 오래다. 이제 유태인들은 세계 각국의 정·경을 좌지우지하는 보이지 않는 손이며, 남의 땅에 터전을 잡고 핍박하는 주체로 그 역할을 바꾸었다.

세상은 인정사정이 없다天地不仁. 그리고 우리도 그 세상의 법칙에 맞추어 살아가야 하는 만물萬物 중 하나인 인간이다. 약육강식에서 벗어나 유토피아 속 삶을 꿈꾼다면 그야말로 디즈니 세계에나 어울릴 법한 이상주의자일 것이다. 그럼에도 우리는 지금 우리가 당면한 위협과 그 위협 너머에 있는 기회 앞에서 또다시 무사안일하게 우리의 존속성을 시험하려 하고 있다.

맞서고 부딪치고 그렇게 우리의 저력을 시험하는 용기가 필요하다. 하지만 그 용기와 함께 우리에게는 또 다른 형태의 지혜가 필요하다. 선조들은 실패했지만, 우리의 세대에서는, 아니면 우리 다음의 세대에서라도 우리가 우뚝 설 수 있도록 만들어줄 힘든 과제가 잔악한 슬기로움이라는 이름으로 남아 있다.

상대의 심장을 물어라. 천천히, 아주 천천히. 내 이빨이 들어오는 것을 상대가 느끼지 못하게. 그리고 이빨이 깊게 박힌 즈음, 상대를 올려보며 조용히 말하라.

"자, 내가 하자는 대로 하는 거야. 아니면 내가 이 이빨을 확 뽑아버릴 거니까. 넌 피를 철철 흘리며 죽어가겠지? 허나 그건 나도 바라지 않는다는 걸 너가 알아줬으면 좋겠어."

이 시대, 중국의 심장에 이빨을 넣고 있는 이들을 만나보려 한다. 그들의 은밀하며 원대한 목표와 그 과정을 들어보고 싶다. 그리고 이 책을 읽은 독자들 중 그러한 영웅들이 탄생하기를 선조의 넋을 향해 기도드린다.

감사의 글

[愛]

한국말보다 중국어를 더 잘하지만 명절이면 한복 차림으로 등교하여 "나는 한국인!"이라고 당당히 말할 줄 아는 마리와 풀리, 여전히 부족한 것이 넘치는 형부지만 그 뜻을 따르며 중국 땅에서 당당히 일어서기 위해 고전분투 중인 수인과 희진, 친동생 승욱이와 친동생과 다르지 않은 성훈이, 절대적 지지를 아낌없이 주는 우리 팀 이석준, 이기세, 이명진. 그리고 그 누구에게보다, 유별나고 거칠고 모자람만 가득한 나를 한껏 껴안고 살아가며 내 삶에 원동력이 되어주는 처 이수정에게 이 책을 바친다.

[感謝]

이 책을 채운 활자들이 책다워질 수 있도록 그 꼴을 선물

한 이경희 부총경리, 치기 어린 열여덟 아이 때부터 사랑으로 감싸준 서만교 대표, 겸손하기 그지없는 진정한 중국학자 허욱 변호사, 공과 사를 넘어 친구를 위해 애써주는 박종석 본부장과 김남수 부장, 신용훈 대표, 한국 기업들의 성공을 위해 진정 나랏일 하는 윤기섭 부관장, 멘토이면서도 형제누이 같은 남용식 총괄과 조유미 상무. 그들로 만들어진 책이기에 깊은 감사의 마음을 전한다.

일뿐만이 아닌 일상 속에서 그 이상의 세상을 함께 나눈 김한상 대표, 박양수 원장, 남규우 대표, 정인식 대표, 라현욱 대표, 이기영 총경리, 박영주 변호사, 고훈 대표, 김명진 대표, 이재진 대표, 최길호 대표, 이한영 대표, 이동한 대표, 이인구 법인장, 이석호 변호사, 신익섭 대표, 박일준 대표, 정권철 대표. 30년이 넘는 세월을 함께 공유한 김보형 변호사, 김태연 대표 그리고 부족한 친구를 늘 지켜주는 주영우 부총경리, 김명주 기자, 김병일 부장, 하륜 대표, 김한서 총경리, 김선홍 대표, 방인호 전무, 김민규 작가, 어재선 법인장과 후투파 친구들에게 오래토록 함께하며 기쁨과 슬픔을 나누고 전투하고 승리하자 약속한다.

제대로 된 동문도 못 되는 나를 늘 치켜세워주는 공성구 법인장, 길태호 법인장, 조원서 대표, 남궁단 대표, 김진태 대표, 그리고 모든 베이징대학 동문들의 지지와 성원에 보답코자 끝까지 그들과의 삶에 최선을 다하리라.

감사의 글

여기서의 인사가 좀 이상할진 모르겠지만 내 두 자녀가 건강히 세상과 대면할 있도록 도와준 조금준 교수, 삶과 취미에 최선을 다하는 이들이 모인 홍골패와 상한테동 멤버들에게도 이 자리를 빌려 감사드리고 싶다.

마지막으로 기꺼이 이 책의 추천사를 내어주신 김동길 교수와 가련한 졸고에 큰 숨을 불어넣어준 도서출판 들녘의 박성규 부대표, 그리고 이 책의 출간을 도맡아 진행해준 리치스가이드 팀원 모두에게 엎드려 큰절 올린다.

2021년 6월,

최승훈

저자 최승훈은 칭화대학, 베이징대학 법학과에서 수학하고 중국 각지에서 다양한 실무를 경험한 최고의 중국 전문가이다. 그는 『중국을 이기는 비지니스 게임』에서 자신과 함께 일한 여러 회사들의 경험을 바탕으로 한국인들이 중국에서 겪을 수 있는 사업상 문제들을 사례별로 알기 쉽게 분류하고, 그 해법을 제시하였다.

본서를 통해 저자는 한국과 중국의 기업들과 같이 20년 이상 일해오면서 자신이 직접 경험한 한국인들이 성공하고 실패한 이유를 자신의 해박한 중국인들의 사업관, 중국 역사 및 전통을 동원하여 알기 쉽게 설명하고 있다. 저자는 중국 측 사업 파트너에게 더 큰 이익이 돌아가게 해야 하는 것이 성공의 안

전장치이며, "이익 공동체"가 되는 것을 중국에서의 비지니스 성공 비결이라고 강조하고 있다. 또한 중국 측이 사업 성공에 더욱 적극적으로 나올 수밖에 없게 만드는 것의 중요성을 재차 강조하고 있다.

중국에 대한 호불호를 떠나, 한국은 지정학적으로 중국과 더욱 밀접한 경제적 관계를 가질 수밖에 없다. 저자의『중국을 이기는 비지니스 게임』이 성공을 반드시 약속한다고 할 수는 없지만, 최소한 실패를 피할 수 있는 지혜와 처세술이 담겨져 있다. 이에 중국에 대한 이해를 더욱 필요로 하는 이들과, 중국에 진출한 비즈니스맨 혹은 준비 중인 예비 비즈니스맨들에게 필독서로 권장하고 싶다.

베이징대학교 역사학과 교수
베이징대학교 한반도 연구센터 소장
김동길(金东吉)